STEFAN WEIDNER

GROUND ZERO

9/11 UND DIE GEBURT
DER GEGENWART

Carl Hanser Verlag

Die Arbeit an diesem Buch wurde gefördert von

Casa Baldi/Villa Massimo
Künstlerresidenz Tarabya
Kunststiftung NRW

1. Auflage 2021

ISBN 978-3-446-26933-0
© 2021 Carl Hanser Verlag GmbH & Co. KG, München
Umschlag: Anzinger und Rasp, München
Motiv: © Gerhard Richter 2020 (0143)
Satz: Kösel Media GmbH, Krugzell
Druck und Bindung: CPI books GmbH, Leck
Printed in Germany

MIX
Papier aus verantwortungs-
vollen Quellen
FSC® C083411

INHALT

EINLEITUNG

DIE AUFGABE

Am Anfang der Erzählungen von »Tausendundeine Nacht« (in der achten) steht die berühmte Geschichte vom Fischer und dem Geist aus der Flasche: Ein armer Fischer wirft sein Netz aus, aber jedes Mal, wenn er glaubt, etwas gefangen zu haben, entpuppt sich der Fang als Abfall. Beim letzten, verzweifelten Versuch zieht er eine versiegelte Messingflasche aus dem Meer. Er hofft, sie zu einem guten Preis verkaufen zu können. Doch vorher möchte er wissen, was sich darin befindet, und öffnet sie: »Eine Weile verging. Dann stieg plötzlich eine gewaltige Rauchsäule aus der Flasche. Sie hob sich in die Höhe und bewegte sich über die Erde. Dabei wuchs sie riesenhaft, bis sie das Meer bedeckte, das Tageslicht verdunkelte und sich zu den Wolken des Himmels erhob. Schließlich hatte sich der Rauch vollständig aus der Flasche gelöst. Er sammelte sich, zog sich zusammen, schüttelte sich und wurde zu einem bösen Geist, dessen Füße im Staub der Erde standen, während der Kopf in die Wolken ragte.«[1]

Die plötzliche Erscheinung des Geistes gleicht einem Vulkanausbruch. Oder der Aschewolke, die sich nach den Terroranschlägen vom 11. September 2001 aus den Trümmern des World Trade Center erhob und durch die Straßen Manhattans wälzte. Die Parallelen zwischen dem Geist aus der Flasche und dem Geist aus der Asche geben zu denken. Der Geist lädt den verdutzten Fischer ein, sich etwas zu wünschen:

»›Was darf ich mir denn wünschen?‹, erkundigte sich erfreut der Fischer.

›Du darfst dir wünschen‹, sagte der Geist, ›wie du sterben möchtest und auf welche Art und Weise ich dich töte.‹«

9/11, wie die Attacke am 11.9.2001 kurz genannt wird[2], ist das Geburtstrauma des 21. Jahrhunderts; bis heute prägt es die Politik und unsere Wahrnehmung der Welt. Der Geist, der aus der Asche von 9/11 aufgestiegen ist, stellt uns vor eine ähnliche Wahl wie der Geist aus der Flasche. Wer ihm auf den Leim geht, sein Spiel mitspielt oder sich von ihm in Versuchung führen lässt, ist verloren. In »Tausendundeine Nacht« besinnt sich der Fischer eines Besseren und erinnert sich daran, dass der Geist nur ein Dämon ist, er selbst aber ein vernünftiges Wesen: »Gott hat mir Verstand gegeben und mich so über den Geist gestellt. Ha! Ich werde ihn mit meinem Verstand überlisten.«

Tatsächlich gelingt ihm, was die Welt im Umgang mit 9/11 bis heute nicht geschafft hat: den Geist wieder in die Flasche zurückzulocken. Zwar sind wir unendlich viel reicher als der arme Fischer aus dem Märchen. Aber wir sind uns unseres Verstandes nicht mehr sicher. Oder so traumatisiert und manipuliert, dass wir gar nicht auf die Idee kommen, den Geist in die Flasche zurückzulocken. Genau das müssen wir aber versuchen.

Gelingt es uns nicht, hätte Osama Bin Laden, der 2011 getötete Drahtzieher der Anschläge, die meisten seiner Ziele erreicht. Dann hätte seine radikale, aggressive und kompromisslose Weltsicht gleich einem Virus, gegen das es kein Mittel gibt, auch den »Westen« angesteckt und ihn damit gespalten. Dann bekämen alle recht, die den Schock und das Trauma von 9/11 für ihre Zwecke ausgenutzt haben und dabei unzähligen Menschen keine andere Wahl ließen als die Art ihres Todes: den Tod in Afghanistan oder im Irak, sei es als Aufständische gegen die Amerikaner, sei es als ihre Verbündete; den Tod durch zahlreiche Terroranschläge in Europa, durchgeführt von al-Qaida, vom sogenannten »Islamischen Staat« oder von radikalisierten Einzeltätern; den Tod durch Ertrinken auf der Flucht über das Meer oder in einem Bürgerkrieg aufseiten der Regimes oder der

Aufständischen, sei es in Syrien, Libyen und Ägypten, sei es im Jemen oder Iran; den Tod als Kollateralschaden, weil man zur falschen Zeit am falschen Ort war. Kaum etwas davon war unvermeidlich. Aber alles hängt mehr oder weniger mit 9/11 zusammen.

Als indirekte Folge von 9/11 sind inzwischen weitere »Todesarten« im übertragenen Sinn (sprich: Katastrophen) hinzugekommen: die immer weiter auseinanderklaffende wirtschaftliche Ungleichheit, eine Kultur der Intoleranz und des Hasses gegen Menschen, die anders denken, anders aussehen, anders leben; schließlich die Zerstörung von Umwelt und Klima und, dadurch begünstigt, ein neues, unberechenbares Virus, das sich rasend schnell über den Planeten verbreitet hat und in seiner Allgegenwärtigkeit und zerstörerischen Kraft dem Virus des Terrors gleicht. Der vierte Weltkrieg, der manchen Beobachtern zufolge am 11. September 2001 begonnen hat (als dritter galt demgemäß der Kalte Krieg[3]), verläuft in Zeitlupe, so langsam, dass viele Menschen ihn noch gar nicht richtig wahrgenommen haben. Aber er hält seit zwanzig Jahren an, und es wird höchste Zeit, ihn zu beenden.

Der »Krieg gegen den Terror«, seine Folgen und Rückkopplungen haben andere wichtige Themen allzu lange von der Tagesordnung verdrängt. Erst die Generation derjenigen, die 9/11 nicht bewusst erlebt haben, wie etwa meine Ende der neunziger Jahre geborenen Kinder, haben mit der Fridays-for-Future-Bewegung ein dringlicheres Thema groß gemacht: den Umwelt- und Klimaschutz. Damit knüpfen sie an die Umweltkonferenz in Rio von 1992 an, als alle diese Probleme schon einmal diskutiert wurden. Nur dass sie damals wesentlich leichter beherrschbar gewesen wären.

Ähnliches gilt für die Proteste 1999 in Seattle gegen die Konferenz der Welthandelsorganisation WTO und die entfesselte

Globalisierung, deren Problematik den meisten Menschen inzwischen bewusst ist. Sie hat zur rasanten Ausbreitung der Corona-Pandemie entscheidend beigetragen und ist für die Lockdown-Maßnahmen 2020/21 und die schwerste weltweite Wirtschaftskrise seit Langem mitverantwortlich.

Bereits 9/11 war ein Warnschuss gewesen, dass die wirtschaftliche und politische Globalisierung auch andere, bis dahin eher regionale Probleme wie zum Beispiel den muslimischen Terrorismus globalisiert. Kaum jemand wollte diesen Warnschuss ernst nehmen: Unter dem Deckmantel des Kriegs gegen den Terror wurde die Globalisierung hemmungslos weiter vorangetrieben. Aber weil China neuerdings ähnlich rücksichtslos seine Interessen vertritt und zur nächsten Großmacht aufsteigt und weil mittlerweile sogar die reichen Gesellschaften unter den negativen Folgen der Globalisierung zu leiden haben, macht sich sogar bei denen ein Umdenken bemerkbar, die lange davon profitierten: Europa, den USA, Japan und einigen anderen Staaten, die zusammen eine Art »globalen Westen« bilden.

Nun lässt sich die Geschichte nicht zurückdrehen. Aber ihrem zukünftigen Verlauf sind wir nicht willenlos ausgeliefert. Auch 9/11 und die Folgen waren keine Naturkatastrophe, sondern von Menschen gemacht. Das heißt: Wenn wir erkennen, wie wir in die gegenwärtige Lage geraten sind und dass sie keineswegs unausweichlich ist, haben wir die nötigen Mittel an der Hand, um einzugreifen und den Lauf der Dinge anders zu gestalten. Dieses Buch will das Bewusstsein dafür schärfen, dass wir die Wahl haben. Und dass wir die Verantwortung für die Gestaltung der Zukunft übernehmen müssen.

Die Ereignisse von 9/11 haben den demokratischen Staaten eine Aufgabe, eine Mission vorgegaukelt: den »Krieg gegen den Terror«, die Beseitigung von Schurkenstaaten, die Demokratisierung der Welt, die »Integration« der Muslime. Vieles davon ist gescheitert, teils grausam. Während ich diese Zeilen schreibe, stellt sich die Frage, ob die Corona-Krise uns hilft, das Trauma von 9/11 loszulassen, oder ob der »Krieg gegen den Terror« nur von einem ebenso verheerenden »Krieg gegen das Virus« abgelöst wird.[4] Der Fischer in »Tausendundeine Nacht« wusste: Gott hat den Menschen Verstand gegeben. Wissen wir es auch?

Die gegenwärtigen gesellschaftlichen und politischen Tendenzen verleiten dazu, weitermachen zu wollen wie bisher, nur bitte ohne Virus, ohne Terror und vielleicht mit ein bisschen mehr Umwelt- und Klimaschutz. Das klingt wie nach einer Reise zurück in die neunziger Jahre, als die Welt scheinbar noch in Ordnung war. Es läuft aber auf die Weigerung hinaus, sich den gegenwärtigen Realitäten und Herausforderungen wirklich zu stellen. Dazu brauchen wir neue, positive Vorstellungen von der Zukunft. Wenn unsere politischen Ziele sich auf Kriege gegen geisterhafte Gegner wie Viren oder Terroristen beschränken, bleiben wir für immer im Morast von 9/11 gefangen.

DAS PROGRAMM

Die drei Teile dieses Buchs sind eng aufeinander bezogen. Das erste Kapitel erzählt die Vorgeschichte und die unmittelbaren Nachwirkungen von 9/11. Es erklärt, wie in der islamischen Welt im Lauf des Kalten Krieges die explosive Mixtur zustande gekommen ist, die sich in den kaltblütigen Angriffen auf das World Trade Center und das Pentagon entladen hat.

Der zweite Teil ist der Nachgeschichte des 11. September 2001 gewidmet, vom Beginn des Afghanistankrieges bis zum Friedensprozess mit den Taliban 2020. Ich rekapituliere die Schlüsselmomente dieser Epoche und zeige, wie stark die politischen Entwicklungen, die uns bis heute in Atem halten, mit 9/11 zusammenhängen. Dabei geht es nicht bloß um eine Nacherzählung der Geschichte, sondern auch darum, sich kritisch mit den dahinterstehenden Denkmustern auseinanderzusetzen und die richtigen Lehren aus den Ereignissen zu ziehen.

Im letzten Kapitel kontrastiere ich schließlich die Mentalität der Zeit nach 9/11 mit den Herausforderungen, die sich seit der Corona-Krise stellen. Wir stehen vor der Wahl, ob wir die 9/11-Politik weiter betreiben, so wie es die globale Wirtschaftsordnung und ein autoritärer Neoliberalismus im populistischen Schafspelz vorgeben; oder ob wir die Probleme erkennen, die von dieser Politik und Wirtschaftsweise verursacht werden. Tun wir das, lässt sich die Krise als Chance für eine andere, fairere und lebensfreundlichere Politik begreifen.

Das Buch versteht sich als Einladung zum Durchdenken, Mitdenken, Nachdenken. Es ist ein politischer Essay, der Versuch, neue Denkhorizonte zu erschließen, die geistige Situation der Zeit zu ermitteln und die Prüfungen, die sie bereithält, gut zu bestehen, das heißt, geistige, moralische und seelische Widerstandskraft gegen ihre Zumutungen zu entwickeln. Gewiss, die Welt wird auch nach der Lektüre keine andere sein. Aber wie in einem Kipp- oder Umkehrbild, das plötzlich etwas Ungesehenes zeigt, könnte sie sich danach als eine Welt zu erkennen geben, die offener ist für neue Möglichkeiten, kreative Lösungen, für alternative Zugänge und Umgangsweisen.

Bei allen meinen Überlegungen lasse ich mich von folgenden drei Ausgangsthesen und Grundannahmen leiten:

1. 9/11 ist der Urknall unserer Welt. Die Voraussetzung dafür war, wie ich im ersten Teil erkläre, die explosive Mixtur, die sich in den Jahrzehnten zuvor entwickelt hatte. Ohne das richtige Verständnis dieser Zeit sind die meisten gegenwärti-

gen Konflikte nicht zu erklären, nicht zu verstehen, nicht zu lösen.

2. Die weit überwiegende Zahl der Menschen überall auf der Welt lehnt den Terror ab. Aus diesem Konsens über alle Kulturen hinweg lässt sich argumentatives Kapital schlagen, lassen sich Erkenntnisse und Handlungsanweisungen für den zukünftigen Umgang miteinander ableiten. Auch in diesem Sinn markiert 9/11 einen Nullpunkt, eine gemeinsame Grundlage, von der aus wir unsere Überlegungen starten können: Ground Zero als Chance und Gelegenheit für einen Neuanfang, für einen Reset.

3. Von heute aus gesehen hat der arabische Terroristenführer Bin Laden fast alle seine Ziele erreicht. Diese Erkenntnis tut weh, aber wir müssen uns ihr stellen. Zwar ist er 2011 getötet worden, aber den von ihm angezettelten Krieg gegen »den Westen« hat er gewonnen. Dieser »Westen« ist nicht wiederzuerkennen. Er taugt in seinem gegenwärtigen Zustand nicht mehr als glaubwürdiges globales Orientierungsmodell, als das er sich vor 9/11 aus nachvollziehbaren Gründen verstanden hat. Diese Feststellung spiegelt keineswegs nur meine persönliche Sichtweise wider, sondern entspricht dem, was auch konservative, liberale und herkömmlicherweise prowestliche Kräfte mittlerweile eingestehen. Das Motto der Münchener Sicherheitskonferenz von 2020 lautete bezeichnenderweise »Westlessness« – »Entwestlichung« oder vielleicht treffender noch »Entzauberung des Westens«.[5]

Die Einsicht, dass der von Bin Laden angezettelte globale Bürgerkrieg bislang in weiten Teilen nach seinen Wünschen verlaufen sein dürfte, ist niederschmetternd, und es wundert nicht, dass bisher niemand gewagt hat, das auszusprechen. Aber wer seine Niederlage nicht eingesteht, kann nichts aus ihr lernen und sie nicht überwinden. Unsere Weigerung, dieser Realität in die Augen zu schauen, macht die Niederlage komplett. Zählen nicht Realitätssinn, Selbsterkenntnis und Selbstkritik zu jenen Eigenschaften, die moderne, aufgeklärte Gesellschaften in ganz besonderem Maß aufweisen sollten?

Mit der Niederlage (ob eingestanden oder nicht) und Abdankung des »Westens« fällt ein wesentliches Element der bisherigen Orientierung in der Welt fort, nämlich die Idee, dass sich die Geschichte in eine Richtung entwickelt, die der »Westen« vorgibt. Dieser Wegfall einer Zukunftsperspektive ist beunruhigend, wie ich gern zugebe. Andererseits entsteht dadurch jedoch eine neue Freiheit. Die »westliche« Perspektive war ziemlich einseitig, worauf uns auf kriegerische Weise der Terrorismus, auf zivile Weise die antirassistischen »Black Lives Matter«-Proteste und die globale Umweltbewegung gestoßen haben. Freilich ist die Rede vom »Westen« immer schon problematisch gewesen, weswegen ich sie hier nach Möglichkeit meide oder den Begriff in Anführungszeichen setze. Die Gründe für die Problematik des Begriffs sind vielfältig.[6] Auf zwei möchte ich ausdrücklich hinweisen:

Wie der britische Kulturgeograph Alastair Bonnett feststellt, ist der Begriff des »Westens« historisch und praktisch zutiefst mit der Vorstellung der Überlegenheit von weißen, aus Europa stammenden Menschen verknüpft. Benutzen wir ihn, so setzen wir diese Vorstellung einer weißen und europäischen Überlegenheit fort, ob wir wollen oder nicht. Bonnett schreibt: »Der Begriff ›westlich‹ hatte und hat eine rassistische Kodierung und geht mit der Erwartung einher, dass die Welt nie wirklich ›frei‹, ›offen‹ und ›demokratisch‹ sein wird, solange sie nicht europäisiert ist.«[7]

Der zweite Einwand betrifft die Perspektive, die wir jedes Mal unbewusst voraussetzen, wenn wir vom »Westen« reden. Nur wenn man in Europa auf die Weltkarte schaut, ist »der Westen« wirklich westlich, das heißt links auf der Karte, dort, wo man (West-)Europa und Amerika sieht. Die Mitte, der Flucht-punkt, liegt ziemlich genau dort, wo im Kalten Krieg der Eiser-ne Vorhang verlief, und bis heute tun sich viele im »Westen« schwer damit, Osteuropa dazuzuzählen, insbesondere das or-thodox geprägte Osteuropa, selbst wenn große Teile davon in-zwischen Mitglied der EU sind.[8]

Schaut man hingegen außerhalb von Europa auf die Welt-karte, liegt der politische »Westen« nicht mehr im Westen, das heißt nicht mehr links auf der Karte. Redet man dort, sei es in den USA oder in Japan und China, dennoch vom »Westen«, übernimmt man, ohne dass man es merkt, die eurozentrische, zentraleuropäische Perspektive. Man verortet im Rahmen einer imaginären Landkarte Europa in der Mitte und macht es somit zum Zentrum der Welt.

So schmeichelhaft das für Europäer ist, es nährt ihren Dün-kel, und es entspricht nicht den Tatsachen: Europa ist diese Mit-te schon lange nicht mehr. Auch den USA, der einstigen euro-päischen Kolonie, tut es nicht gut, sich als »Westen« zu be-greifen, dessen Zentrum und Perspektive damit unweigerlich europäisch eingefärbt ist: Denn das führt dazu, diejenigen Bür-ger, die nicht aus Europa stammen und die sich der eurozentri-schen Perspektive verweigern, als nicht eigentlich amerikanisch abzuwerten: asiatische, muslimische, indigene, schwarze Ame-rikaner zum Beispiel. Auch aus Sicht der USA, gleichsam dem »Westen des Westens«, ist also eine Form von Rassismus und von Abwertung nichtwestlicher Perspektiven wirksam, sobald sich das Land als »westlich« betrachtet.

Abschließend ein Wort zu mir. Als Islam- und Literaturwis-senschaftler habe ich ursprünglich meine Berufung darin ge-sehen, arabische Gedichte zu übersetzen. Später habe ich viele Jahre journalistisch gearbeitet. Was die Zukunft der islamischen

Welt betraf, hielten sich in den neunziger Jahren Hoffnung und Skepsis die Waage. Ich glaubte damals, mit meinem Wissen und meiner Stimme zu einer positiven Entwicklung beitragen zu können. Aber seit 9/11 war ich vor allem mit Feuerlöschen beschäftigt. 2011 flackerte mit den arabischen Revolutionen kurzzeitig Hoffnung auf. Danach wurde die Situation von Jahr zu Jahr schlimmer. Wo ich früher relativ problemlos arbeiten, reisen und leben konnte, herrschte nun Bürgerkrieg, Terror, Gewalt oder maßlose Frustration. All das hatte es in dieser Region zwar seit jeher gegeben und war der Grund gewesen, weswegen ich mich schon als Schüler für sie interessierte. Aber mit 9/11 hatten die negativen Entwicklungen die Oberhand bekommen.

Heute trauen sich viele Freunde von mir nicht einmal mehr in die Türkei, aus Angst, dort festgenommen zu werden, weil sie die Politik von Erdoğan kritisiert oder oppositionelle Künstler und Journalisten unterstützt haben. Viele andere wiederum sind aus den Krisenregionen geflohen oder spielen mit dem Gedanken an Auswanderung. Auf der anderen Seite fühlen sich viele Freundinnen und Freunde von mir, deren Familien lange vor 9/11 aus der islamischen Welt nach Deutschland und Europa eingewandert sind, in ihrer neuen Heimat nicht mehr sicher und klagen über Vorurteile, Rassismus, Benachteiligungen und Pöbeleien.

Mit einem Wort: Mediales Feuerlöschen, Beschwichtigungen und wohlmeinende Erklärungen reichen nicht mehr. Vielmehr wächst der Verdacht, dass die ganze Perspektive, der denkerische Rahmen (oder *frame*, wie es in der Kommunikationswissenschaft heißt[9]) nicht mehr stimmt. Ich habe daher begonnen, über die vordergründigen Fragen, die den Islam betreffen, hinauszuschauen und das eigene »westliche« Selbstverständnis zu hinterfragen und nach Alternativen zu suchen, wie es seit weit über hundert Jahren viele andere ebenfalls getan haben. Das vorliegende Buch ist das Ergebnis dieser Hinterfragung, Analyse und Suche. Es ist der Versuch, Zeitgeschichte zu schreiben, ohne ihr zu erliegen und in ihr aufzugehen, sondern einen Standpunkt zu finden, der darüber hinausweist.

Da ich keine gekünstelte Sprache verwenden möchte, habe ich in der Regel darauf verzichtet, Namen oder Begriffe, die ideologisch aufgeladen sind oder klischeehaft verwendet werden, in Anführungszeichen zu setzen –mit Ausnahme der problematischen Rede vom »Westen«. An keinem Punkt möchte ich eine essentialistische oder identitäre Auffassung von bestimmten Kulturen, Religionen, Traditionen oder Menschen vertreten. Wenn von »wir« oder »uns« die Rede ist, sind damit alle *potentiellen* Leserinnen und Leser des Buchs gemeint: die mögliche Gemeinschaft derjenigen, die bereit sind, meiner Darstellung zu folgen, auch wenn die Zusammenhänge zuweilen komplex sind und sich anders zeigen als üblich.

ERSTER TEIL
9/11 UND DIE VORGESCHICHTE

FEINDBILD USA

Muss man etwas über den Islam wissen, um 9/11 zu verstehen? Erklärt der Koran den Terrorismus, wie viele damals glaubten? Die Anschläge von New York und Washington haben eine Vorgeschichte, die wenig mit den Lehren des Propheten Mohammed aus dem 7. Jahrhundert in Mekka und Medina, viel dagegen mit der globalen Entwicklung der letzten ein bis zwei Jahrhunderte zu tun hat. So kommt es, dass man in der modernen arabischen Dichtung mehr über die Gründe für die Anschläge erfährt als aus dem 1400 Jahre alten Koran.

Zum Beispiel bei dem 1930 geborenen Syrer Adonis, dessen Gedichte ich übersetzt habe. Der Name ist ein Pseudonym. Es steht programmatisch für die Bemühungen der arabischen Intellektuellen der Nachkriegszeit, zeitgemäße Gründungsmythen für die zwischen den Weltkriegen entstandenen nahöstlichen Staaten zu finden. In diesem Fall war es die phönizische, später von den Griechen aufgegriffene Adonis-Sage, ein Wiederauferstehungsmythos. 1971 publizierte der berühmte Dichter einen langen Text, eine Mischung aus politischem Essay und poetischer Collage, mit dem rätselhaften Titel »Ein Grab für New York«.

Mitten im Vietnamkrieg geschrieben, ist das Gedicht eine Abrechnung mit dem Imperialismus der USA in Südostasien, in Südamerika und in der islamischen Welt. Der kubanisch-chilenische Revolutionär Che Guevara wird ebenso angerufen wie Hô Chí Minh, der Führer der vietnamesischen Kommunisten, und der amerikanische Dichter Walt Whitman aus dem 19. Jahrhundert, dessen progressive, menschenfreundliche Ideale, so Adonis, vom Amerika der Gegenwart verraten werden.

Das New York der Wall Street, der Wolkenkratzer und der technisierten Kommunikation ist für den Dichter das Symbol für Dekadenz, Machtgier und koloniale Unterdrückung. Der Untergang der Stadt ist vorgezeichnet und wird, so Adonis, aus dem Osten kommen:

»Der Wind weht ein zweites Mal aus dem Osten,
er entwurzelt die Wolkenkratzer, als wären es Zelte. […]
Ich vernehme eine Erschütterung, einen Einschlag.
Wall Street und Harlem begegnen sich – die Blätter
    begegnen dem Donner,
der Staub begegnet dem Sturm […]
New York + New York = ein Grab
New York – New York = die Sonne«[1]

Weil der Islam überhaupt nicht darin vorkommt, zeigt uns das Gedicht, dass die Wut auf die USA früher da war als die Terroranschläge vom 11. September 2001 und dass sie weltliche und geopolitische Ursachen hat, keine religiösen. Bereits der säkulare, antikoloniale Widerstand hatte sich New York und seine Wolkenkratzer als Symbol der USA und der westlichen Moderne insgesamt zum Gegner auserkoren.

Bin Laden und der radikale Islam haben ihren Feind, »den Westen«, von ihren ideologischen Widersachern geerbt, nämlich von den linken und antikolonialen politischen Aktivisten unter den Arabern, wie etwa Adonis. In der zweiten Hälfte des 20. Jahrhunderts prägten diese Denker, Dichter, Politiker und Freiheitskämpfer das intellektuelle und politische Leben in der islamischen Welt. Der Islam spielte für die meisten von ihnen kaum eine Rolle. Bis heute ist Adonis für seine entschieden islamkritische Haltung bekannt.[2]

Im Lauf der sechziger Jahre, kurz bevor Adonis sein Gedicht

über New York schrieb, erfuhr die ein halbes Jahrhundert zuvor in bestimmten kleinbürgerlichen und konservativen Milieus aufgekommene Politisierung des Islams eine Renaissance. Bis dahin waren die Islamisten, wie die Befürworter einer größeren politischen Rolle für den Islam auch genannt werden, anders als die linksorientierten und marxistischen Widerstandsorganisationen (wie etwa die Palästinensische Befreiungsorganisation »PLO«), mit jenen Kräften in der arabischen Welt im Bunde, die dem kapitalistischen Westen nahestanden. Aus diesem Grund förderte Israel damals sogar die Hamas-Bewegung, den palästinensischen Ableger der ägyptischen Muslimbruderschaft. Der Israel-Experte Joseph Croitoru schreibt:»Die israelische Militärbesatzung [in Gaza] ließ Jassin [den Anführer der Hamas] damals gewähren, weil sie über jeden palästinensischen Jugendlichen froh war, der, anstatt sich den säkularen palästinensischen Kampforganisationen anzuschließen, bei den Muslimbrüdern Koranstunden nahm und in deren Jugendgruppen Sport trieb.«[3]

Die Religion zu fördern galt damals auch in Europa und den USA als probates Mittel im Kampf gegen den Kommunismus. Damit wurde der Islam in den Kalten Krieg hineingezogen. Dass er eine Kraft des Widerstandes gegen die USA und die von ihnen unterstützten arabischen Regierungen werden könnte, galt als unwahrscheinlich. Offenbar hatten die Politiker in den USA und Europa im Geschichtsunterricht nicht gut aufgepasst, oder das Kolonialzeitalter stand, wie so oft, nicht auf dem Lehrplan. Denn es waren vor allem islamische Gruppierungen gewesen, die im 19. Jahrhundert den Widerstand gegen den europäischen Kolonialismus organisiert hatten.

Das gilt zum Beispiel für Algerien, wo der Emir und Sufi-Scheich (ein muslimischer Mystiker) Abdelkader (1808–1883) gegen die Franzosen kämpfte, und für den Sudan, wo Ende des

19. Jahrhunderts der junge Churchill an der Niederschlagung einer islamisch inspirierten antikolonialen Revolte teilnahm, dem sogenannten Mahdi-Aufstand (er hat darüber ein Buch geschrieben[4]). Das gilt schließlich auch für die britischen Kriege in Afghanistan und Indien, das erst nach der gescheiterten Meuterei indisch-muslimischer Truppen, dem sogenannten Sepoy-Aufstand von 1857, ein offizieller Teil des britischen Kolonialreiches wurde. Karl Marx begriff bereits damals, dass der einheimische Widerstand gegen die Kolonialmächte, so hässliche Züge er annehmen mochte, eine nachvollziehbare Reaktion darstellt: »Wie schändlich das Vorgehen der Sepoys auch immer sein mag [ihnen wurden u. a. Vergewaltigungen vorgeworfen], es ist nur in konzentrierter Form der Reflex von Englands eigenem Vorgehen in Indien.«[5]

Warum ausgerechnet die Muslime aus kolonialer Perspektive am meisten Probleme bereitet haben, ist leicht erklärt: Sie hatten eine klare Identität, ein großes, in ihrer Geschichte begründetes Selbstwertgefühl, eine klar definierte Weltanschauung mit eigenem universalistischem Anspruch, sie verfügten über einen starken Glauben, und sie waren erfahren in der Begegnung, aber auch Konfrontation und militärischen Auseinandersetzung mit anderen. Das konnten so nur wenige kolonisierte Völker oder Religionsgemeinschaften von sich behaupten.

Unmittelbar nach 9/11 wollten viele nicht wahrhaben, dass der muslimische Terrorismus in einer Tradition des antikolonialen und vor allem deswegen »antiwestlichen« Kampfes steht. Obwohl sich die meisten Beobachter in Europa und den USA gegen diese selbstkritische Einsicht wehrten, ist auffällig, dass die Aufarbeitung des Kolonialismus erst seit 9/11 vollumfänglich begonnen hat und inzwischen, gleichsam »dank 9/11«, in der Breite der Gesellschaft angekommen ist.

Wir sehen dies im Streit um den Rassismus ebenso wie in den

Debatten um den Umgang mit kolonialer Raubkunst und bei der Frage, wie mit der Migration aus dem Globalen Süden umzugehen ist. 9/11 hat diese Diskussionen angestoßen wie ein erster Dominostein, der fällt und alle anderen mit sich reißt. Das anzuerkennen ist keine Rechtfertigung für Bin Ladens Mordtaten. Es nicht sehen zu wollen deutet jedoch darauf hin, dass die kolonialen Zusammenhänge, die für 9/11 mitverantwortlich gewesen sind, nach wie vor nicht nur bestehen, sondern auch fortgesetzt werden – schwerlich eine gute, zukunftsweisende Politik!

Als die Amerikaner nach dem Zweiten Weltkrieg ihr Bündnis mit dem konservativen Islam eingingen, dürften sie im guten Glauben gewesen sein, sie seien klüger und verantwortungsvoller als die europäischen Kolonialmächte und »man könne darauf vertrauen, dass sie von ihrer Macht in einer gerechten und vernünftigen Art und Weise Gebrauch machten, wie es anderen großen Staaten nicht möglich sei«[6], wie der Politikwissenschaftler Francis Fukuyama den amerikanischen »Exzeptionalismus« erklärt. Eine solche Ausnahmestellung beanspruchen die Amerikaner bereits seit dem ersten Präsidenten, George Washington (reg. 1789–1797), der in seiner Abschiedsrede an die Nation versicherte, »die amerikanische Republik sei in der Tugend geboren und werde ihre Unschuld nur dann verlieren, wenn sie eine Machtpolitik von der Art der Europäer betreiben würde«.[7]

Dass sich die USA, einst selbst eine britische Kolonie, überhaupt in der islamischen Welt einmischten, hängt mit dem Zerfall des Osmanischen Reiches und der neuen Weltmachtrolle der USA nach dem Ersten Weltkrieg zusammen. Vormals hatten die Osmanen weite Teile Nordafrikas und des Nahen Ostens beherrscht. 1918 schrumpfte ihr Reich auf das Gebiet zusammen, das wir seither »Türkei« nennen. Alle übrigen Gebiete mussten neu geordnet werden. Der amerikanische Präsident Woodrow Wilson hatte sich nach dem Ersten Weltkrieg für die Unabhängigkeit dieser neuen arabischen Länder eingesetzt. Aber die Grenzen hatten England und Frankreich gezogen (Vertrag von Sèvres, 1920). So entstanden der Libanon, Syrien, der Irak, Palästina und (Trans-)Jordanien. Auf dem Gebiet Palästinas, das von den Briten verwaltet wurde, gründete sich 1948 ein weiterer Staat: Israel.

Bis 1989 hatten die Islamisten mit dem repressiven Staatssozialismus in der arabischen Welt ein deutlich größeres Problem als mit den USA. Zum ideologischen Kernbestand des Sozialismus zählen bekanntlich die Religionskritik und der Bruch mit vielen gesellschaftlichen Traditionen und Konventionen, die Gläubigen wichtig sind. Zu den sozialistisch geprägten, mit der Sowjetunion verbündeten arabischen Staaten zählten Algerien (seit der Unabhängigkeit 1962), Libyen (seit dem Putsch von Gaddafi 1969); Ägypten (seit dem Putsch der Freien Offiziere 1952), Syrien (seit dem Putsch der Baath-Partei 1963), der Irak (seit dem Staatsstreich gegen König Faisal II. 1958). Damit waren die größten und bevölkerungsreichsten Länder der arabischen Welt Teil des sozialistischen Blocks. Auch Arafats PLO gehörte ins sozialistische Lager, ferner der Süden des geteilten Jemen und das vom alten antikolonialen Freiheitskämpfer Habib Bourguiba (1903–2000) geführte Tunesien.

Politische Unterstützung von staatlicher Seite bekamen die Islamisten hingegen nur von den korrupten arabischen Monarchien, vor allem am Persischen Golf, wo in Saudi-Arabien und den ölreichen Emiraten eine besonders intolerante und puritanische Spielart des Islams zur Staatsreligion geworden war, der Wahhabismus (s. u. S. 46). Die Monarchien wollten sich durch die Förderung der Islamisten vor dem Sozialismus schützen. Aus demselben Grund waren sie mit dem Westen verbündet.

DER KALTE KRIEG IM GLOBALEN SÜDEN

Fast alle Länder der Welt wurden in den Kampf der beiden konkurrierenden politischen Systeme und der sie repräsentierenden Großmächte USA und Sowjetunion hineingezogen. Einige wurden zum Schauplatz blutiger Stellvertreterkriege, allen voran Vietnam und Afghanistan. Dem Nahen und Mittleren Osten, der arabischen und islamischen Welt, kam dabei eine Schlüsselrolle zu. Die Staaten, um die es ging, waren, wie erwähnt, erst mit dem Zerfall des Osmanischen Reiches nach dem Ersten Weltkrieg entstanden. Und erst nach dem Zweiten wurden sie wirklich unabhängig.

Wie es kaum anders sein konnte, waren diese Staaten militärisch schwach, politisch instabil, leicht von außen zu beeinflussen und auf Verbündete angewiesen. Überdies lagen sie in einer geostrategisch überaus wichtigen Region im Südosten Europas, und sie verfügten über die Rohstoffe, die für die Wirtschaft und das Militär der Industrienationen lebenswichtig waren, vor allem über Erdöl. Der Versuch der Großmächte, auf diese Region Einfluss zu nehmen, dort Verbündete zu finden und sie zu kontrollieren, konnte nicht ausbleiben.

Die UdSSR (Union der sozialistischen Sowjet-[d. h. Räte-] Republiken), die 1917 nach der russischen Revolution entstanden war, wollte mit der bisherigen imperialistischen Politik der europäischen Großmächte brechen. Die Anlehnung an die Sowjetunion, die mit dem Sieg über Hitlerdeutschland zur Weltmacht aufstieg, bedeutete daher für die neu gegründeten nahöstlichen Staaten die Emanzipation von den ehemaligen Kolonialmächten. Freilich begaben sie sich dadurch zugleich in eine neue, oft nicht weniger problematische Abhängigkeit. Aus weltanschaulicher Perspektive war der Sozialismus jedenfalls die Wahl der Stunde.

Hingegen löste der damalige »Westen« mit der Idee des Liberalismus und des freien Marktes in den Ländern, die zuvor vom selben »Westen« in kolonialer Unfreiheit gehalten worden waren, wenig Begeisterung aus. Das kapitalistische Wohlstandsversprechen zog nicht: Nur wenige Eliten schienen davon zu profitieren. Und materiellen Wohlstand, allerdings *für alle*, verhieß auch der Kommunismus, der in den fünfziger und sechziger Jahren in wirtschaftlicher Hinsicht noch nicht so offensichtlich vom Westen abgehängt worden war wie später.

Kommunismus und Sozialismus versprachen aber noch etwas anderes, das der »Westen« des Kalten Krieges nicht bieten konnte und nicht bieten wollte: eine rundum erneuerte Gesellschaft, eine utopische Vision. Besonders attraktiv war diese Vision für die Intellektuellen, die naturgemäß zuerst damit in Berührung kamen. Aus ihnen rekrutierten sich diejenigen, welche die neuen Staaten tragen und leiten sollten: Beamte, Lehrerinnen, Journalisten, vor allem aber die Offiziere, was aufgrund der sowjetischen Militärhilfe für viele arabische Staaten nicht verwundert. Auch viele Frauen ließen sich vom Sozialismus begeistern, der ihnen nicht zuletzt größere persönliche Freiheiten versprach. Einige von ihnen erlangten weltweite Berühmtheit, wie etwa die kämpferische feministische Autorin Nawal El Saadawi (geb. 1931) in Ägypten.[8]

Der Sozialismus war unter den aus Europa importierten modernen Weltanschauungen in der arabisch-islamischen Welt freilich nicht konkurrenzlos: Ebenfalls sehr populär war der Nationalismus, zuweilen in eigentümlichen Mischformen aus Nationalismus, Sozialismus und Anknüpfungen an vorislamische Zeit. Von dieser Art war die Ideologie der Baath-Partei im Irak und in Syrien (»ba'ath« bedeutet »Auferstehung«), aber auch der phönizische Nationalismus der »Syrischen Sozialen Nationalistischen Partei«, deren Anhänger der Dichter Adonis in seiner Jugend war und der er seinen Namen verdankt. Ferner gab es Ansätze zu einer ideologisch-politischen Deutung des Islams, die zuweilen ebenfalls sozialistische und nationalistische Gedanken übernehmen konnte, wie etwa in Libyen mit Gaddafis kuriosem »Grünen Buch« oder 1979 mit der Islamischen Revolution im Iran.

Der kapitalistische Block, der »Westen« des Kalten Krieges, konnte hingegen unter den Meinungsführern und Intellektuellen des Globalen Südens, der damals so genannten Dritten Welt, nur wenige Anhänger gewinnen, trotz beträchtlicher Anstrengungen sogar der CIA, die Intellektuellen für Individualismus und Liberalismus zu begeistern. Auch Adonis, der Dichter, zählte zu einer Gruppe von libanesisch-syrischen Intellektuellen, die in den fünfziger und sechziger Jahren von amerikanischer Förderung profitierten[9] – umso bemerkenswerter seine dezidiert antiamerikanische Haltung in seinem großen Gedicht »Ein Grab für New York«.

Da es dem Westen, anders als der Sowjetunion, nicht gelang, die »Herzen« der Menschen in der islamischen Welt zu gewinnen, verbündete er sich mit jenen Regimen in der Region, von denen keine Verstaatlichungen zu fürchten waren, die keine revolutionäre Stimmung verbreiteten und die mit den ehemaligen Kolonialmächten im Einvernehmen lebten. Wie erwähnt, handelte es sich dabei in der Regel um Monarchien, welche die traditionellen gesellschaftlichen Strukturen vertraten, äußerst repressiv waren (was die sozialistisch geprägten Militärregimes allerdings auch bald wurden) und sich, wenn überhaupt etwas, den Kampf *gegen* Fortschritt, Emanzipation und gesellschaftliche Gleichheit auf die Fahnen geschrieben hatten. Beispielhaft dafür sind die (informellen) Bündnisse mit der marokkanischen Monarchie unter Hassan II. sowie mit Saudi-Arabien und mit dem iranischen Schah bis 1979.

Die Menschen, die in der islamischen Hemisphäre zwischen den fünfziger und den achtziger Jahren Werte und Normen vertraten, die heute unter dem Label des »Westens« verkauft werden (Freiheit, Gleichheit, Demokratie, Emanzipation und dergleichen), mussten sich unweigerlich *gegen* den »Westen« jener Zeit wenden. Das ist ein deutlicher Unterschied zum Image dieses »Westens« im kommunistischen Osteuropa.

Diese beiden entgegengesetzten Wahrnehmungen des »Westens« sind leicht erklärt. In Osteuropa trat der »Westen« (zumindest vor 1989) nicht als koloniale, imperiale Macht auf. Er hatte dort schlicht nichts zu sagen. Sein Ruf war daher ungetrübt von der tatsächlichen westlichen Politik in anderen Weltteilen. Maßstab war allein der demokratische und freie »Westen« im Westen selbst, während die Sowjetunion wie eine Kolonialmacht oder Besatzungsmacht wahrgenommen wurde. Was sie ja auch war.

Beispiele für die problematische westliche Politik jener Zeit sind leicht zur Hand. 1953 kam es zu einem von der CIA und dem britischen Geheimdienst in die Wege geleiteten Putsch (der »Operation Ajax«) gegen den gewählten iranischen Ministerpräsidenten Mohammad Mossadegh, der die Verstaatlichung der iranischen Ölindustrie, die zu einem großen Teil im Besitz britischer und amerikanischer Firmen war, managen und aushandeln musste. Als es zu keiner Einigung kam, verhängten die Engländer einen Boykott gegen den Handel mit iranischem Öl (nicht unähnlich der Situation nach der Aufkündigung des Atomabkommens mit dem Iran durch Donald Trump), dann leiteten sie zusammen mit den USA die Absetzung Mossadeghs in die Wege. Aus der konstitutionellen Monarchie, die pro forma bewahrt wurde, war gleichsam über Nacht die Diktatur eines Monarchen geworden, Schah Reza Pahlavi, dem Sohn des ersten Pahlavi Schahs. Dieser hatte das Land zwischen dem Ersten und dem Zweiten Weltkrieg regiert und eine brutale Modernisierungswelle nach dem Vorbild von Atatürk in der Türkei in die Wege geleitet. Auch sein Sohn verfolgte seit dem Putsch eine entschieden prowestliche, im eigenen Land jedoch repressive und autoritäre Politik, bis er 1979 von Khomeini gestürzt wurde.

Der aus dem Ausland gesteuerte Putsch gegen Mossadegh ist aus guten Gründen vielen Iranern bis heute in Erinnerung. Mossadegh war kein Kommunist, und die Verstaatlichung der Ölindustrie erschien aus iranischer Sicht überaus sinnvoll.[10] Das Eingreifen der Amerikaner und Briten (wohlgemerkt damals erneut unter Churchill, dessen koloniale Haltung weithin bekannt war) geschah auch nicht aus Angst, der Iran würde ein Teil der sowjetischen Einflusszone werden, sondern aus finanziellen Interessen der westlichen Erdölkonzerne; die Kopplung staatlicher und wirtschaftlicher Interessen aber war seit jeher ein Markenzeichen des Kolonialismus. Der Putsch gegen Mossadegh erstickte die Entwicklung der parlamentarischen Demokratie im Iran und die nationale Selbstbestimmung der Iraner. Damit wurde der Weg für die Islamische Revolution und das Aufkommen eines entschieden antiwestlichen, politischen Islams geebnet.

Nur wenige Jahre später, 1956, kam es zur Suezkrise. In ihr waren dieselben (nach)kolonialen Muster wirksam wie beim Putsch gegen Mossadegh drei Jahre zuvor. Der ägyptische Präsident Gamal Abdel Nasser, anders als Mossadegh tatsächlich dem sozialistischen Lager zuneigend, wollte den Suezkanal verstaatlichen, der in den sechziger Jahren des 19. Jahrhunderts mithilfe europäischer Kredite gebaut worden war. Der Kanal diente mehr den Interessen der kolonialen europäischen Seefahrt als den Ägyptern und trug wesentlich dazu bei, dass Ägypten ein Spielball der europäischen Interessen wurde, in Schuldabhängigkeit geriet und schließlich zwischen 1882 und 1924 von Großbritannien besetzt wurde.

Mithilfe von Großbritannien und Frankreich griffen die israelischen Truppen nun im Oktober 1956 Ägypten an und eroberten den Sinai, mussten sich aber auf Druck der Sowjetunion und der USA (die einen Konflikt mit der Sowjetunion fürchteten) zurückziehen. Die Suezkrise endete daher mit einem moralischen und diplomatischen Sieg Nassers und begünstigte dessen Aufstieg zum führenden Politiker in der arabischen Welt, zumal Nasser Charisma hatte, gut reden und die Massen begeistern konnte. Der glückliche Ausgang der Suezkrise schuf aber einen gefährlichen Mythos: dass die Araber, angeführt von Nasser und Ägypten, die koloniale Aggression erfolgreich bekämpfen könnten – und als europäische Siedlungskolonie wurde auch der Staat Israel aufgefasst.

Wie sich elf Jahre später herausstellte, beruhte das neue Selbstbewusstsein der Araber auf einer Illusion. Der Grund war ein kurzer, einschneidender Krieg, der die nahöstliche Landkarte nachhaltig veränderte, der sogenannte Sechstagekrieg. Im Juni 1967 gelang es Israel, mit einem Überraschungsangriff die ägyptische, jordanische und syrische Luftwaffe auszuschalten und jede weitere Gegenwehr aussichtslos zu machen. Der Anlass für den israelischen Angriffskrieg waren fortgesetzte Grenzverletzungen und die Angst vor einer arabischen Attacke.[11]

Israel eroberte den Sinai mit dem Gazastreifen, die vorher zu Ägypten gehörten; das Westjordanland, das damals Teil Jordaniens war, und die Golanhöhen im Süden Syriens mitsamt dem wertvollen syrischen Zugang zum Wasser des Sees Genezareth. Abgesehen von der Sinai-Halbinsel, die nach dem Friedensabkommen von Camp David 1978 an die Ägypter zurückgegeben wurde, kontrolliert Israel das damals eroberte Gebiet mitsamt seiner palästinensischen Bevölkerung bis heute und möchte

Teile davon in sein Staatsgebiet integrieren, das heißt annektieren.

Mit den israelischen Eroberungen von 1967 endete auch die Hoffnung der Palästinenser, das erst 1948 gegründete israelische Staatsgebilde mithilfe der anderen arabischen Staaten bald zu zerstören und an seiner Stelle einen eigenen Staat zu errichten. Das Versagen, Palästina zurückzuerobern, wurde von den Islamisten wie etwa der Hamas den säkularen Regimen und Ideologien angelastet, welche den Palästinensern die baldige Rückeroberung ihrer Heimat in Aussicht gestellt hatten, aber kläglich gescheitert waren.

Mit dem schmachvollen Eingeständnis der Niederlage im Sechstagekrieg wurde der Mythos um den ägyptischen Präsidenten Nasser und seine Pläne, alle Araber unter seiner Führung zu vereinen – der sogenannte Panarabismus –, gründlich entzaubert. Seine innenpolitischen Gegner, die Muslimbrüder, witterten hingegen Oberwasser und konnten das antiisraelische Ressentiment in der ägyptischen (und arabischen Öffentlichkeit insgesamt) auf die eigenen Mühlen lenken. Die Niederlage 1967 und Nassers früher Tod 1970 läuteten das allmähliche Ende der sozialistisch inspirierten panarabischen Idee ein und verschafften den konservativen Kräften überall in der islamischen Welt Aufwind, vor allem als sich Nassers Nachfolger Sadat 1978 auf einen Frieden mit Israel einließ, um die israelische Besetzung der Suez-Halbinsel zu beenden.

Aber noch 1989 wetterte Bin Laden gegen den Panarabismus, den Hauptgegner der Islamisten, wie folgt: »Ihre Slogans sind: ›Eine arabische Gemeinschaft mit einer immerwährenden Botschaft: Einheit, Freiheit, Sozialismus!‹ Unverhohlener Unglaube! Sie wollen den Prinzipien der roten Rüpel in Russland Geltung verschaffen statt dem Buch Gottes, des Allmächtigen [...]. Sie wollen diese arabische Gemeinschaft aus der islamischen

Welt herauslösen und sie unter der Herrschaft falscher Freiheit und des gottlosen Sozialismus vereinen!«[12]

Ein weiteres Schlüsselereignis des Kalten Krieges spielt für unsere Überlegungen eine wichtige Rolle: der Vietnamkrieg, in dem die USA den Mythos der Unbesiegbarkeit verloren. Dies verschaffte beinahe überall auf dem Globus Bewegungen Auftrieb, die sich wie die Nordvietnamesen im Kampf gegen den Imperialismus sahen. Dazu zählten auch die Palästinenser. Und dank der Anti-Vietnamkriegs-Proteste wurde in der arabisch-islamischen Welt verstanden, dass die Bürgerinnen und Bürger des Westens nicht unbedingt hinter der Politik ihrer Regierungen standen und dass es vielleicht sogar die Möglichkeit gab, diese Politik zu ändern. Folglich versuchten nun auch die politischen Aktivisten in der arabisch und islamisch geprägten Hemisphäre, die Weltöffentlichkeit (in diesem Fall gleichbedeutend mit der Öffentlichkeit in den USA und in Westeuropa) auf ihr Anliegen aufmerksam zu machen.

Was den Iran betrifft, waren diese Versuche ziemlich erfolgreich, wie die Proteste gegen den Schah-Besuch in Deutschland 1967 zeigen, die von iranischen Studenten an deutschen Universitäten federführend mitorganisiert wurden, vor allem von dem Studentenführer Bahman Nirumand. Er hatte im selben Jahr ein viel gelesenes, meinungsbildendes Buch über die repressive Herrschaft des Schahs und »Die Diktatur der Freien Welt«[13] veröffentlicht. Die Proteste gegen den Schah wurden zum Schlüsselmoment der deutschen Achtundsechziger-Bewegung, nachdem ein Polizist während der Demonstrationen gegen seinen Besuch den Studenten Benno Ohnesorg aus nächster Nähe erschossen hatte.

Diese Episode ist auch deshalb bemerkenswert, weil sie die enge Verflechtung aufzeigt, die den gesamtgesellschaftlichen Emanzipations- und Öffnungsprozess, der 1968 in Europa und den USA angestoßen wurde, mit den antikolonialen und antiimperialistischen Aktivitäten im Globalen Süden verbindet. Es war bereits zu diesem Zeitpunkt in Europa und Amerika nicht mehr problemlos und ohne Widerspruch möglich, eine neokoloniale Außenpolitik zu betreiben, die die Menschenrechte missachtete, oder eine wirtschaftliche Ausbeutung zu praktizieren, jedenfalls nicht in Demokratien mit freien Medien und Demonstrationsrecht. Allerdings sind starke Zweifel daran angebracht, ob dieser Widerspruch nachhaltig zu einer anderen Politik führte. Zwar zogen die USA aus Vietnam ab; anderswo wurde eine neoimperiale Politik jedoch weiterhin praktiziert, vor allem in Mittel- und Südamerika.

Was den Iranern immerhin glückte, nämlich wichtige Teile der westlichen Öffentlichkeit gegen den Despoten im eigenen Land, den Schah, zu mobilisieren, sollte den Palästinensern nicht gelingen. Es war dieses Scheitern, das die ersten terroristischen Aktionen auslöste, die ausgehend von der arabisch-islamischen Welt in Europa verübt wurden. Sie wurzelten in der Auseinandersetzung um das ehemalige britische Mandatsgebiet Palästina, das seit 1948 zu einem großen Teil in das Staatsgebiet des neu gegründeten Israel übergegangen war.

Das Mandatsgebiet zerfiel in Cisjordanien, das heißt das westliche Jordanufer, und in das »Emirat« Transjordanien, aus dem das heutige Jordanien hervorging. Jüdische Einwanderer durften sich damals auf Geheiß der britischen Mandatsmacht nur in Cisjordanien ansiedeln, das von da an zwischen Arabern und jüdischen Einwanderern umkämpft war. Dass nach dem Krieg von 1967, als Israel auch den Rest des einstigen Cisjordanien, die sogenannte »Westbank«, okkupierte, der Konflikt hinaus in die Welt getragen wurde, hatte propagandistische Gründe: Es ging darum, die mediale Aufmerksamkeit darauf zu lenken, dass es in Palästina überhaupt einen Konflikt gab – wohlgemerkt die Aufmerksamkeit der westlichen, mit den USA verbündeten Staaten, die aufseiten Israels standen und die palästinensische Perspektive ignorierten.

Aber die erstrebte propagandistische Wirkung des palästinensischen Terrors war bestenfalls zwiespältig. Zwar erhielten die Palästinenser die gewünschte Aufmerksamkeit, und der israelisch-palästinensische Konflikt ist seither in den Schlagzeilen geblieben. Sympathien gewannen sie mit ihren Aktionen jedoch kaum. Dafür steht beispielhaft die brutale und sinnlose Attacke auf die israelische Mannschaft bei den Olympischen Spielen in München 1972.

Sieben Jahre später kam es dann zu mehreren weltpolitischen Ereignissen, die dem militanten Islamismus einen entscheidenden Schub verschafften und die für seine antiwestliche Wendung prägend gewesen sind: die Islamische Revolution im Iran, das Friedensabkommen von Camp David, der Einmarsch der sowjetischen Truppen in Afghanistan und schließlich die Besetzung des größten Heiligtums der Muslime, der Kaaba in Mekka, durch eine militante islamistische Sekte. Man kann das Jahr 1979 mit Fug und Recht ein Epochenjahr nennen.

DIE ISLAMISCHE REVOLUTION IM IRAN

Im Februar 1979 kehrt der schiitische Geistliche Ajatollah Khomeini im Triumphzug (bestehend aus einem Flugzeug mit vielen westlichen Journalisten an Bord) aus dem französischen Exil zurück in den Iran. Als scheinbar über den Parteien stehender heiliger Mann und charismatische Symbolfigur des Widerstands gegen den Schah wurde er jubelnd empfangen, zunächst auch von nichtreligiösen Iranern. Bereits zwei Monate später konstituierte sich die Islamische Republik. Schah Mohammed Reza Pahlavi war wenige Wochen zuvor aus dem Land geflohen. Ironie der Geschichte: Die Iraner wären den Schah auch ohne Khomeini bald losgeworden – er erlag bereits ein Jahr später in Kairo seiner Krebserkrankung. Khomeini indessen blieb und säuberte mit einer Brutalität, die die des Schah-Regimes noch einmal übertraf, das Land von allen Kräften, die seiner Herrschaft im Weg standen.

Mit der iranischen Revolution übernahmen zum ersten Mal seit der Verbreitung der nationalstaatlichen Ordnung in der islamischen Welt die Religionsgelehrten und Geistlichen die Führung eines modernen Staates. Die anderen Länder der Region, die sich auch auf die Religion berufen, sind Monarchien und Emirate wie Marokko, Saudi-Arabien oder Kuwait. Religionsgelehrte spielten in diesen Ländern eine wichtige Rolle, nicht jedoch als politische Führer.

Selbst in älterer Zeit, etwa im Osmanischen Reich oder während der Mogulherrschaft in Indien, waren die Herrscher keine Religionsgelehrten, sondern wie in europäischen Dynastien durch Erbfolge an die Macht gekommen. Mit den Religionsgelehrten, die, anders als die Kirche in Europa, nicht selbst über weltliche Güter und damit auch über keine andere Machtbasis als ihr Ansehen und ihren Zugriff auf die Gerichtsbarkeit der Scharia verfügten, hatten sie sich zu arrangieren, was mal mehr, mal weniger gut gelang.

Auffälligerweise hat die Machtübernahme durch Geistliche im Iran bis heute nirgendwo in der islamischen Welt Nachahmer gefunden. Dennoch besteht die Islamische Republik Iran inzwischen seit über vierzig Jahren, also länger als die DDR, und dies trotz schwierigster außenpolitischer Bedingungen und ohne mächtige Verbündete. Aus der Perspektive des iranischen Regimes ist das eine Erfolgsgeschichte.

1979 haben die Iraner damit einen – freilich hochproblematischen – autochthonen Weg zwischen den üblichen, aus Europa stammenden Staatsmodellen Nationalismus, Sozialismus und Liberalismus gefunden, einen eigenen Weg also, den viele Länder nach der Entkolonisierung vergeblich gesucht haben. Das iranische Modell weist zahlreiche moderne, republikanische und demokratische Züge auf (ein gewähltes Parlament und einen Präsidenten, zum Beispiel), wird jedoch durch die Oberherrschaft der Geistlichkeit stark kontrolliert. Das ist kein Rückschritt in ein finsteres Mittelalter, sondern ein sehr spezifischer Sonderweg der Moderne. Was vielen Beobachtern daran rückschrittlich vorkommt, ist die sozialrevolutionäre Ausrichtung der Religion und ihre Verschmelzung mit dem Staat, die es anderswo so noch nie gegeben hatte.

Gegenüber seinen arabischen Nachbarstaaten hat der Iran durch die Islamische Revolution aber noch einen weiteren Vorteil erlangt: Weil die Religion den Staat bereits regiert, gibt es anders als in den arabischen Ländern (selbst im streng religiösen, aber von einem König regierten Saudi-Arabien) keine bedeutende islamische Opposition. Man findet dort lediglich einige kritische Intellektuelle, darunter auch ausgebildete Geistliche, die sich auf die Religion beziehen; sie vertreten aber fast alle eine moderate, weltoffenere Linie als das Regime.[14] Der Iran ist damit eines der wenigen Länder in der Region, die den Islam sicherheitspolitisch gezähmt haben, wenn auch zu einem hohen Preis: ihn nicht mehr loswerden zu können und den Staat selbst in eine religiös legitimierte Geißel für seine Bürger verwandelt zu haben.

In unserem Zusammenhang liegt die Bedeutung des iranischen Wegs freilich darin, dass er auch in anderen islamischen Ländern religiöse Kräfte inspirierte, selbst solche, die von Natur aus wenig Sympathie für die schiitische Version des Islams hegten, die im Iran vertreten wurde. Ferner hat die Islamische Republik gezeigt, dass man einen eigenen Weg in die Moderne verfolgen kann, ohne auf nennenswerte Hilfe von außen angewiesen zu sein.

Zugleich bewies der politische Islam am Beispiel Iran, dass er, ein paar charismatische Führer vorausgesetzt, einen Staat übernehmen und sogar gegen große äußere und innere Widerstände führen und bewahren konnte. Insofern sich die Islamische Republik Iran dem säkularen Gedankengut von Sozialismus und Liberalismus und schließlich der einzig verbliebenen Großmacht USA entgegenstellte, erfüllte sie die Träume der islamistischen Vordenker und Visionäre aus der ersten Jahrhunderthälfte. Auch wer kein Muslim war, aber auf einen eigenen autochthonen Weg der blockfreien Staaten hoffte, das heißt derjenigen Länder, die sich weder mit der Sowjetunion noch mit den USA verbünden wollten, mochte die Gründung der Islamischen Republik begrüßen.

Der Islam beerbte, und das ist für unsere Überlegungen zentral, in Gestalt der Islamischen Republik die antiimperialistische (d. h. antiamerikanische, antiwestliche, antikoloniale) Haltung, die vorher lediglich mit dem Sozialismus assoziiert war und damit, wiewohl antiwestlich, der europäischen Geschichte und Denktradition entstammte. Selbst Islamkritiker werden zugestehen, dass die Idee, den Islam in eine sozialrevolutionäre Befreiungsideologie zu verwandeln, nur konsequent ist – schließlich gab es ja auch eine christliche Befreiungstheologie, etwa in Süd- und Mittelamerika, Ländern also, die ebenfalls gegen die US-amerikanische Bevormundung kämpften. Und so erklärt sich, warum sogar ein kritischer und antiautoritärer Denker wie der französische Philosoph Michel Foucault für kurze Zeit mit der iranischen Revolution sympathisierte.[15]

Die Amerikaner und ihre europäischen und arabischen Verbündeten aber glaubten, die Entstehung eines antiwestlichen, revolutionären Islams sei ein schiitischer Sonderweg. Um diese Sichtweise zu forcieren, wurde von den sunnitisch geprägten, konservativen arabischen Monarchien und ihren westlichen Verbündeten, die alle den revolutionären Schwung der Schiiten fürchteten, der schiitisch-sunnitische Unterschied zu einem angeblich unüberbrückbaren Konflikt hochstilisiert. Seither sehen sich die schiitischen Minderheiten in der arabischen Welt im ideologischen Kreuzfeuer, wobei es dem Iran tatsächlich gelungen ist, Teile der Schiiten in den umliegenden arabischen Ländern für die eigene Sache einzuspannen und außenpolitisch zu benutzen. Das gilt vor allem für den Libanon, wo die Schiiten unter anderem von der Hisbollah vertreten werden, für den Jemen, wo die Huthi-Rebellen, die heute in Sanaa die Regierung stellen, mit dem Iran verbündet sind, und es gilt für die regierenden Alawiten um Präsident Assad in Syrien und für die Schiiten im Irak, die dort allerdings die Mehrheit bilden. Ironie der Geschichte: Der Iran konnte die zu einem großen Teil künstlich forcierte Bruchlinie zwischen Sunniten und Schiiten für die eigenen Absichten besser nutzen als diejenigen, die diesen Konflikt geschürt haben, um den Einfluss des Iran zu reduzieren.

DIE ERMORDUNG SADATS IN ÄGYPTEN

Der zweite Paukenschlag des Jahres 1979 geschah am 26. März 1979. An diesem Tag unterzeichnete der ägyptische Präsident Anwar as-Sadat, der mit der panarabischen, sozialistisch inspirierten Politik seines 1970 gestorbenen Vorgängers Nasser gebrochen hatte, im amerikanischen Camp David einen Friedensvertrag mit dem israelischen Ministerpräsidenten Menachem

Begin. Damit brach der mächtigste arabische Staat aus der arabischen Front gegen Israel aus. Einst, unter dem 1970 früh verstorbenen Nasser, galt Ägypten als die arabische Speerspitze gegen Israel. Die Hoffnung vieler, Israel militärisch zu besiegen, zerschlug sich mit dem Frieden endgültig. Aber Sadat stand mit seiner Friedenspolitik unter den arabischen Führern allein da, und es gelang ihm auch nicht, die ägyptische Bevölkerung von den Vorteilen des Friedensschlusses zu überzeugen. 1981 wurde er bei einem Anschlag von Islamisten während einer Militärparade getötet, und sein Stellvertreter Hosni Mubarak gelangte an die Macht. Er wurde erst 2011 infolge des Arabischen Frühlings abgesetzt (s. S. 153).

Mit dem Attentat auf Sadat gelang es den Islamisten, sich zu den einzigen wahren Kämpfern gegen Israel zu stilisieren. Der Einfluss der Ägypter auf den militanten Islam blieb entsprechend stark. Einer ihrer Protagonisten, der ägyptische Arzt Ayman al-Zawahiri, der nach dem Attentat auf Sadat verhaftet wurde, schloss sich in den achtziger Jahren Bin Laden an. Seit der Tötung Bin Ladens 2011 gilt al-Zawahiri als Führer von al-Qaida. Er hatte an der Vorbereitung der Anschläge von 9/11 einen großen Anteil und steht für die Kontinuität zwischen dem internationalen Terrorismus und dem älteren islamischen Terrorismus innerhalb der arabischen Welt.

Obwohl die Islamisten also von der Glaubwürdigkeitskrise der säkularen arabischen Staaten profitierten, konnten sie nur selten Mehrheiten mobilisieren und die Macht übernehmen. Wo es ihnen gelang, wurden sie fast überall mit Gewalt wieder verdrängt. So geschah es in Algerien, wo sie 1988 die Wahlen für sich entschieden, in den palästinensischen Autonomiegebieten, wo sie 2006 gewannen, und in Ägypten, wo der 2012 zum Präsidenten gewählte Kandidat der Muslimbrüder, Mohammed Mursi, ein Jahr später von seinem Verteidigungsminister, dem heutigen Präsidenten Abdel Fattah al-Sisi, gestürzt wurde.

Diese Ereignisse sind für die Vor- und Nachgeschichte von 9/11 wichtig, weil sie erklären, warum der militante Islamismus auf zunehmend diffusere Ziele außerhalb des arabischen Raums auswich. In ihren eigenen Ländern und in den konkreten politischen Kontexten, in denen die Islamisten, sogar Bin Laden, ursprünglich und eigentlich wirken wollten, hatten sie keine Entfaltungsmöglichkeiten und kaum Aussichten auf erfolgreiche politische Betätigung. Al-Qaida und später der sogenannte »Islamische Staat im Irak und in Syrien« (ISIS) sowie andere Terrorgruppen gaben frustrierten Islamisten, die zur Gewalt bereit waren, eine Heimat und neue, ehrgeizige Ziele.

DIE BESETZUNG DER KAABA IN MEKKA

1979 kam es in Saudi-Arabien zu einem ebenfalls islamisch inspirierten Umsturzversuch (er wurde von den Saudis zunächst fälschlich Khomeini angelastet), als eine radikalislamische Gruppierung mit einem selbst ernannten messianischen Führer das zentrale Heiligtum des Islams besetzte, den Gebäudekomplex um die Kaaba in Mekka.[16]

An den saudischen Universitäten und in religiösen Kreisen war im Lauf der siebziger Jahren eine Bewegung für eine authentische Frömmigkeit entstanden, die sogenannte Sahwa-Bewegung (»Sahwa« heißt »Erweckung«). Sie war von Vordenkern der ägyptischen Muslimbruderschaft inspiriert, vor allem an Bildungsinstitutionen präsent und hatte zur politischen Aktivität ein gespaltenes Verhältnis. Gerade in ihrer Abkehr von der Politik (und in der Regel auch von der Gewalt als politischem

Mittel) lag jedoch ihre politische Sprengkraft. Bin Laden und viele andere spätere Djihadisten gerieten in ihren Sog. »Viele seiner Reden«, schreibt der Bin-Laden-Forscher Flagg Miller, »spiegelten die Gefühle der saudischen Reformer wider, die sich in den achtziger und neunziger Jahren in der Sahwa-Bewegung formierten.«[17] Die Besetzer der Kaaba in Mekka, die eine eigene Sekte bildeten, agierten unabhängig von der Sahwa-Bewegung, standen jedoch ebenfalls für den neuen Trend, den Islam zum Ausdruck politischer, weltanschaulicher und religiöser Opposition gegen die herrschenden Verhältnisse und Regimes zu instrumentalisieren.

Erst mithilfe einer französischen Eliteeinheit gelang es, die Kaaba von den schwer bewaffneten und zu allem bereiten Besetzern zu befreien. Vor der Erstürmung mussten sich die Franzosen die Baupläne des unübersichtlichen, wenige Jahre zuvor neu errichteten Gebäudekomplexes um die Kaaba besorgen – und zwar von Saudi-Arabiens prominentester Baufirma mit direktem Draht zum Königshaus: der Bin Laden Company, die Osama Bin Ladens Vater aufgezogen hatte. Einst war er als Tagelöhner aus dem verarmten Jemen gekommen. Als er am 3. September 1968 im Alter von 59 Jahren bei einem Flugzeugabsturz starb, galt er als einer der reichsten Unternehmer des Landes. Osama Bin Laden, sein Sohn, war damals elf Jahre alt und hatte als eines von 56 Kindern aus 22 Ehen (mit entsprechend vielen Scheidungen, da das islamische Recht ›nur‹ vier Ehen gleichzeitig erlaubt) kaum Kontakt zu seinem viel beschäftigten Vater gehabt.[18]

Die Erstürmung der Kaaba durch ausländische, wenn auch pro forma zum Islam konvertierte Söldner war eine Schmach für das saudische Königshaus und untergrub dessen Autorität als »Hüter der heiligen Stätten«, wie es sich offiziell nennt. Bis dahin hatte man geglaubt, nur der Kommunismus und der sozialistisch geprägte Panarabismus von Nasser, der sich mit Saudi-Arabien einen Stellvertreterkrieg im Jemen geliefert hatte, stelle eine Gefahr für die Herrschaft der Dynastie der Saudis dar. Nun zeigte sich, dass auch die Islamisten die Waffen gegen die Herrschaft der Königsfamilie ergreifen konnten.

Infolge der Ereignisse von 1979 leitete Saudi-Arabien nun unter dem Druck von Extremisten im eigenen Land eine entscheidende innenpolitische Wende ein. In der Hoffnung, dass die wahhabitischen Religionsgelehrten, mit denen das Königshaus verbündet war und die seine Herrschaft legitimierten, die islamistischen Bewegungen unter Kontrolle halten würden, förderten die Saudis die wahhabitischen Propaganda-Aktivitäten im In- und Ausland und trugen damit wesentlich zum Klima bei, in dem der islamische Terrorismus fortan gedieh. Fünfzehn der neunzehn Attentäter von 9/11 waren saudische Staatsbürger.

WAHHABISMUS UND SALAFISMUS

Der Wahhabismus, der in Saudi-Arabien praktisch den Status einer Staatsreligion hat, ist eine provinzielle, fremdenfeindliche und puritanische Auslegung der Religion, die auf den Islamgelehrten Mohammed Ibn Abd al-Wahhab (1703–1792) zurückgeht, der im 18. Jahrhundert auf der Arabischen Halbinsel in der Gegend um die heutige Hauptstadt Riad wirkte und der in vieler Hinsicht auch als Reformer bezeichnet werden kann.

Der Wahhabismus lieferte die Ideologie, mit der die Dynastie der Saudis (begründet von Muhammad ibn Saud, der zwischen 1735 und 1765 regierte) seit Mitte des 18. Jahrhunderts ihre Eroberungszüge und ihre Herrschaft rechtfertigte. Im 18. und 19. Jahrhundert blieb ihr Reich auf einige Oasen und Kleinstädte im Zentrum der Arabischen Halbinsel ohne Kontakt zum Rest der Welt beschränkt, sieht man von einigen Raubzügen gegen schiitisch geprägte Gegenden ab, wie etwa den südlichen Irak.

Der Wahhabismus richtete sich auch nicht gegen Europa oder die Christen, von denen seine Anhänger kaum etwas wussten, sondern gegen den weltoffenen, kosmopolitischen und hybriden Islam der mediterranen Metropolen und jener Orte in der islamischen Welt, die, wie etwa Hafen- und Pilgerstädte, mit der Außenwelt in intensivem Kontakt standen. Sie waren regelmäßig neuen und fremden Einflüssen ausgesetzt und integrierten diese in ihr Weltbild und ihr Verständnis des Islams, der dadurch pluralistischer wurde. Noch heute gilt der Hidschaz, das am Roten Meer gelegene Gebiet um die heiligen Stätten Mekka und Medina, als weltoffen im Vergleich zur saudischen Hauptstadt Riad.[19]

Die Wahhabiten lassen sich in mancher Hinsicht mit religiös inspirierten Bewegungen vergleichen, die seit dem 16. Jahrhundert in Europa und den USA entstanden sind, zum Beispiel Protestantismus und Calvinismus. Ähnlichkeiten gibt es zum Beispiel mit Blick auf ihre Textgläubigkeit und in ihrem Streben, zu den Wurzeln der Religion zurückzukehren und den überkommenen religiösen Gewohnheiten die Stirn zu bieten. Ableger vergleichbarer Bewegungen in Europa gelangten durch erzwungene oder freiwillige Auswanderung nach Nordamerika, wo sie hofften, ihre religiösen Vorstellungen ohne Angst vor Gängelung und Verfolgung leben zu können. Dabei praktizierten sie zuweilen eine ähnliche Selbstisolation und Abgrenzung nach außen wie die Wahhabiten.

Hier wie dort, in Europa und Amerika ebenso wie auf der Arabischen Halbinsel, beobachten wir bei diesen religiösen Bewegungen Prozesse der Selbstvergewisserung, Identitätsbildung und Ideologisierung angesichts früher, schlechter Erfahrungen mit globalen Veränderungen, mit Austauschprozessen durch intensivierten Handel mit aller Welt, mit wachsenden imperialen oder kolonialen Eingriffen von außen, zunehmenden Anforderungen an Mobilität und Flexibilität mitsamt den daraus resultierenden Gefühlen von Fremdheit und Entfremdung.

Diese Herausforderungen traten in der weithin abgeschotteten Welt der Oasen auf der Arabischen Halbinsel später auf als in anderen Teilen der islamischen Welt, später auch als in Großbritannien oder im Mittelmeerraum, wo die Seefahrt immer schon intensive Kommunikation und Austausch mit sich brachte. Gleichwohl haben die daraus resultierenden Erfahrungen unter religiös geprägten Menschen an vielen Orten in der Welt ähnliche Reaktionsweisen hervorgebracht: den Ikonoklasmus, die Wut gegen etablierte Institutionen, die Rückkehr zum vermeintlich Authentischen und zu mutmaßlichen Wurzeln, die Konzentration auf das Eigene, die Absonderung, oft gepaart mit einer aggressiven Haltung gegenüber einem als feindlich empfundenen Rest der Welt. Es fällt leicht, diese Motive in Gestalt des gegenwärtigen Rechtspopulismus auch in den liberalen Demokratien unserer Zeit und Breitengrade wiederzuerkennen. Mit einer spezifischen Kultur oder Religion haben sie überraschend wenig zu tun.

Inwieweit das hässliche Bild, das der Wahhabismus in Saudi-Arabien seit dem letzten Viertel des 20. Jahrhunderts abgibt, auf das Wirken Ibn Abd al-Wahhabs persönlich zurückzuführen ist oder auf ältere Entwicklungen, ist umstritten. Manches, was dem Wahhabismus nachgesagt wird, lässt sich in Ibn Abd al-Wahhabs Schriften nicht nachweisen und stammt vom radikalen mittelalterlichen Theologen Ibn Taimiyya (1263–1328), dem Begründer des Salafismus. Ibn Taimiyya hielt es für legitim, sich gegen muslimische Herrscher aufzulehnen, wenn ihre Herrschaft unislamisch ist, wie die Wahhabismus-Spezialistin Natana J. DeLong-Bas festhält: »Ibn Taymiyya vermittelte eine Weltanschauung und Ideologie, die eine Revolution gegen einen untreuen Herrscher ermöglichte, indem der Theologe dem Herrscher seinen Status als Muslim mit der Begründung absprach, dass er seiner Verantwortung gegenüber dem Islam nicht nachgekommen sei.«[20]

Das rechtfertigte im 19. Jahrhundert den Aufstand der saudischen Dynastie gegen die osmanische Oberherrschaft und diente im 20. den Islamisten als Rechtfertigung für den Aufstand gegen Diktatoren und sozialistische oder prowestliche Führer, etwa im Fall des Attentats gegen Sadat. Aber es diente auch Bin Laden als Begründung für seinen Kampf gegen die Herrschaft der Saudis.

Dank der mit dem Öl verdienten »Petrodollars« wurde der Wahhabismus zu einem wichtigen Mittel saudischer Innen- und Außenpolitik, wie sie nach 1979 entwickelt wurde, um das Protestpotential der religiösen Eiferer nach außen abzulenken. Damit gewannen der Wahhabismus oder verwandte Strömungen, wie der auf Ibn Taimiyya zurückgehende Salafismus, erheblichen Einfluss auf den Islam und die Muslime in aller Welt.

Seit 9/11 sind der engstirnige Islam, der so propagiert und zum Ferment des Terrors wurde, und die seit jeher bestehenden rassistischen, antisemitischen und islamfeindlichen Strömungen in Europa und den USA in ein Spiegelverhältnis eingetreten. Sie bilden eine Internationale der Provinzialität, die vordergründig gegeneinander agitiert, im Hintergrund jedoch etliche Gemeinsamkeiten aufweist. Die mediale Entwicklung, die globalisierte Wirtschaft und der Anstieg der Migration haben diese vorher getrennten Diskurse miteinander kurzgeschlossen und einen großen gemeinsamen Hallraum hergestellt, der vom wechselseitigen Gefühl der Gegnerschaft und der Freund-Feind-Logik geprägt ist.

Will man diesen Kräften entgegentreten, ist es wichtig, ihre Logik zu durchschauen. Nur dann verlieren sie ihre Glaubwürdigkeit, ihre scheinbare Überzeugungskraft und Plausibilität. Einfach gesagt: Wer Bin Laden nicht will, kann auch den neuen, provinziellen, identitären Populismus, den »Salafismus des Westens«, nicht wollen, der in vielen Demokratien an Zulauf gewonnen hat. Er inszeniert sich als Schutzmacht gegen den radikalen Islam, aber ist aus demselben morschen Holz geschnitzt.

Zu den Aspekten von 9/11, die kaum je zur Sprache gebracht werden, zählt eine Form politischer Ansteckung, wobei, wenn man so sprechen will, das Virus im politischen Legitimationsdefizit besteht, wie es die Herrschaft der Saudis auszeichnet. Dieses Legitimationsdefizit und die daraus resultierenden innenpolitischen Verwerfungen und Unzufriedenheiten in Saudi-Arabien sind eine wesentliche Quelle des Terrors und überdies der konkrete Auslöser für die Politisierung und Radikalisierung Bin Ladens gewesen, der stets die innenpolitische Situation in Saudi-Arabien im Blick hatte.

Wenn der Terrorismus aber eine Antwort auf dieses Legitimationsdefizit gewesen ist, haben er und die westliche Reaktion darauf in den zwei Jahrzehnten seit 9/11 nun zu eigenen Legitimationskrisen auch in den liberalen Demokratien beigetragen: Das betrifft die Frage nach der Zugriffsmacht des Staates und die Abwägung von Sicherheitsinteressen und Freiheitsrechten; oder die Frage danach, wie der Staat über seine Grenzen verfügt, die in den Jahren der Flüchtlingskrise zu heftigem Streit führte; und es betrifft die Demokratie selbst: Der Rechtspopulismus birgt die Gefahr einer Selbstabschaffung der Demokratie mit demokratischen Mitteln.

Statt von politischer Ansteckung kann man freilich auch von

»Rückstoßbewegungen« sprechen, »welche sich aus den negativen Auswirkungen der Globalisierung ergeben«, wie es die neuere Politikwissenschaft und Soziologie tut: »Solange diese Nebenwirkungen an weitentfernten Plätzen [in unserem Fall die arabische Welt und Saudi-Arabien] auftraten, konnten sie als Unzulänglichkeiten der Länder des globalen Südens gedeutet werden, nicht als systemische Probleme, die dem Kapitalismus inhärent sind und auf denen der Reichtum und Wohlstand der industriellen Zentren beruht«, schreibt die amerikanische Soziologin Michelle Williams.[21]

Der Terrorismus hat diese »Unzulänglichkeiten« in die industriellen Zentren »des Westens« (zurück)getragen, wie zwanzig Jahre nach 9/11 unübersehbar geworden ist.

DER SOWJETISCHE KRIEG IN AFGHANISTAN, DER ZUSAMMENBRUCH DES OSTBLOCKS UND DIE ANFÄNGE VON BIN LADEN

Das für die unmittelbare Vorgeschichte von 9/11 wichtigste Ereignis des Jahres 1979 war jedoch der Einmarsch der Roten Armee in Afghanistan. Die Sowjetunion wollte damit die im Vorjahr durch einen Putsch in Kabul an die Macht gekommenen Kommunisten unterstützen. Die USA als Waffenlieferant, Saudi-Arabien als Geldgeber und Pakistan als Nachbar vor Ort organisierten dagegen eine Guerillabewegung, die sogenannten Mudjaheddin – in dem Wort steckt das arabische Wort »djihad«, das heißt »Ringen«, »Anstrengung«, »Eifer«, »Fleiß« und »Kampf«.

Die islamistischen Hitzköpfe und die innenpolitischen Gegner des Regimes in Saudi-Arabien fanden in Afghanistan ein neues, dankbares Betätigungsfeld. Unter ihnen war ein bis dahin wenig auffälliger Sohn des bekannten Bauunternehmers Bin Laden, der 1957 geborene Osama Bin Laden (auch »Usama Bin Ladin« geschrieben). Bereits als Jugendlicher galt er als fromm, aber auch als schüchtern und sanftmütig. Er studierte Betriebswirtschaft in der Hafenstadt Djidda, vermutlich um in das Familiengeschäft einzusteigen, machte aber keinen Abschluss. Stattdessen interessierte er sich sehr für die Aktivitäten religiöser Zirkel. Dort geriet er in Kontakt mit Mohammed Qutb, dem Bruder von Sayyid Qutb, dem großen antiwestlichen Vordenker der Muslimbrüder in Ägypten, der 1966 wegen seiner Aktivitäten gegen Nasser hingerichtet worden war.

Noch wichtiger war für Bin Laden die Begegnung mit dem palästinensischen Muslimbruder und Vordenker des internationalen Djihadismus Abdullah Azzam (1941–1989), der in jener Zeit ebenfalls an der Universität von Djidda lehrte.[22] Er betonte die Notwendigkeit, den Kampf der Muslime im globalen Kontext zu sehen, nicht wie bis dahin üblich als jeweils nationale Auseinandersetzung mit säkularen Herrschern oder Besatzungsmächten. Osama Bin Laden übernahm diese globalisierte Sichtweise auf den muslimischen Kampf (»Djihad«) um Gerechtigkeit – für diese Aktivisten gleichbedeutend mit der Errichtung einer islamischen Gesellschaft. Azzam überredete Bin Laden, den Djihad gegen die Sowjets in Afghanistan zu unterstützen. 1980 ging Azzam nach Pakistan und hielt engen Kontakt mit den Mudjaheddin in Afghanistan.

Es gibt unterschiedliche Berichte darüber, wann Osama selbst zum ersten Mal nach Afghanistan reiste – womöglich schon 1980. Sicher ist, dass er ab 1984 Spenden für die Aufständischen sammelte und in der pakistanischen Stadt Peschawar, unweit von der afghanischen Grenze, ein Gästehaus für durchreisende arabische Söldner und zur Rekrutierung neuer

Kämpfer betrieb. Abdullah Azzam war in jener Zeit ebenfalls in Peschawar aktiv und betrieb dort eine Art NGO zur Unterstützung des Djihads gegen die Sowjets, nachdem er seine Professur in Islamabad, der pakistanischen Hauptstadt, aufgegeben hatte. Gemeinsam mit dem bereits erwähnten Ayman al-Zawahiri (geb. 1951, er war in die Ermordung Sadats verwickelt), damals Chef der ägyptischen Djihadistengruppe »Islamischer Djihad«, gründeten Azzam und Bin Laden 1988 in Afghanistan al-Qaida (d. h. »Basis«, aber auch »Regel«), die Gruppierung, die später für 9/11 und zahlreiche andere Anschläge verantwortlich war. Al-Zawahiri ist einer der letzten noch lebenden Topterroristen aus der Anfangszeit von al-Qaida. Seit Bin Ladens Tötung 2011 gilt er als Chef (»Emir«) von al-Qaida.

Der Afghanistankrieg wurde zum großen Treffpunkt und Trainingscamp für Djihadisten, Abenteurer, Söldner, Aktivisten, Ideologen und Fanatiker aus der ganzen islamischen Welt – und teilweise auch aus dem Westen, wie sich in den autobiographischen Berichten von Autoren wie William T. Vollmann und Olivier Roy nachlesen lässt.[23] Als die Rote Armee 1989 nach schweren Verlusten abzog, kehrten die meisten Kämpfer wieder in ihre Heimatländer zurück und führten dort den Kampf gegen die eigenen Regierungen weiter. Besonders brutal geschah dies in Algerien, wo den Islamisten 1988 ein Wahlsieg aberkannt wurde und daraufhin ein blutiger, fast zehn Jahre währender Bürgerkrieg ausbrach. Aber auch Saudi-Arabien war betroffen, wie der Werdegang von Osama Bin Laden zeigt. Michael Scheuer, der für die CIA von 1996 bis 1999 in einer Spezialeinheit zur Beobachtung von Bin Laden zuständig war, schreibt in seiner Biographie des Terroristenführers: »Bin Laden verließ Afghanistan mit einer globalen Perspektive, die er nutzen würde, um abzuschätzen, wie er ›Gottes Feinde‹ besiegen könnte. Er war bereit, sich auf eine Welt einzulassen, die sich globalisierte und die ihm genau damit die Instrumente zur Verfügung stellte, die er benötigte, um einen globalen Djihad anzuzetteln.«[24]

Der Sieg der Mudjaheddin in Afghanistan verschaffte dem militanten Islam die Aura der Überlegenheit und schuf den Mythos, jede militärische Auseinandersetzung gewinnen, ja eine Großmacht besiegen und stürzen zu können. Noch im Jahr des sowjetischen Abzugs aus Afghanistan fiel die Berliner Mauer, zerbrach der kommunistische Block. Warum sollte man dasselbe nicht mit der anderen, nunmehr letzten verbliebenen Großmacht wiederholen, den USA, bis vielleicht am Ende wirklich die islamische Welt vom westlichen Einfluss (so wie nach 1989 vom sozialistischen) befreit war, lautete die keineswegs unplausible Schlussfolgerung mancher Träumer und Visionäre von Bin Laden bis zu den Propagandisten des »Islamischen Staates« und der Taliban. Haben sie aus der Perspektive des Jahres 2021 damit nicht sogar recht gehabt?

Zwar dürfte es kaum der Djihad allein gewesen sein, der den sichtbaren Niedergang »des Westens«, die »Westlessness«, bewirkt hat; dies waren vielmehr die eklatanten Fehler der europäischen, vor allem aber der amerikanischen Politik nach 9/11. Doch mit den Anschlägen in New York und Washington hat Bin Laden diesen Niedergang eingeleitet und möglich gemacht. Ohne seinen Terror und die blindwütige Reaktion darauf wäre es um diesen »Westen« mit ziemlicher Sicherheit besser bestellt, und der unvermeidliche Übergang von der veralteten, sehr weißen und sehr europäischen Idee eines »Westens« zu einer anderen, besseren, kosmopolitischen Vision für die Welt wäre vermutlich schon in die Wege geleitet worden.

Der Zerfall des kommunistischen Blocks zog weite Kreise. Er hatte schwerwiegende Auswirkungen auf die mit der Sowjetunion verbündeten arabischen Staaten und Organisationen, die plötzlich ihren wichtigsten Unterstützer und Geldgeber verloren. Dazu zählte die palästinensische Befreiungsorganisation PLO von Jassir Arafat. Sie ließ sich, offenbar aus einem Mangel an Alternativen, auf Friedensverhandlungen mit Israel ein. Der bewaffnete Widerstand und die kompromisslose Gegnerschaft gegen Israel waren von da an allein die Sache der Islamisten, die dadurch ein weiteres Mal an Glaubwürdigkeit gewannen. In den Palästinensergebieten sammelten sie sich unter der Fahne der Hamas, dem palästinensischen Zweig der ägyptischen Muslimbrüder, der uns bereits begegnet ist.

Als die Hamas 2006 die korrekt verlaufenden demokratischen Wahlen gegen die korrupte und diskreditierte PLO in den Autonomiegebieten gewann, wollten Israel, die USA und die Europäische Union das nicht akzeptieren. Diese Entscheidung hängt sicher mit der Angst vor dem politischen Islam nach 9/11 zusammen. Sie war dennoch ein schwerer Fehler. Die aus dem Westen erschallende Forderung nach Demokratie für die arabische Welt war das Papier nicht wert, auf dem sie stand. Die Hamas-Regierung wurde international boykottiert und schließlich abgesetzt. Sie zog sich in den Gaza-Streifen zurück, wo sie mithilfe ihrer Milizen die Macht übernahm, die sie bis heute innehat. Die dortige Bevölkerung, die nur zu einem geringen Teil mit der Hamas sympathisiert, wird von dieser gleichsam als Faustpfand und Geisel gehalten. Gaza befindet sich seither unter einer vollständigen israelischen Blockade, die von Ägypten, dem anderen Anrainerstaat, mitgetragen wird. Kaum jemand der über zwei Millionen Einwohner kann den Küstenstreifen verlassen. Die Bevölkerung ist auf Hilfslieferungen angewiesen und leidet unter den regelmäßigen militärischen Auseinandersetzungen zwischen der Hamas und Israel. Europa und die USA haben diese Situation durch ihre Weigerung, die Abwahl der korrupten Arafat-Autonomiebehörde anzuerkennen, entscheidend mitbewirkt.

Kurz nach ihrem Erfolg in Afghanistan erhielten die Djihadisten allerdings einen großen Dämpfer. Die Armee des Irak, des großen Nachbarlandes von Saudi-Arabien im Norden der Arabischen Halbinsel, war in das winzige, wehrlose, aber sehr reiche Emirat Kuwait einmarschiert. Herrscher über den Irak war seit Mitte der siebziger Jahre der skrupellose Diktator Saddam Hussain, den Europa und die USA lange militärisch unterstützt hatten und dem westdeutsche Firmen Komponenten für seinen Giftgaskrieg gegen den Iran und die Kurden geliefert hatten.

Saudi-Arabien, dessen Armee der irakischen ebenfalls nicht gewachsen gewesen wäre, sah sich bedroht und rief zusammen mit anderen Emiraten am Golf die USA zu Hilfe. Da der Überfall auf Kuwait eine klare Verletzung des Völkerrechts war, wurde aufgrund einer UN-Resolution eine internationale Allianz unter Führung der Amerikaner gebildet, welche im Februar 1991 zum Gegenangriff startete und die Iraker bald aus Kuwait vertrieben hatte. Die US-Armee blieb danach in Saudi-Arabien und in einigen anderen Golfstaaten stationiert (mit der Kommandozentrale in Katar), um ähnlichen Angriffen vorzubeugen.

Für Bin Laden und seine Gesinnungsgenossen kam dies einer Kränkung gleich. Er hatte mit dem ihm eigenen Größenwahn der saudischen Regierung angeboten, mithilfe seiner Afghanistan-Veteranen die Iraker aus Kuwait zu vertreiben. Verständlicherweise verließen sich die Saudis lieber auf ihre alten amerikanischen Freunde, obschon es unter den Islamgelehrten wegen der Präsenz fremder Truppen auf heiliger muslimischer Erde böses Blut gab. Statt gegen die Iraker in Kuwait zu kämpfen, agitierte Bin Laden nun gegen die amerikanischen Truppen im eigenen Land und geriet damit in Opposition zum saudischen Königshaus.[25] Da er trotz Vermittlungsversuchen nicht bereit war nachzugeben, musste er 1991 mit seiner Familie ins Exil gehen, zunächst nach Pakistan, dann in den Sudan. Er war zu einem Ärgernis, vielleicht sogar einer Gefahr für das saudische Regime geworden. Bin Ladens Antiamerikanismus ist dabei immer auch ein Mittel gewesen, die Saudis zu kritisieren, ohne sie frontal anzugreifen, stellt Flagg Miller fest: »Bin Ladens Weg in die Militanz hat mit der fortgesetzten Weigerung der saudischen Regierung zu tun, Kritik an ihrem autoritären Regierungsstil zu tolerieren. […] Bin Ladens Antiamerikanismus versah die Opposition mit einer Stimme, die sonst schnell zum Schweigen gebracht worden wäre.«[26]

1994, keine fünf Jahre nach seinem größten Triumph als islamischer Befreiungskrieger, der zuweilen so tat, als hätte er die Sowjets allein besiegt (tatsächlich spielte er nur in der Logistik und im Durchschleusen von Geldern und Material eine nennenswerte Rolle), wurde ihm die saudische Staatsbürgerschaft entzogen, und er siedelte in den Sudan über. Nur von seiner Familie und einigen Anhängern noch heimlich unterstützt, war er am Tiefpunkt seiner Laufbahn angelangt.

Nach Attentatsversuchen im Jahr 1995 auf den ägyptischen Präsidenten Hosni Mubarak in Äthiopien und auf die ägyptische Botschaft in Pakistan, die ihm und al-Zawahiri angelastet wurden, sah er sich 1996 gezwungen, auch den Sudan zu verlassen. Er begab sich erneut nach Afghanistan ins Herrschaftsgebiet der Taliban. Die Talibankämpfer hatten sich aus Koranschülern und Religionsstudenten (»Taliban« heißt »Schüler, Studenten«) aus den afghanischen Flüchtlingslagern in Pakistan rekrutiert. Nach dem Abzug der Sowjets profitierten sie von den Kämpfen der einstigen Mudjaheddin um die Vorherrschaft in Afghanistan und eroberten mit Unterstützung Pakistans und Saudi-Arabiens weite Teile des Landes.

BIN LADEN UND DER KAMPF
UM DIE MODERNE

Schon während seiner ersten Zeit in Afghanistan im Kampf gegen die Rote Armee hatte Bin Laden einen den Umständen des Feldlagers entsprechenden bescheidenen Lebensstil praktiziert. Als der arabische Satellitenkanal Al Jazeera 2002 einen muslimischen Gelehrten fragte, warum Bin Laden so populär sei, antwortete dieser: »Bin Laden wird als Ehrenmann wahrgenommen, als Mann, der sich von den Genüssen dieser Welt fernhält, ein mutiger Mann, der an seine Prinzipien glaubt und dafür Opfer in Kauf nimmt. Was ein Saudi aber am meisten an ihm mag, ist seine asketische Haltung. Wenn ein Saudi Bin Laden mit einem beliebigen anderen Kind reicher Eltern vergleicht, sieht er, dass Bin Laden den Luxus der Hotels für ein Fuchsloch des Djihads hinter sich gelassen hat, während andere um den Wohlstand und die Paläste dieser Welt wetteifern.«[27]

Der amerikanische Anthropologe Flagg Miller, der die Tonbänder ausgewertet hat, die in Bin Ladens Gästehaus in der afghanischen Taliban-Hochburg Kandahar vor 9/11 aufgezeichnet und gesammelt worden waren, kommt zu dem Schluss, dass Bin Laden »bei einer Generation von Saudis und Arabern eine Saite zum Klingen brachte, die den nie dagewesenen Reichtum und die Korruption des Staates leid waren und in Bin Ladens Reden einen heldenhaften Robin Hood zu erkennen glaubten«.[28]

Im Sudan predigte Bin Laden ebenfalls gegen die Abhängigkeit von westlichen Produkten und die Errungenschaften und Bequemlichkeiten der Moderne. So »verbannte er Kühlschränke, Klimaanlagen, Elektroherde, Fernsehapparate, Tiefkühltruhen und moderne Medizin aller Art aus seinem Haus«[29] und hielt sich stattdessen auf seiner Farm im Sudan eigene Kühe, um frische Milch zu bekommen. Neben dem besonderen Image, das er sich auf diese Weise zu geben suchte, plädierte er auch dafür, keine amerikanischen Produkte zu kaufen und zu konsumieren. »Boykottiert alle ihre Waren!«[30] Dahinter stand die Absicht, den »Westen« (und damit die Unterstützer Israels, so Bin Ladens Logik) wirtschaftlich zu schädigen, wobei sein Vorbild dafür Gandhi und dessen Boykott britischer Produkte war. In einer Rede im September 1993 ließ er die Bemerkung fallen: »Betrachtet den Fall von Großbritannien: Es war gezwungen, sich aus Indien zurückzuziehen, eine seiner größten Kolonien, als der Hindu Gandhi einen Boykott gegen ihre Waren erklärte.«[31]

Die Ablehnung der Moderne (als einer europäischen Entwicklung) und der Kampf gegen den europäischen Kolonialismus, sehen wir daran, stehen seit jeher in einem Zusammenhang. Er klingt auch in dem eingangs zitierten Gedicht von Adonis an, wo das New York der Wolkenkratzer als seelenlos und unmenschlich dargestellt wird.

In der zur Schau getragenen Antimoderne Bin Ladens liegt eine geschichtliche Ironie, die ihm vermutlich entgangen ist: Die Antimoderne ist selber ein Grundbestandteil der Moderne und ebenso alt wie diese selbst. Der Verweigerer der Moderne ist nie nur ein Außenseiter, Spinner oder Fanatiker, sondern jemand, der auf eine spezifisch moderne Weise stets recht hat. Je länger die Moderne währt, je umfassendere Teile des Globus und der Menschheit von ihr bestimmt werden, desto problematischer erscheint sie und desto begründeter ist naturgemäß die Kritik an ihr.

Wir machen es uns zu einfach, wenn wir Bin Laden und jene, die er zu grausamen Taten inspirierte, für radikal Andere halten, die nichts mit dem Rest der Menschheit gemein haben. Ähnlich modernekritische Haltungen wie bei Bin Laden finden wir zum Beispiel bei so unterschiedlichen Geistern wie Mahatma Gandhi und Al Gore (s. S. 72). Nicht in der Kritik an den Auswüchsen der Moderne besteht Bin Ladens Irrweg, sondern in der Art und Weise dieser Kritik, in ihrer Naivität und in ihrem Größenwahn zu glauben, man könne die Moderne, ihre Auswüchse und ihre Vertreter, frontal bekämpfen und einfach abschaffen.

Denn wer die Moderne frontal bekämpfen will, dem bleibt nichts anderes übrig, als selbst modern zu werden, um diesen Kampf aufnehmen zu können. Damit aber bekämpft man sie nicht, sondern lässt sich von ihr anstecken. Bei Bin Laden und den Seinen lief das darauf hinaus, die technischen und medialen Mittel der Moderne selbst zu nutzen, also gleichsam den Teufel mit dem Beelzebub auszutreiben. Der Krieg gegen die Moderne hat daher zum Ergebnis immer nur die Verschärfung der Moderne – und damit die Verschlimmerung der Situation, die man eigentlich ändern wollte. 9/11 und die Folgen sind das Paradebeispiel dafür.

Auf diesen Punkt hinzuweisen ist wichtig, weil wir eine konstruktive Modernekritik, die versucht, den Fallen der Moderne auszuweichen, wie es Gandhi weitgehend gelang, von der Antimoderne unterscheiden müssen, welche die Moderne nur spiegelverkehrt und zur Fratze verzerrt reproduziert. Das zeigte sich bei Bin Laden an der Wahl der Mittel des Terrors: Er ließ die Moderne in Gestalt von Passagierflugzeugen gegen die Moderne in Gestalt des Weltfinanzzentrums und zweier der höchsten Häuser der Welt anfliegen und anstürmen. Wagen wir die These, dass 9/11 überhaupt nur deshalb eine derartige Wucht und lange historische Nachwirkung entfalten konnte, weil der Terror nicht nur zwei 400 Meter hohe Bürotürme traf, sondern weil der Selbstwiderspruch und die Janusköpfigkeit der Moderne darin ihren Ausdruck und ihr Bild, ihre Ikone gefunden haben.

Bei der Erörterung von 9/11 wird also auch die Moderne selbst verhandelt einschließlich der Frage, wie wir mit den immensen Möglichkeiten und Beschleunigungen, die sie geschaffen hat, umgehen wollen – Möglichkeiten, die unweigerlich zugleich neue Risiken und Probleme schaffen. Eine der daraus resultierenden Fragen lautet, was unter den Bedingungen der Moderne ein tragfähiges, verantwortliches Verhalten, verantwortungsvolle Praktiken sind und wie man sie umsetzen kann. Die einst von Hans Jonas gestellte Frage nach dem »Prinzip Verantwortung« (so der Titel des Buchs von 1979) und die von Ulrich Beck in seinem Buch von 1986 konstatierte »Risikogesellschaft« haben 9/11 nicht nur überdauert, sie haben an Aktualität und Dringlichkeit sogar gewonnen.

Beck und Jonas wussten: Da es in der Moderne nur die Moderne gibt, kann die Antwort auf die Moderne nicht in einem bloßen Entweder-oder, Ja oder Nein bestehen, wie Bin Laden und seine Anhänger, aber seit der zweiten Hälfte des 19. Jahrhunderts auch viele Menschen und Intellektuelle in Europa und den USA geglaubt haben. Diese Erkenntnis ist zentral: Wir können uns getrost von allen Lösungen verabschieden, die als pauschale, zumal als radikale daherkommen. Nebenbei gesagt erklärt das auch, warum der »Westen« des Kalten Krieges den Systemkonflikt mit dem kommunistischen Ostblock gewonnen hat: weil er im Gegensatz zur dogmatischen Moderne der Kommunisten eine kompromisshafte Moderne repräsentierte. Genau diese Flexibilität, Offenheit und Kompromissbereitschaft, die die Überlegenheit des »Westens« im Kalten Krieg bewirkt hat, wurde nach 9/11 für einen neuen Radikalismus über Bord geworfen.

Umgerechnet auf Weltanschauungen und politische Ideologien oder auch auf die Meinungen und (Vor-)Urteile im Alltag kann dies nur heißen, dass Vorstellungen unsinnig sind – wenig

Realitätsgehalt haben und wenig perspektivreich und zukunfts-trächtig sind –, die politische und gesellschaftliche Wahrheiten und Lösungen nur hier oder dort, im Westen oder im Osten, im Alten oder im Neuen, im Islam oder im Liberalismus und so weiter verorten. Jeder Ausschließlichkeit ist abzuschwören. Der zerstörerische Drive jeder Ausschließlichkeit ist zu benennen, seine Gefahren aufzuzeigen.

BIN LADENS ERSTE ANGRIFFE GEGEN DIE USA

Bis weit in die neunziger Jahre waren die Amerikaner zwar ein dankbares Feindbild und Hassobjekt, jedoch keineswegs der politische Hauptgegner der Islamisten, auch nicht von al-Qaida. Der traditionelle politische Islam in der arabischen Welt war vergleichsweise bodenständig und hatte die despotischen Regime zum Gegner, insbesondere die sozialistisch geprägten in den eigenen Ländern. Er strebte die Überwindung der Despotie und damit die Machtübernahme im eigenen Land an; schon das war in den meisten Fällen ein unerreichbares Vorhaben.

Mit seiner Verbannung in den Sudan und dann nach Afgha-nistan verlor Bin Laden jedoch genau diesen unmittelbaren Wirkungskreis und die konkreten Ziele für seinen politischen und militanten Aktivismus, wie er sie in Afghanistan gehabt hatte. Der gewaltbereite politische Islam, verkörpert in Osama Bin Laden, suchte sich internationale Ziele, weil er auf lokaler, nationaler Ebene keine Chancen mehr hatte, etwas zu bewir-ken. Schon 1995 beschreibt die CIA Bin Laden und seine Grup-pe als eine Art »Ford-Foundation zur Förderung des sunniti-schen Terrorismus«.[32]

Sobald Bin Laden seine Stellung in Afghanistan konsolidiert hatte und die Geldquellen seiner Förderer wieder flossen, ging er in die Offensive. Die Planungen für die Anschläge in Ostafrika, die er im Sudan entwickelt hatte, wurden konkretisiert. Nach einer ähnlichen Publikation im August 1996 veröffentlichte er im Februar 1998 in der in London erscheinenden arabischen Tageszeitung »al-Quds al-Arabi« (»Das arabische Jerusalem«) ein Manifest, das als »Kriegserklärung« an die USA und den Westen bekannt geworden ist: »Mit Gottes Hilfe rufen wir jeden Muslim, der an Gott glaubt und von ihm belohnt werden möchte, dazu auf, dem Befehl Gottes Folge zu leisten, die Amerikaner zu töten und ihren Besitz zu plündern. Wo auch immer er sie findet, und wann immer er kann. […] Dann lernen sie vielleicht ihre Lektion.«[33]

Weniger als ein halbes Jahr nach der Publikation jener Erklärung wurden am 7. August 1998 in einer fast zeitgleichen, gut koordinierten Parallelaktion die US-Botschaften in Nairobi (Kenia) und Daressalam (Tansania) von Bombenanschlägen erschüttert. Zwölf Amerikaner und 201 Unbeteiligte wurden getötet. In Reaktion auf die Anschläge in Ostafrika bombardierten die USA Ziele im Sudan und in Trainingscamps in Afghanistan. Spätestens jetzt hatte Bin Laden die Aufmerksamkeit, die er wollte, und galt als ernst zu nehmender Gegner der letzten verbliebenen Großmacht. Zwei große Anschläge zeitgleich in verschiedenen Ländern zu organisieren ließ auf außergewöhnliche logistische Fähigkeiten schließen. Wozu würde er noch in der Lage sein, fragten sich Anhänger und Feinde gleichermaßen.

Bereits zuvor war eine Gruppe in der CIA darauf angesetzt worden, Bin Laden zu beobachten und Pläne auszuarbeiten, ihn entweder auszuschalten oder zu verhaften und vor ein amerikanisches Gericht zu bringen. Unter anderem wurde überlegt, Bin Laden mithilfe afghanischer Stammesangehöriger zu kidnappen. Keiner der Pläne wurde verwirklicht. Mullah Omar, der »Emir« der Taliban-Regierung in Afghanistan, weigerte sich trotz des hohen internationalen Drucks, Bin Laden auszuliefern. Weil die Taliban am Außenhandel (außer dem illegalen mit den von ihnen hergestellten Drogen) wenig interessiert waren, gab es praktisch kein Druckmittel gegen sie außer sehr limitierten militärischen Aktionen, die bestenfalls Nadelstiche waren.

Der Möchtegern-Asket, der nicht einmal Kühlschränke benutzen wollte, weil sie für ihn die westliche Moderne symbolisierten, war mit den Anschlägen von 1998 Feind Nummer eins der einzigen verbliebenen Großmacht geworden, eine Art neuer Luke Skywalker, der dem Wüstenplaneten in der populären Science-Fiction-Saga »Star Wars« entsprungen und zum radikalen Islam konvertiert war, um mit seinen Desperados den scheinbar aussichtslosen Kampf gegen das Imperium aufzunehmen.

Wer auch immer unter den Muslimen in aller Welt ähnliche Gedanken und ähnlichen Groll hegte wie er, wusste fortan, bei wem er sich zu melden hatte. Ein Jahr später reisten zwei arabische Studenten aus Deutschland zu Bin Laden nach Afghanistan. Anders als für die CIA war es für sie nicht schwer, ihn zu finden. Die beiden hießen Mohammed Atta und Ziad Jarrah, und sie stammten aus Ägypten und dem Libanon. Am 11. September 2001 saßen sie am Steuer von zweien der vier Passagierflugzeuge, mit denen die USA angegriffen wurden.

DIE WELTSICHT IN DEN USA
DER NEUNZIGER JAHRE

Die USA, sollte man denken, ebenso wie alle, die mit ihnen verbündet waren und sich als Gleichgesinnte fühlen, waren Anfang
der neunziger Jahre des 20. Jahrhunderts in eine komfortable Situation geraten. Die Sowjetunion, der alte Rivale, fiel als Faktor
in der Weltpolitik und als militärische Bedrohung urplötzlich
fort. Bevor Russland wieder eine führende Rolle in der Welt
spielen konnte, sollten zwanzig Jahre vergehen. Erst die arabischen Revolutionen und das von Europa und den USA dort
(und in der Ukraine) geduldete Machtvakuum erlaubten den
Russen, wieder zur Großmacht zu werden.

Auch die Länder im Nahen und Mittleren Osten mussten
sich neu orientieren. Besonders schwerwiegend war der Wegfall
der sowjetischen Unterstützung für die PLO, die palästinensische Befreiungsbewegung von Jassir Arafat. Sie war gezwungen,
in Verhandlungen mit Israel einzutreten, die 1991 in Madrid
begannen und 1993 zum Abschluss eines Friedensabkommens
führten, das unter den Palästinensern umstritten blieb, weil die
Frage des Rückkehrrechts für diejenigen von ihnen, die seit
Jahrzehnten in den Nachbarländern in Flüchtlingslagern lebten, nicht geklärt war.

Auch viele Israelis sahen ihre Hoffnungen auf ein Großisrael
verraten. Ministerpräsident Yitzhak Rabin, der Architekt des
Friedensabkommens auf israelischer Seite, wurde 1995 von
einem jüdischen Extremisten ermordet. Der Friedensprozess
kam ins Stocken und muss ein Vierteljahrhundert später als gescheitert gelten. Daran ändern auch die jüngsten Friedensabkommen zwischen einigen Golfstaaten und Israel nichts. Sie
sind aus der gemeinsamen Gegnerschaft gegen den Iran moti-
viert und werden von der Bevölkerung kaum mitgetragen. An-

fang der neunziger Jahre jedoch deutete zunächst alles auf Frieden hin.

Auf weltanschaulichem Gebiet wurden damals zwei entgegengesetzte ideologische Entwürfe breit diskutiert, zwei Visionen, wie die Welt in Zukunft geordnet sein würde und welche Rolle die USA oder »der Westen« darin spielen würden.

Auf der einen Seite stand die quasiimperiale, universalistische Vision, die davon ausging, dass sich das politische Modell des Westens nach dem Zusammenbruch des kommunistischen Blocks nach und nach in der ein oder anderen Spielart auf der ganzen Welt durchsetzen würde, weil es sich, so die These, im Lauf der bisherigen Geschichte als das erfolgreichste erwiesen habe. Der bekannteste Vertreter dieser Theorie ist der amerikanische Politikwissenschaftler Francis Fukuyama. Er führte sie in seinem Buch »Das Ende der Geschichte und der letzte Mensch« von 1992 aus.

Eine anders gelagerte These entwickelte der Politikwissenschaftler Samuel P. Huntington mit der Idee des »Clash of Civilisations« aus dem gleichnamigen Buch von 1995 (deutsch als »Kampf der Kulturen«). Huntington zufolge kann sich keine universalistische Vision auf der ganzen Welt durchsetzen, weil sich die verschiedenen Kulturen (oder Zivilisationen) stets gegeneinander abgrenzen würden und sich im Kern nicht ändern oder aneinander anpassen, wovon Fukuyama ausgegangen war.

Huntingtons Unterscheidung zwischen den Zivilisationen erfolgt überraschenderweise nach religiösen Kriterien. Neben dem säkularisierten »Westen« gibt es das orthodox geprägte Osteuropa (wozu Huntington auch Griechenland zählt, weswegen es ihm zufolge nicht wirklich zum »Westen« gehört[34]), den Islam, die indisch geprägten Zivilisationen (Buddhismus, Hinduismus), dann die fernöstlichen. Man könne mit ihnen allen auskommen und Handel treiben, aber die Unterschiede nicht überwinden und bleibe daher stets in einem Konkurrenzkampf um Macht und Ressourcen. Der in Abgrenzung gegen alle anderen definierte »Westen« solle daher nicht versuchen, sein eigenes Modell über die Welt zu verbreiten, wie Fukuyama es möchte. Er müsse lediglich zusehen, dass er die Oberhand behalte, vor allem die militärische und wirtschaftliche Kontrolle und Hegemonie.

In ein Bild gefasst, könnte man sagen, dass Fukuyama eine Art Einladung an die Welt ausgesprochen hat: Kommt alle in unser weltanschauliches Haus und spielt mit nach unseren Regeln, dann wird es euch allen eines Tages so gut gehen wie uns. Huntingtons These läuft dagegen auf eine Ausladung oder eine Platzanweisung hinaus. Jeder soll bitte da bleiben, wo er ist, allenfalls einmal zu Besuch kommen, bald wieder zurückkehren und dort nach eigener Façon glücklich werden.

Beide Sichtweisen künden jedoch gleichermaßen von einer Art imperialem Anspruch, denn sie gehen von der Überlegenheit des Westens aus und plädieren dafür, diese Überlegenheit aufrechtzuerhalten beziehungsweise auszubauen. Sie liegen viel näher beieinander, als es auf den ersten Blick scheint.

Fukuyama und Huntington lieferten die Grundlage für die Weltsicht, die die »westliche« Politik seit den neunziger Jahren bestimmt hat. Bemerkenswert ist daran, dass sowohl Fukuyama wie auch Huntington einem konservativen akademischen Milieu entstammen und somit der gesamte Bezugsrahmen für die Politik der folgenden Jahre einen deutlichen Rechtsruck zu verzeichnen hat. Das *Framing* des »Westens« kam damit unweigerlich rechts der politischen Mitte zu liegen, wie sie in der Zeit vor 1989 noch definiert worden wäre: Bis dahin war das politische Zentrum darum bemüht gewesen, soziale und ökonomische Ungerechtigkeiten auszugleichen, um den Menschen keine Gründe zu liefern, mit dem Kommunismus zu liebäugeln.

Was in diesen neuen konservativen Konzeptionen des »Westens« fehlte, war die Vorstellung oder Ahnung, dass eine Dominanz »westlicher« Verfahrensweisen in Wirtschaft und Politik auch scheitern oder schwerwiegende Nachteile mit sich bringen könnte. Was fehlte, war eine politische Vision, die nicht auf den bestehenden globalen Ungleichheiten, Hierarchien und Machtverhältnissen aufbaute, sondern danach trachtete, diese abzubauen und zu überwinden, ohne die Vielfalt von Lebensentwürfen und kulturellen Unterschieden gleich mit abzubauen, worauf Fukuyamas Vision unweigerlich hinauslaufen würde. Was schließlich in beiden Entwürfen fehlte, war jegliche Sensibilität für die unübersehbaren Fehler, Ungerechtigkeiten und Demokratiedefizite im eigenen, »westlichen« politischen System.

Eine weitere merkwürdige Konsequenz des konservativen *Framing* des »Westens« bestand darin, dass der amerikanischen, »westlichen« Politik mit dem Zusammenbruch des Ostblocks plötzlich die Aufgabe, Herausforderung, ja Rechtfertigung fehlte. Was gab es fortan noch zu tun, wenn man progressive, linke Reformen ausschloss, weil sie zum Bild der »westlichen« Zivilisation nicht passten, wie sie siegreich aus dem Kampf mit dem Sozialismus hervorgegangen war? Fukuyamas Antwort lautete, durchaus mit einem gewissen Bedauern: eigentlich nichts mehr! Deswegen ist die Geschichte ja zu Ende.

Fukuyama fürchtete als Folge dieser fehlenden Herausforderung sogar eine Art großer, metaphysischer Langeweile. Um dem entgegenzuwirken, empfahl er möglichst viel Wettbewerb und Konkurrenzkämpfe und zog die Beibehaltung oder Verschärfung sozialer Unterschiede einer Politik vor, die sozialer Ungleichheit entgegenwirkt. Nur so ließe es sich ihm zufolge vermeiden, dass die Menschheit in selbstzufriedener, satter Stumpfheit versinkt wie der »letzte Mensch«, den Nietzsche in seinem Buch »Also sprach Zarathustra« einst voller Verachtung wie folgt gezeichnet hatte und vor dem es Fukuyama ebenfalls graut: »So will ich ihnen vom Verächtlichsten sprechen: Das aber ist der letzte Mensch. Und also sprach Zarathustra zum Volke: Es ist an der Zeit, dass der Mensch sich sein Ziel stecke. […] Wehe! Es kommt die Zeit, wo der Mensch keinen Stern mehr gebären wird. Wehe! Es kommt die Zeit des verächtlichsten Menschen, der sich selber nicht mehr verachten kann. Seht! Ich zeige euch den letzten Menschen.«[35]

Dabei mangelte es der Menschheit auch in den neunziger Jahren keineswegs an Herausforderungen und »Zielen«, die sie sich hätte »stecken« können. Auch ohne die sozialen Unterschiede und das Konkurrenzdenken eigens zu verschärfen, erkannten ahnungsvollere Geister schon damals genügend große Aufgaben, um mehr als eine Generation in Atem zu halten. Einer von ihnen war der amerikanische Präsidentschaftskandidat Al Gore. 1992, im selben Jahr, in dem Fukuyamas Buch über das »Ende der Geschichte und den letzten Menschen« erschien, legte Al Gore sein Buch »Earth in the Balance« vor. Dort heißt es: »Die Klimakrise verschafft uns die Gelegenheit, etwas zu erfahren, was nur wenige Generationen in der Geschichte kennenlernen durften: eine Mission für die ganze Generation, das Hochgefühl eines überzeugenden moralischen Ziels, ein gemeinsames, geteiltes Anliegen, die Spannung, durch die Umstände gezwungen zu sein, die Kleinlichkeiten und Konflikte beiseitezulegen, die das unablässige menschliche Bedürfnis nach etwas Höherem so oft ersticken.«[36]

Angesichts dieser Zeilen, dieser Vision, könnte man mit einigem Recht behaupten, dass die von Bin Laden in die Wege geleitete Verheerung weniger in den unmittelbaren Opfern des Terrors besteht, sondern darin, dass er die Weltpolitik auf ein falsches, totes Gleis gesetzt hat: Die »Mission für die ganze Generation« war seit 9/11 statt Klima- und Umweltschutz ein

»Krieg gegen den Terror«, der vor allem Terror hervorgebracht hat.

Doch noch war es nicht so weit. Noch war alles offen. Die entscheidende Weichenstellung, die das Ende des »Westens« einleitete, wie wir ihn in den neunziger Jahren kannten; die Weichenstellung, die die postume Verwirklichung von Bin Ladens antiamerikanischen Phantasien mit amerikanischer Hilfe überhaupt erst möglich machte, geschah nämlich nicht am 11.9.2001, sondern bereits am 12. Dezember des Jahres 2000.

DIE WEICHENSTELLUNG IM JAHR 2000

Am 7. November 2000 mussten die Amerikaner nach der zweiten Amtszeit des Demokraten Bill Clinton einen neuen Präsidenten wählen. Für die Demokraten trat Clintons Vizepräsident an, Al Gore. Für die Republikaner George W. Bush, der Sohn von Clintons Vorgänger George H. W. Bush. Doch als die Wahl in den frühen Morgenstunden vorbei war, stand immer noch kein Präsident fest. Das Ergebnis in Florida, wo Bushs jüngerer Bruder Jeb Gouverneur war, war denkbar knapp, und es schien, dass viele Stimmen nicht richtig ausgezählt worden waren und es Probleme mit der elektronischen Auswertung der Wahlzettel gab.

Vom Ergebnis in Florida hing bei dieser Wahl jedoch ab, wer Präsident werden würde. Das liegt an dem merkwürdigen, aus der Frühzeit der Demokratie überlieferten Wahlverfahren bei amerikanischen Präsidentschaftswahlen. Nicht die absolute Anzahl von Stimmen ist dabei wichtig. In dieser Hinsicht, dem sogenannten »popular vote«, lag Al Gore mit einer halben Million Stimmen vor Bush, so wie Hillary Clinton bei der Wahl von

2016 fast drei Millionen Stimmen, über zwei Prozent, mehr bekommen hatte als ihr Herausforderer Donald Trump.[37] Doch statt auf diese absoluten Zahlen des »popular vote« kommt es gemäß dem überlieferten Wahlverfahren darauf an, dass man in den einzelnen Bundesstaaten gewinnt und dann wiederum die Mehrheit aller sogenannten Wahlmänner-Stimmen der Bundesstaaten erhält, in denen man gewonnen hat.

Bush führte in Florida mit wenigen tausend Stimmen. Im Fall einer Nachzählung jedoch wurden Al Gore gute Chancen eingeräumt, den Bundesstaat für sich zu entscheiden. Nach einem langwierigen und komplizierten Streit über die Frage, welche Stimmen auf welche Weise neu ausgezählt und gewertet werden sollten, entschied schließlich der Oberste Gerichtshof der USA, der eine konservative, Bush zuneigende Mehrheit hatte, am 12. Dezember 2000, dass es keine weiteren Nachzählungen geben dürfe. Somit wurde George W. Bush Präsident, und die Republikanische Partei, damals fest im Griff der sogenannten Neokonservativen, übernahm das Weiße Haus.[38]

Höchstwahrscheinlich hätten die Anschläge von 9/11 auch stattgefunden, wenn Al Gore die Wahl gewonnen hätte. Und auch Al Gore hätte darauf mit Entschiedenheit reagieren müssen und ebenfalls unter Einsatz des Militärs. Hingegen ist es unwahrscheinlich, dass er über Jahre hinweg dieselbe aggressive Außenpolitik verfolgt hätte.[39] Es ist unwahrscheinlich, dass er in den Irak einmarschiert wäre und den gesamten Nahen Osten destabilisiert hätte. In einer Rede vor dem Commonwealth Club in San Francisco im September 2002 kritisierte er die Pläne der Bush-Regierung für eine Irak-Invasion so vehement wie kaum ein anderer bedeutender Politiker der Demokraten; und er sollte recht behalten: »Wenn wir schnell gegen ein geschwächtes und ausgedünntes, viertklassiges Militär im Irak siegen und wenn wir das Land sich selbst überlassen, so wie Präsident Bush fast ganz Afghanistan nach dem Sieg über eine fünftklassige Armee im Stich gelassen hat, dann wird das daraus resultierende Chaos im Irak sehr leicht zu einer größeren Gefahr für die USA werden, als wir sie jetzt durch Saddam erleben müssen.«[40]

Wie erwähnt hatte Al Gore bereits 1992 sein ökologisch-philosophisches Manifest »Earth in the Balance« vorgelegt, ein für einen Berufspolitiker höchst ungewöhnliches Werk. 2007 wurde er für seinen Klimaschutz-Aktivismus sogar mit dem Friedensnobelpreis ausgezeichnet. Aber das ist ein denkbar schwacher Trost angesichts der knapp verpassten Möglichkeit einer amerikanischen Öko-Präsidentschaft. Sein keineswegs unkritischer Biograph Bill Turque schreibt, Al Gore sei »ein ungewöhnlich nachdenklicher Politiker, der eine wichtige, ja sogar prophetische Stimme in Fragen wie der globalen Erderwärmung, Waffenkontrolle und den Veränderungen des Informationszeitalters war«.[41]

Was Al Gore von seinem ambitionierten Programm hätte realisieren können, wissen wir natürlich nicht. Aber er meinte es ernst. Al Gore war der einzige bedeutende Politiker jener Zeit, der die Kritik an der modernen »Risikogesellschaft« zu seiner eigenen Sache machte und ehrlich für das »Prinzip Verantwortung« eintrat, wie Hans Jonas es in seinem Buch von 1979 ausbuchstabiert hatte. Die Kritik an der Moderne, die uns bei Bin Laden als schiere Antimoderne in all ihrer zerstörerischen Einseitigkeit begegnete – und die sich damit nur als unreflektierte Ultramoderne zu erkennen gab –, begegnet uns bei Al Gore in ihrer reifen, reflektierten, positiven Gestalt.

In dieser Gestalt hört die Kritik an der Moderne auf die Wissenschaft, aber sie ist weitaus mehr als bloße, nüchterne Rationalität. Sie ist vielmehr ganzheitlich und versucht innen und außen, Wissenschaft und Gefühl auszubalancieren. Das rationale Denken, das uns in die krisenhafte globale Situation hineinmanövriert hat, kann uns, so Al Gore, unmöglich allein aus ihr herausführen. Dafür braucht es mehr. Al Gore schreibt: »Je tiefer ich den Wurzeln der globalen Umweltkrise nachforsche, desto überzeugter bin ich, dass es sich dabei um die äußere Manifestation einer inneren Krise handelt, welche in Ermangelung eines besseren Worts spirituell genannt werden kann. Als Politiker weiß ich voll und ganz um die Gefahren, das Wort ›spirituell‹ zu benutzen, um ein Problem wie dieses zu skizzieren. [...] Aber welches andere Wort kann die Gesamtheit von Werten und Annahmen beschreiben, die unser grundlegendes Verständnis davon bestimmen, wie wir im Universum zu Hause sind?«[42]

Dass jemand, der so etwas schreibt, um ein Haar amerikanischer Präsident geworden wäre, übersteigt zwanzig Jahre nach 9/11 unsere Vorstellungskraft. Dennoch: Wäre Al Gore der Sieg zuerkannt worden, hätte zumindest manches von seinem ambitionierten, ganzheitlichen Programm in eine nachhaltige Klimapolitik umgesetzt werden können. »Stattdessen«, so schreibt Al Gore in einer späteren Neuauflage seines Buchs, »machten wir eine 180-Grad-Wende. Präsident Bush sagt immer noch, wir wüssten nicht, ob die Klimakrise menschengemacht sei oder nicht, und er hat keinen einzigen Schritt unternommen, um die Krise anzugehen. Schlimmer noch, er und Vizepräsident Cheney haben das Land in genau die gegenteilige Richtung geführt.«[43] Der für seine Anti-Klima-Politik viel kritisierte Trump hat nichts anderes gemacht, als die desaströse Umweltpolitik seiner republikanischen Vorgänger fortzusetzen.

Mit dem Amtsantritt der Regierung Bush Anfang 2001 und zumal nach den Anschlägen von 9/11 wurde der Umwelt- und Klimaschutz aus der Liste wichtiger Vorhaben der amerikanischen Regierung gestrichen. Als acht Jahre später Barack Obama an die Macht kam, hielt eine Rezession die Welt in Atem, ausgelöst durch die sogenannte Bankenkrise, die durch eine Folge neoliberaler Deregulierungen der Regierung Clinton in den neunziger Jahren möglich gemacht worden war. Nachdem sich die Wirtschaft wieder erholt hatte, kam es zu den arabischen Revolutionen, zu außenpolitischen Krisen in Osteuropa und dem Terror des sogenannten »Islamischen Staates« (s. S. 185). Der Klimaschutz fand erst 2018 wieder auf die Agenda, ausgehend von Europa und der Fridays-for-Future-Bewegung: sehr viel verlorene Zeit im Kampf gegen den menschengemachten Klimawandel.

36 Tage zwischen der Präsidentschaftswahl am 7. November 2000 und der Entscheidung des Obersten Gerichts am 12. Dezember besiegelten damit den Lauf der nächsten zwanzig Jahre. Der Moment, von dem an die Folgen von 9/11 nicht mehr aufzuhalten waren, war zugleich der Moment, der eine entscheidende Wende in der Weltumweltpolitik hätte bringen können – und der sie nicht gebracht hat. Die Alternative zur 9/11-Politik der Konfrontation, der eingebildeten Überlegenheit und zum blindwütigen und zugleich erfolglosen Versuch der Durchsetzung eigener Weltanschauungen und Interessen hätte darin bestanden, echte, würdigere und größere Herausforderungen zu suchen. Die Alternative zur 9/11-Politik der Bush-Regierung hätte darin bestanden, die Erde zu retten, statt sie den Kräften der Zerstörung zu überlassen und einen Krieg zu führen, der nicht zu gewinnen war.

Aber der knappe Ausgang der US-Präsidentschaftswahl von 2000 heißt auch: Nichts an der Entwicklung seit dem 11. September 2001 ist zwangsläufig, unvermeidlich, unausweichlich gewesen. Nichts davon muss bleiben. Kaum etwas davon sollte bleiben.

DER ANGRIFF

Am Morgen des 11. September 2001, einem klaren, sonnigen Spätsommer-Dienstag, flogen im Abstand von kaum mehr als einer Viertelstunde, um 8:46 und um 9:03 Uhr, zwei von Terroristen gekaperte und gesteuerte Passagierflugzeuge in die beiden gut 400 Meter hohen Bürotürme des World Trade Center in Manhattan, direkt an der Wall Street, dem Finanzzentrum der USA. Um 9:37 Uhr raste ein weiteres Flugzeug in das größte Bürogebäude der Welt, das Pentagon in Washington, den Sitz des Verteidigungsministeriums. Ein viertes Flugzeug, vermutlich dazu bestimmt, in Washington das Weiße Haus oder das Capitol zu attackieren, stürzte eine knappe halbe Stunde später in Pennsylvania ab, nachdem Passagiere versucht hatten, die Flugzeugentführer zu überwältigen.

2982 Menschen[44] kamen an jenem Tag ums Leben. In den Doppeltürmen des World Trade Center spielten sich Horrorszenarien ab. Etliche Menschen, die in den oberen Stockwerken von den Flammen eingeschlossen waren, sprangen aus 300 bis 400 Metern Höhe hinab und schlugen zwischen den Fliehenden und den Rettungskräften und Feuerwehrleuten am Boden auf. Niemand rechnete damit, dass die Wolkenkratzer einstürzen würden. Doch um 9:59 Uhr brach der südliche der beiden Zwillingstürme des World Trade Center in sich zusammen, um 10:28 Uhr auch der Nordturm. Eine giftige Wolke aus Asche und Schutt wälzte sich durch Lower Manhattan, Papierschnipsel aus den Büros und Ascheflocken verteilten sich über die ganze Stadt.

Vertreter der Medien und Satellitensender wie CNN oder Fox News berichteten bereits vor Ort[45], als das zweite Flugzeug heranraste. Ohne zu wissen, wie ihnen geschah, übertrugen sie die Attacke live in alle Welt. Von dem Augenblick des zweiten

Einschlags an war klar, dass es sich nicht um ein Unglück handelte, sondern um einen gezielten Angriff. Mit einem Mal erschienen die Vereinigten Staaten, die letzte verbliebene Supermacht, entblößt, wehrlos und verletzlich. Der spektakuläre Angriff und die Tatsache, dass die Weltöffentlichkeit dabei zum Zeugen, aber auch zum unfreiwilligen Voyeur wurde, kam einer außerordentlichen Demütigung gleich.

Bereits am nächsten Tag verkündete die amerikanische Regierung, sie wisse, wer der Drahtzieher der Anschläge sei: Osama Bin Laden. Anhand der Passagierlisten waren die Terroristen schnell identifiziert. Eine Spur führte auch nach Deutschland. Einige der Attentäter hatten in den USA Flugschulen besucht und die Flugzeuge offenbar eigenhändig ins Ziel gesteuert. Drei von ihnen (sie stammten aus Ägypten, dem Libanon und den Vereinigten Arabischen Emiraten) hatten zuvor in Deutschland studiert, in Hamburg in einer Wohnung zusammengelebt und waren von dort zu Bin Laden nach Afghanistan gereist. Fünfzehn weitere Entführer stammten aus Saudi-Arabien und waren kurzfristig rekrutiert worden.

Die Anschläge wurden als die Kriegserklärung aufgefasst, die sie waren. Die Medien, aber auch die Regierung selbst machten keinen Hehl daraus, dass eine entsprechend harte Antwort, um nicht zu sagen Rache, gefordert war. Die Metapher vom »Krieg gegen den Terror« (»War on Terror«) war geboren – hochproblematisch insofern, als der Terror kein Gegner war, gegen den man einen konventionellen Krieg führt, hochproblematisch, weil ein solcher Krieg kaum zu gewinnen war und Gefahr lief, endlos zu sein, hochproblematisch, weil die Definition von Terrorismus und Terroristen unweigerlich willkürlich, beliebig, schwammig war und jeder etwas anderes darunter verstand.

Und hochproblematisch schließlich, weil darin, bewusst oder nicht, ein uneinlösbares Heilsversprechen lag: Dieser Krieg verhieß nicht nur ein Ende des Terrors als Terrorismus, sondern auch ein Ende des Terrors als Schrecken an und für sich. Der Krieg gegen den Terror war ein Krieg, der nicht weniger wollte, als das Böse selbst auszurotten. Auch das Wort vom »Kreuzzug«, »Crusade«, wurde aus der Mottenkiste geholt. Die Islamisten hatten es immer schon benutzt, um die Aggression der christlichen Mächte aus dem globalen Westen zu beschreiben. Nun übernahm es der amerikanische Präsident in einer spontanen Rede[46] – erstes klares Zeichen einer Ansteckung durch die religiös aufgeladene Freund-Feind-Logik Bin Ladens.

Unmittelbar nach den Anschlägen war die Solidarität mit den USA groß, nicht nur unter den traditionellen Verbündeten. Die Aussage George W. Bushs »Wer nicht für uns ist, ist gegen uns«, die erstmals zehn Tage nach den Anschlägen fiel[47], hatte jedoch einen unangenehmen, autoritären Beigeschmack und schien Kritik an der amerikanischen Reaktion für einen Tabubruch zu erklären; ja, man konnte den Satz auch als Drohung verstehen. Keine zwölf Jahre nach dem Fall der Berliner Mauer wurde die Welt erneut in Freund und Feind unterteilt, wobei das Kriterium für die Unterscheidung die Zustimmung zur Politik der Bush-Regierung war, nicht mehr wie einst die Frage nach dem Wirtschaftssystem, Kapitalismus oder Kommunismus.

SICHERHEITSLÜCKEN, VERSCHWÖRUNGSTHEORIEN UND DIE MEDIALE REVOLUTION

Wie war es möglich, dass der Angriff von 9/11 so reibungslos glückte? Wenn die amerikanischen Geheimdienste bereits einen Tag später wussten, wer die Täter und wer die Drahtzieher waren, warum hatten sie die Anschläge nicht verhindern können? Rückblickend mag es verwundern oder misstrauisch stimmen, dass die USA nicht gegen Bin Laden eingeschritten sind, obwohl sie ihn beobachtet und seine Lager bereits aufs Korn genommen hatten.

Eine Antwort könnte lauten: Sie haben es sich damals mit extralegalen Tötungen und Drohnenangriffen nicht leicht gemacht, anders als in den Jahren nach 9/11. Es gab eine Grenze, und sie zu überschreiten war (wie der offizielle 9/11-Report klarmacht) Gegenstand aufwendiger Überlegungen, Kontrollen und Gegenkontrollen, die schließlich verhinderten, dass mit aller Macht versucht wurde, Bin Laden zu erwischen.

Eine Lehre daraus lautet: Es gibt keine Rechtsstaatlichkeit ohne Verletzlichkeit. Das heißt im Umkehrschluss: Absolute Rechtsstaatlichkeit ist ebenso wenig zu haben wie absolute Sicherheit. Absolute, skrupulöse Rechtsstaatlichkeit würde von den Kräften, die sie nicht wollen, bald zersetzt, zerrieben, zerstört; sie macht angreifbar und allzu verletzlich. Absolute Sicherheit hingegen muss das Recht zerstören und führt über kurz oder lang in eine noch viel größere Unsicherheit, führt zu Willkür und Tyrannei. Ein funktionierendes Gemeinwesen sollte versuchen, beide Bedürfnisse in einer Balance zu halten, so schwierig dies im Einzelfall sein mag.

Auch wer den nach 9/11 bald kursierenden Verschwörungstheorien nicht auf den Leim ging, sah doch Anlass zu kritischen

Fragen. Zur Klärung legten die USA 2004 einen ausführlichen, von beiden Häusern des Kongresses verabschiedeten Bericht vor.[48] Überraschenderweise liest er sich – für ein offizielles Dokument – überaus spannend, lässt aber viele Fragen offen. Einige davon wurden später von amerikanischen Historikern und Investigativjournalisten unabhängig aufgearbeitet.[49]

Zu den fragwürdigen Punkten gehören die Umstände der Zusammenarbeit von CIA (dem amerikanischen Auslandsgeheimdienst) und saudischem Geheimdienst. Dieser hatte einige Attentäter seit Längerem beobachtet und vermutlich als Doppelagenten oder V-Männer rekrutiert, um Informationen über al-Qaida zu erhalten. Entscheidende Fehler wurden begangen, als die CIA sich zwar mit dem saudischen Geheimdienst absprach, nicht jedoch mit dem FBI, das für die Terroristen zuständig ist, sobald sie im amerikanischen Inland operieren (die CIA darf in den USA nicht tätig werden). Dabei sind dem FBI bewusst Informationen vorenthalten worden, die im Vorfeld zur Verhaftung oder Ausweisung einiger Attentäter geführt hätten. Die Regierung und die Behörden trifft also eine Mitschuld. Absichtlich bewirkt oder mutwillig in Kauf genommen haben sie die Anschläge demnach aber nicht. Als Reaktion auf die mangelhafte Zusammenarbeit wurde nach 9/11 das »Department of Homeland Security« gegründet, das die Informationen der Sicherheitsbehörden zusammenführen und ihre Aktivitäten koordinieren soll. Die sich daraus ergebenden Vollmachten und Zugriffsmöglichkeiten der Behörde wurden von Bürgerrechtlern stark kritisiert.

Dennoch halten sich Verschwörungsmythen, die eine Mitwirkung der US-Regierung vermuten, hartnäckig. Im Jahr 2006 glaubte laut Umfragen ein Drittel der Amerikaner, dass die Regierung bei den Anschlägen ihre Finger im Spiel gehabt habe.[50] Die Grundthese der Verschwörungstheoriker lautet, die Bush-

Regierung habe die Anschläge geschehen lassen, um daraufhin freie Hand für Präventivkriege und Regimewechsel zu bekommen. Was die Anschläge selbst betrifft, stützen sich die Verschwörungstheorien auf technische Argumente, die Laien kaum überprüfen können. Demnach hätten zum Beispiel die Türme nach dem Zusammenprall mit den Passagierflugzeugen gar nicht einstürzen dürfen, da sie eigens für solche Fälle konstruiert worden seien. Der Einsturz sei vielmehr dadurch bewirkt worden, dass im ganzen World Trade Center Sprengstoff platziert worden sei.

Wer an der offiziellen Darstellung zweifelte, ließ sich auch von Bin Laden keines Besseren belehren. Dieser hatte sich in einem Video von Mitte November 2011 unverhohlen zu den Anschlägen bekannt: »Wir berechneten im Voraus, wie viele Verluste der Feind erleiden würde. Wir nahmen als Grundlage die Position des Turmes und errechneten, wie viele getötet werden würden. [...] Ich vermutete, das brennende Flugbenzin würde die Eisenträger des Gebäudes schmelzen. Aber ich dachte nur, dass die Einschlagstelle und die Stockwerke darüber einstürzen würden. Mehr wagten wir nicht zu hoffen.«[51]

Aus heutiger Sicht sind die Verschwörungstheorien nur von beschränktem Interesse. Selbst wenn sie unwahrscheinlicherweise zuträfen, änderte sich nichts am Resultat und den Nachwirkungen von 9/11. So oder so haben sich die USA durch ihre Reaktion zum Erfüllungsgehilfen der gewaltaffinen kulturkämpferischen Agenda Bin Ladens gemacht. So oder so war es weniger Bin Laden als »der Westen« selbst, der sich und die Welt in die »Westlessness« – »Entwestlichung« hineinmanövriert hat.[52]

Während man 2001 immerhin noch vermuten konnte, die Anschläge nützten der Bush-Regierung und ihrer neokonservativen Agenda – denn ohne Zweifel wurden sie von ihr ausgenutzt! –, wissen wir zwanzig Jahre später, dass die USA so schlecht dastehen wie selten zuvor, und zwar wesentlich auch infolge der von 9/11 ausgelösten Entwicklungen. Langfristig betrachtet wären die Verschwörer also grausam gescheitert, es sei denn, es wäre ihr Ziel gewesen, die USA zu zerstören; dann aber wären ihre Interessen mit denen von Bin Laden identisch!

Bedeutsam sind die Verschwörungstheorien jedoch in einer Hinsicht, die selten in Betracht gezogen wird. Sie stehen am Anfang der weitreichenden Erschütterung des Grundvertrauens vieler Menschen in den USA und Europa in die eigenen Institutionen, in die Verlässlichkeit und Aufrichtigkeit der Behörden, Eliten und Regierungen. Die Verschwörungstheorien verstärkten damit den Vertrauensverlust, der ohnehin durch das Ereignis ausgelöst wurde. Es ist der Verlust des Vertrauens der Amerikaner in ihren Staat – und der aller anderen in die Amerikaner –, in seine Fähigkeit, die Bürger vor Angriffen von außen zu beschützen und damit einer seiner zentralen Funktionen gerecht zu werden. »Die Anschläge vom 11. September haben das Vorhängeschloss unseres Schutz-Mythos zerbrochen, die Illusion, dass wir Herren unserer Sicherheit sind, dass unsere Stärke unser Heimatland uneinnehmbar macht, dass unsere Familien in ihren Gemeinden und unsere Frauen und Kinder in den Armen ihrer Männer sicher sind. Die Ereignisse jenes Morgens sagten uns, dass wir uns nicht auf unsere Beschützer verlassen konnten: dass das Weiße Haus nicht auf Warnungen vor einem bevorstehenden Angriff reagiert hatte, dass die Federal Aviation Administration unsere Flughäfen und Flugzeuge nicht sicher gemacht hatte, [...] kurz gesagt, dass das gesamte Gebäude der amerikanischen Sicherheitsdienste keinen Schutz geboten hatte«[53], schreibt die Psychologin und Feministin Susan Faludi in ihrem Buch »Der Terror-Traum«.

Die Intensität der Verschwörungstheorien, ihre Attraktivität bis heute und ihr Einsickern in den Mainstream[54] zeugen von der Tiefe der Erschütterung, aber auch von dem auf allen Seiten des politischen Spektrums verbreiteten Bedürfnis, mit der vorherrschenden Politik und ihrer medialen Darstellung zu brechen. Dieses Bedürfnis kann nicht einfach als weltfremd oder realitätsfern abgetan werden. Es spiegelt einen vernünftigen Wunsch nach Veränderung, der sich auf unvernünftige Argumente vor allem deshalb stützt, weil er bessere nicht sieht. Doch es gibt sie natürlich. Manche sind in die vorliegende Darstellung schon eingeflossen. Weitere folgen.

Am 11. September 2001 brach mit den Türmen des World Trade Center für viele Amerikaner nicht nur die Vorstellung zusammen, politisch, wirtschaftlich und kulturell die Welt zu beherrschen. 9/11 markiert auch den Einbruch der Realität in ein bis dahin seltsamerweise heil gebliebenes Narrativ: Die USA verloren infolge von 9/11 die Kontrolle über ihre Erzählung von der Welt. Die Erzählung war nach wie vor dieselbe, die Welt aber nicht mehr. Die Verschwörungstheorien verbreiteten sich nicht, weil sie so unglaublich überzeugend klangen, sondern weil es mit 9/11 auf einmal möglich, ja sogar naheliegend war, der Erfolgserzählung der USA nicht mehr zu glauben. Mit 9/11 beginnt die Epoche »nach dem amerikanischen Traum«, wie der Journalist Mychal Denzel Smith so treffend formuliert hat.[55]

Dabei hätte es nicht so weit kommen müssen. Mit der Welle von Solidarität für die USA hätte 9/11 eine Chance sein können, die Welt zu einen und die moralische Autorität der letzten verbliebenen Großmacht auszubauen. Doch die USA hatten in einer objektiv schwierigen Situation Politiker von äußerst beschränktem Horizont. Und diese wiederum hatten Ratgeber, die ihren eigenen ideologischen Fixierungen so unkritisch gegenüberstanden wie einst die Apparatschiks der kommunistischen Parteien Osteuropas. Sie handelten nicht im Interesse ihres Landes, sondern nach einem abgewandelten Drehbuch aus dem Kalten Krieg, dessen Wiederaufguss nun »Kampf der Kulturen« hieß.

Der Effekt der Verschwörungstheorien und die neue, darin zutage tretende Willkür bezüglich der Wahrheit wurde – wie ja überhaupt die Wirkung dieses Anschlags – auf unerwartete Weise verstärkt durch die in den neunziger Jahren anhebende mediale Revolution. Die neuen, weltweit zu empfangenden Satellitenkanäle hatten, ausgehend von den USA, ihren Siegeszug um den Globus vollendet. Auch die arabische Welt verfügte mit dem Satellitensender Al Jazeera im Golfemirat Katar (pikanterweise seit dem Golfkrieg von 1991 der Sitz des Hauptquartiers des US-Militärs am Persischen Golf) über eine eigene und eigenwillige Stimme. Nach 9/11 wurde sie auf einmal in den USA und in Europa gehört und ernst genommen: auch dies eine unvorhergesehene Bresche im westlichen Meinungsmonopol über die Welt.

Al Jazeera strahlte unter anderem die Videobotschaften von Bin Laden aus, die er in seinen wechselnden Verstecken aufnahm. Der Sender geriet in den Verdacht, mit dem Terror zu sympathisieren, und es fehlte nicht an Stimmen, die seine gewaltsame Abschaltung forderten. Aber das hieß nur, man nahm ihn ernst. Die Bedeutung von Al Jazeera wuchs in den folgenden Jahren kontinuierlich und erreichte 2011 ihren Zenit, als der Sender entscheidend zu den arabischen Revolutionen beitrug.

Eine weitere mediale Revolution, die in den neunziger Jahren angestoßen wurde, fällt mit 9/11 zusammen: die des Internets. Zwar waren die sozialen Medien um den Jahrtausendwechsel noch in der Experimentierphase und kein Massenphänomen. Es war jedoch abzusehen, dass die Welt der Kommunikation in Fluss geraten war. Das stellte einen der wichtigsten Faktoren für die lange Nachwirkung von 9/11 dar und mündete knapp zwanzig Jahre später in die live gestreamten Anschläge von Christchurch, Halle und anderswo. Der erste direkt übertragene Terrorakt, der noch auf die unfreiwillige Mitwirkung der herkömmlichen Medien angewiesen war, war 9/11 selbst gewesen.

DIE STUNDE DER NEOKONSERVATIVEN UND DAS PROBLEM DER HEIMATFRONT

Dass sich die Verschwörungstheorien so gut entfalten konnten, lag auch an dem Umstand, dass 9/11 auf ein Regierungsprogramm traf, für das die Anschläge sich als eine goldene Gelegenheit erwiesen: Ohne sie wäre es weitaus schwieriger gewesen, dieses Programm umzusetzen. Die Anfang 2001 ins Amt gelangte Regierung von George W. Bush war stark von einer politischen Strömung in der Republikanischen Partei dominiert, die sich als neokonservativ bezeichnete.[56] Innenpolitisch besetzten die Neokonservativen klassische konservative und rechte Themen, etwa indem sie religiöse Werte betonten sowie traditionelle Familienstrukturen und etablierte soziale Hierarchien bewahren wollten. Wirtschaftspolitisch strebten sie Steuersenkungen für Besserverdienende, den Abbau staatlicher Regulierungen und Unterstützungen sowie andere neoliberale Maßnahmen an. Außenpolitisch verfolgten sie eine Politik für ein »neues amerikanisches Jahrhundert«,[57] das heißt, sie wollten die amerikanische Vorherrschaft aus dem 20. Jahrhundert im 21. fortsetzen, genauso oder idealerweise noch besser und für immer.

Dahinter stand die Idee einer »Pax Americana«, einer von den USA gestifteten Weltfriedensordnung, wobei das Mittel, diesen Frieden durchzusetzen, in der Liberalisierung der Wirtschaft, in freien globalen Kapitalflüssen und der »Demokratisierung« möglichst vieler Teile der Welt bestand, womit freilich, wie sich zeigen sollte, weniger die Ermächtigung einfacher, durchschnittlicher Bürger gemeint war, sondern eine Regierungsform, die einerseits Rechtssicherheit gewährte (besonders für Investitionen und Investoren), andererseits durchlässig war, besonders für Einflüsse von außen, also in der Regel aus dem globalen Westen. Durchlässigkeit für konkurrierende Einflüsse, etwa chinesische, wurde naturgemäß weniger geschätzt.

Doch das neokonservative Amerika, das die Welt regieren wollte, hing an einem seidenen Faden: an dem Umstand, dass es das Amerika der schrumpfenden weißen, protestantisch und angelsächsisch geprägten Bevölkerungsgruppe war, das europäisch gedachte Amerika, das Amerika einer abendländischen Kultur.[58] Mochte diese Tradition auch aller Ehren wert sein, sie bildete im Einwanderungsland USA seit Langem nicht mehr die einzige und allein tonangebende, und das war gut so.

Die für die Neokonservativen bedauerliche Folge davon war, dass die USA keine eindeutige nationale Identität mehr hatten; oder nur dann, wenn man den seit 1968 stark ausgeprägten Pluralismus ignorierte und kleinhielt. So erklärt es sich, dass die Ereignisse von 9/11 in Europa und den USA zum Anlass für Forderungen wurden, die im Lauf der sechziger Jahre hervorgetretene gesellschaftliche Vielfalt, oft abwertend »Multikulti« genannt, wieder einzuschränken. Selbst ein liberaler Beobachter wie Timothy Garton Ash verlangte 2006 »eine anspruchsvollere staatsbürgerlich-nationale Identität«.[59]

Hätte der seither in den USA und in Europa blühende Rechtspopulismus eine explizite Einladung aus dem liberalen Zentrum des »Westens« gebraucht, hier war sie. Unübersehbar stand dahinter die auch in liberaleren Kreisen mit 9/11 eingerissene Angst, dass »der Westen« vielleicht *zu* offen, *zu* liberal, *zu* multikulturell geworden ist, um die von ihm beanspruchte globale Hegemonie oder Lehrmeisterschaft erfolgreich zu bewahren. Doch hatte der »Westen« nicht vor allem mit seiner Liberalität und Vielfalt für sich geworben? Liefe eine kulturelle, nationalistische Schließung und Identitätspolitik nicht auf das Ende eben*dieses* so beworbenen, weltweit als vorbildlich propagierten »Westens« hinaus?

Außenpolitisch gewendet und auf die USA bezogen hieß das: Mit einem multikulturellen Staat lässt sich keine monokulturelle – und heißt: keine »westliche«, »weiße« – Außenpolitik machen. Die äußere Hegemonie setzt eine im Inneren voraus und umgekehrt. Diese Erfahrung war nicht neu: Die USA konnten den Krieg in Vietnam auch deshalb nicht gewinnen, weil die Heimatfront angesichts pazifistischer Bewegungen und mit dem gleichzeitigen Aufkommen der Civil-Rights-Bewegung nicht geschlossen war, weil die meisten Amerikaner den Krieg nicht wollten.

Vor diesem Hintergrund lieferte 9/11 einen unerwarteten, günstigen Anlass, die neokonservativen Werte in konkrete Politik und in eine politische Stimmung zu überführen, welche die Parteigrenzen überschritt und auch den politischen Gegner, die Demokraten und andere Liberale, wie etwa Timothy Garton Ash, auf Linie brachte. 9/11 führte zu einer nie gekannten Welle des Patriotismus und des konservativen kulturellen Mainstreamings. Für abweichende Stimmen war fortan wenig Platz, wie wir gleich sehen werden. Als patriotisch galt, was die Regierung als patriotisch verstand. Wer nicht einverstanden war, lief, frei nach Präsident Bushs Motto »Wer nicht für uns ist, ist gegen uns«, Gefahr, als Sympathisant der Terroristen zu gelten, wenn nicht sogar wirklich als Terrorist.

9/11 bot damit auch eine willkommene Gelegenheit, die Globalisierungsgegner, die in den neunziger Jahren an Zulauf gewonnen hatten, zu ächten und zu diskreditieren. Robert Zoellick, damals Handelsbeauftragter der USA (ein für den Außenhandel zuständiger Minister), vermutete in einer Rede in Washington im Oktober 2001 »intellektuelle Verbindungen« zwischen den Terroristen und »anderen, die zu gewaltsamem Vorgehen gegriffen haben, um die internationale Finanzwelt, die Globalisierung und die Vereinigten Staaten zu attackieren«.[60] Der sogenannte »Patriot Act«, ein Gesetz zur Terrorbekämpfung, das die Bürgerrechte massiv einschränkte, machte es fortan leicht, auch andere Formen des Widerstands zu kriminalisieren.[61] Das war ein weiterer Sieg für Bin Laden, wie der Schriftsteller Gore Vidal in seinem regierungskritischen Buch »Ewiger Krieg für ewigen Frieden« feststellt: »Der körperliche Schaden, den Bin Laden und seine Freunde uns zufügen können – so schrecklich dieser bis jetzt gewesen ist –, ist nichts im Vergleich zu dem, was er unseren Freiheiten angetan hat.«[62]

In den Jahren vor 9/11 hatte die Anti-Globalisierungs-Bewegung in den USA zu massiven, teils gewaltsamen Protesten geführt, viel Aufmerksamkeit bekommen und einige Erfolge erzielt: So konnte etwa die Konferenz der Welthandelsorganisation in Seattle 1999 nicht mehr planmäßig zu Ende geführt werden. Die Verhandlungen scheiterten (freilich auch aus anderen Gründen), und die Kritik an der Globalisierung, vorher ein Randthema, war in aller Munde.[63]

Weil nach 9/11 der Widerstand gegen die Globalisierung aufgrund der Anti-Terror-Maßnahmen und der patriotischen Stimmung schwieriger, wenn nicht unmöglich wurde, nutzte die Bush-Administration die Gelegenheit, Neoliberalismus und den Freihandel auszuweiten und nach Möglichkeit unwiderruflich zu machen. Eine aggressive Wirtschaftspolitik wurde als Mittel gegen den Terrorismus empfohlen[64], und es wurde zaudernden Kongressabgeordneten gegenüber als patriotische

Pflicht verkauft, der Regierung freie Hand zu lassen, um nach Gutdünken liberalisierende Handelsabkommen zu schließen.[65] 9/11 trug damit dazu bei, dass demokratische sowie nationale und andere rechtsstaatliche Mechanismen zur Kontrolle der Weltwirtschaft und des weltweiten Finanzwesens weiter abgebaut wurden.

Das Projekt der kulturellen Schließung der Heimatfront, das seit jeher in das neokonservative Projekt eingeschrieben gewesen ist, hatte aber noch eine weitere, verblüffende Folge. Es führte nach 9/11 zu konzertierten rhetorischen Attacken auf die feministischen und emanzipatorischen Errungenschaften der Jahrzehnte davor. Um die Kräfte der Gesellschaft gegen die Schrecken des Terrors und für die kommenden militärischen Auseinandersetzungen zu stärken, schien es aus konservativ-patriotischer Perspektive wichtig, die traditionellen Familienstrukturen zu stärken und wiederherzustellen. Eine Nation im Krieg braucht die Frau am Herd, lautete die Botschaft.

Susan Faludi beschreibt, wie gezielt die US-Regierung und die ihr treuen Medien nach 9/11 die Emanzipation bekämpften, weil sie angeblich die Kriegsbereitschaft des Landes und die Männlichkeit der Amerikaner unterminierte: »Im Herbst und Winter 2001 galt die Frauenbewegung nicht bloß als ein innenpolitisches Ärgernis; sie wurde vielmehr zum Feind erklärt, zur Fünften Kolonne im Krieg gegen den Terror. [...] Feminismus war Verrat.«[66] Mit Nachdruck wurde die Rückkehr in die vermeintlich heile Welt der Vorstadtfamilie der fünfziger Jahren propagiert[67], wie sie noch zwanzig Jahre später von Donald Trump hochgehalten wird.

Das größte Problem mit dem Versuch, die Gesellschaft auf die patriotische und neokonservative Linie der Regierung zu bringen, hatten jedoch nicht die Feministinnen, sondern die amerikanischen Muslime. Es kam zu zahlreichen Attacken und

Pöbeleien gegen sie oder Menschen, die für Muslime gehalten wurden, wie etwa die Sikhs, die wegen ihrer Tradition, einen Turban zu tragen, den idealtypischen orientalischen Fremden symbolisierten.[68] Aus historischer Perspektive betrachtet sind Muslime und Sikhs jedoch häufig verfeindet gewesen.

Die Angst vor sogenannten Schläfern ging um, in Europa ebenso wie in den USA: Gemeint waren normal und unauffällig lebende Muslime wie etwa der einstige Hamburger Student und spätere Attentäter Mohammed Atta, die auf ein geheimes Zeichen Terrorangriffe begehen würden. TV-Produktionen und die Filmindustrie nahmen den Stoff dankbar auf und trugen ihren Teil dazu bei, die Angst vor Fremden zu schüren. Viele wussten auf einmal nicht mehr, was sie von ihren arabischen und muslimischen Nachbarn halten sollten – besonders dann, wenn sie, wie es in der Regel der Fall war, mit diesen Nachbarn kaum Kontakt hatten und sie nicht wirklich kannten. Die Figur des Schläfers, schreibt der Kulturwissenschaftler Allen Feldman, »ermächtigt und legitimiert die öffentlichen Sicherheitsapparate«.[69] So paradox es klingt: Das Gefühl von Bedrohung stabilisiert und verfestigt das System, das sich bedroht fühlt. Es ist daher nicht bloß natürlich gegeben, sondern immer auch aus einer bestimmten Interessenlage heraus gemacht und forciert.

Als ich selbst nach 9/11 begann, die alte, 1963 gegründete arabische Kulturzeitschrift des Goethe-Instituts für den Dialog mit der islamischen Welt[70] auf die neuen Herausforderungen umzustellen, hatten wir auf unserer damals noch ziemlich rudimentären Website eine Kommentarfunktion. Aber konnte man den Kommentaren der Araber trauen? Ich wurde von den Verantwortlichen des Goethe-Instituts dazu aufgefordert, die arabischen Wortmeldungen daraufhin zu untersuchen, ob sie nicht vielleicht verschlüsselte Nachrichten für solche zu allem bereiten »Schläfer« enthielten. Diese Vorstellung war grober Unfug, wie sofort klar war; die Episode vermittelt jedoch einen plastischen Eindruck von der Verunsicherung und Panik, ja Hysterie bezüglich allem, was arabisch oder islamisch anmutete.

»Der enge Fokus auf die Bekämpfung des Terrorismus wurde mit einem umfassenderen Projekt zur Neugestaltung der kulturellen Identität von Muslimen verwechselt«, stellt der Politikwissenschaftler Arun Kundnani fest.[71] Aus den von allen Seiten geäußerten Vorbehalten gegenüber dem Islam erwuchs eine neue, populistische islam- und fremdenfeindliche Bewegung, die sich über die in jener Zeit neu entstandenen sozialen Netzwerke nahezu ungezügelt ausbreitete. Diese Bewegung war in ihren Anfängen mit Teilen der konservativen Mainstream-Publizistik gut vernetzt, und oft waren die Übergänge fließend.[72] Die Abgrenzung zwischen dem, was noch Mainstream war und in großen Medien gesagt werden konnte, und andererseits dem, was in den Meinungshexenküchen des Internets vor sich hin köchelte und brodelte, war zunehmend schwer zu ziehen. Wies man auf die Problematik der Radikalisierung des öffentlichen Diskurses hin, konnte man zwar hier und da auf Verständnis und Gleichgesinnte hoffen, galt insgesamt aber als Außenseiter, »Islamapologet«, wenn nicht geradezu als »Islamisierer«.

KRITIK AN DEN USA UND
DIE EINSCHRÄNKUNG DER
MEINUNGSVIELFALT

9/11 war ein globales mediales Ereignis, »ein absolutes Ereignis«[73], wie Jean Baudrillard schrieb. Die Bilder und Filme der einstürzenden Türme des World Trade Center stehen in den Geschichtsbüchern neben den Fotos der Mondlandung, der Leichenberge in den befreiten NS-Konzentrationslagern oder der amerikanischen Atombombenabwürfe auf Hiroshima und Nagasaki am Ende des Zweiten Weltkriegs.

Hiroshima vermachte dem Trümmerhaufen in Manhattan auch den Namen, der bald in aller Munde war: *Ground Zero*, wörtlich übersetzt »Nullgrund«, also in etwa das, wozu wir auf Deutsch »verbrannte Erde« sagen oder mit einem leicht positiveren Beiklang: »Stunde null«. Freilich war »Ground Zero« im Englischen kein gängiger Ausdruck wie »verbrannte Erde« auf Deutsch. Er wurde vor 9/11 praktisch nur für Hiroshima verwendet. Das »Oxford English Dictionary« definiert »ground zero« als jenen Flecken Erde, »der unmittelbar unter einer explodierenden Bombe liegt, insbesondere einer Atombombe«.[74] Nun »suchte Hiroshima 9/11 regelrecht heim«, wie die amerikanische Kulturkritikerin Gene Ray schreibt.[75] Das Kapitel Hiroshima (und Nagasaki) ist aber in den USA kaum je für breite Bevölkerungskreise kritisch aufgearbeitet worden. Eine geplante Ausstellung über die Atombombenabwürfe im Washingtoner Luftfahrtmuseum, in deren Zentrum ein Raum mit nie gezeigten Bildern unter dem Titel »Ground Zero« gestanden hätte, musste 1995 nach rabiaten Protesten von Veteranenverbänden und 81 Kongressabgeordneten abgesagt werden.[76] Nur die wenigsten erinnerten sich nach 9/11 daran, dass der Ursprung der Rede von »Ground Zero« in Hiroshima lag.

Anders als die gängige amerikafreundliche Geschichtsschreibung der Nachkriegszeit – die Geschichtsschreibung des Siegers – suggerierte, waren die Atombombenabwürfe keineswegs nötig, um die Kapitulation Japans und das schnelle Ende des Krieges zu erzwingen.[77] Die japanische Niederlage war zur Zeit der Abwürfe bereits besiegelt. Es ging nur noch um die Frage, unter welchen Bedingungen der Krieg beendet werden würde. Die beiden nuklearen Explosionen waren als Machtdemonstration gedacht, vor allem mit Blick auf die Sowjetunion, die nach dem Sieg über Hitlerdeutschland übermütig zu werden drohte. Den Sowjets gegenüber diente das in Hiroshima und Nagasaki statuierte Exempel als Beweis für die Bereitschaft, dass die Amerikaner jedes Mittel einsetzen würden, wenn es darauf ankäme – auch solche nie gesehenen Waffen.[78] Dafür genügte es nicht, die Atombombe nur zu Testzwecken abzuwerfen. Man musste Menschen wirklich töten, wollte man signalisieren, dass man vor einem Massenmord nicht zurückschreckte. Und so geschah es. Durch die beiden Bomben starben mehr als 200 000 Menschen.[79]

»Gerade die Überschreitung geltender Normen der Kriegsführung besitzt ein enormes symbolisches Potenzial, das nicht nur den Ausnahmezustand des Krieges signalisiert, sondern auch den Willen zum Einsatz äußerster Mittel performativ unter Beweis stellt«, schreibt der Soziologe Werner Binder über die Atombombenabwürfe als Teil der Vorgeschichte zum Irakkrieg.[80] Gemäß derselben Eskalationslogik, wenngleich auf konventionellere Weise, sollte später der sogenannte »Islamische Staat« die »geltenden Normen der Kriegsführung« überschreiten, wie wir sehen werden (vgl. S. 188).

Lag in der Übertragung der Rede vom »Ground Zero« von Hiroshima nach New York womöglich das klammheimliche Eingeständnis der Amerikaner, dass sie an der Weltlage, die für den Terror mitverantwortlich ist, nicht ganz unschuldig waren? Das jedenfalls schien, bewusst oder unbewusst[81], die Frage zu suggerieren, die bald in aller Munde war: »Why do they hate us?«, »Warum hassen uns die Terroristen?«.[82]

Eine der Antworten, die niemand hören wollte, formierte sich im Kopf des jungen afroamerikanischen Schriftstellers Ta-Nehisi Coates, der zwei Monate zuvor mit seiner Frau und seinem kleinen Sohn in die Stadt gekommen war und von Brooklyn aus nach Manhattan blickte. Er erinnert sich so: »Wir standen da und starrten auf die riesigen Rauchschwaden, die Manhattan Island zudeckten. Jeder kannte jemanden, der jemanden kannte, der vermisst wurde. Ich aber betrachtete die Ruinen von Amerika mit kaltem Herzen. […] Ich fühlte mich nicht im Einklang mit der Stadt. Ich dachte fortwährend daran, dass das südliche Manhattan für uns schon immer Ground Zero gewesen war. Dort hatten sie unsere Körper versteigert, in diesem verwüsteten, passend benannten Finanzviertel.«[83]

Die Wucht der Anschläge wurde dadurch verstärkt, dass sie wie die Verwirklichung ältester apokalyptischer Visionen wirkten. Hollywood hatte in zahllosen Filmen ähnliche Katastrophen in Szene gesetzt, und viele von ihnen spielten in New York; nun war es, als ob sie Wirklichkeit geworden wären. Die Anschläge und der folgende »Krieg gegen den Terror« wurden ihrerseits in zahlreichen Büchern, Filmen und Serien thematisiert und parallel zum realen Krieg gegen den Terror in der Fiktion noch einmal ausgefochten, manchmal erfolgreicher als in der Realität, überraschend oft aber auch ähnlich mörderisch und ernüchternd, etwa in der aus acht Staffeln bestehenden, über fast zehn Jahre hinweg produzierten TV-Serie »Homeland«.

Die Traumaforschung ihrerseits hat darauf hingewiesen, dass medial vermittelte Katastrophen, wenn die eigene Nation, die eigene Gruppe davon betroffen ist, eine traumatische Erfahrung darstellen können: »9/11 führte dazu, dass die Unterscheidung zwischen unmittelbaren Terroropfern und dem Rest der Nation zu verschwimmen begann. Die nach 9/11 durchgeführten Studien gelangten zu dem Schluss, dass auch Menschen, die nicht unmittelbar Opfer von Terror geworden waren, PTBS-Symptome (Posttraumatische Belastungsstörung) entwickeln konnten, wenn sie infolge eines ausgeprägten Gemeinschaftsgefühls oder auch durch Direktübertragungen oder endlose Wiederholungen begannen, sich mit den Opfern zu identifizieren.«[84]

In Kunst, Literatur und Philosophie haben die Anschläge zu fundamentalen Überlegungen und Einsichten geführt.[85] Vom Einbruch der Realität in eine Welt, die nur noch aus Bildern und Simulationen zu bestehen schien, war die Rede. Aber, so fragte der französische Philosoph Jean Baudrillard, »übertrumpft die Realität wirklich die Fiktion? Wenn es so scheint, liegt es daran, dass die Wirklichkeit auf die Fiktion eifersüchtig geworden ist […]. Es ist eine Art Duell zwischen den beiden, wer am unvorstellbarsten ist.«[86]

Der deutsche Komponist Karlheinz Stockhausen schlug fünf Tage nach den Anschlägen in eine ähnliche Kerbe und verursachte einen Skandal. Er sagte: »Was da geschehen ist, ist – jetzt müssen sie alle ihr Gehirn umstellen – das größte Kunstwerk, das es je gegeben hat.«[87] Das gab Ärger. Eine große Konzertreihe mit seinen Werken auf dem Hamburger Musikfest wurde abgesagt. Die sogenannte »Cancel Culture«, also die ungute Praxis, Veranstaltungen abzusagen, weil Äußerungen oder Aktionen von Künstlern oder Vortragenden auf Missfallen stoßen, nahm ihren Aufschwung nicht auf der linken Seite des politischen Spektrums, sondern mit dem Geist aus der Asche von Ground Zero.

Neben habituellen Mitleids- und Solidaritätsbekundungen für die USA – Palästinenserchef Arafat spendete in einem PR-

Coup Blut für die Opfer, um dem Eindruck palästinensischer Schadenfreude entgegenzuwirken – gab es früh auch warnende und kritische Stimmen. Adonis, der dreißig Jahre zuvor das Gedicht »Ein Grab für New York« geschrieben hatte, sagte in einem Beitrag für eine deutsche Wochenzeitung über die Reaktion der USA: »Der Krieg zeigt, dass Globalisierung im Wesentlichen ein Bündnis zwischen politischen Systemen und Institutionen ist, nicht zwischen Völkern und Kulturen. Globalisierung ist in erster Linie Militärpolitik, bei der die wirtschaftlichen Aspekte von Produktion und Konsum im Vordergrund stehen. […] Mit anderen Worten, die Globalisierung festigt sich als Globalisierung der Maschinen und ihrer Kriege, nicht der Menschen und ihrer schöpferischen Leistungen.«[88]

Damit war bereits ziemlich genau die Politik erfasst, die zu diesem Zeitpunkt forciert wurde und rückblickend, zwanzig Jahre später, unübersehbar geworden ist: die Eskalation der Globalisierung unter wachsender Umgehung »der Menschen und ihrer schöpferischen Leistungen«.

Die bekannte indische Autorin Arundhati Roy schrieb am 29. Oktober 2001: »Es ist jetzt an der Zeit, dass die Menschheit stillhält, dass sie in ihre Quellen der kollektiven Weisheit, sowohl in der Antike als auch in der Moderne, eintaucht. Was am 11. September geschah, hat die Welt für immer verändert. Freiheit, Fortschritt, Reichtum, Technologie, Krieg – diese Worte haben eine neue Bedeutung erhalten. Die Regierungen müssen diesen Wandel anerkennen und ihre neuen Aufgaben mit einem Mindestmaß an Ehrlichkeit und Bescheidenheit angehen. Leider gab es bisher keine Anzeichen für eine Selbstreflexion der Führer der Internationalen Koalition. Oder der Taliban.«[89]

In Deutschland mit seiner starken pazifistischen Tradition wurden diese Stimmen wahrgenommen. Ulrich Wickert, damals Deutschlands bekanntester Nachrichtensprecher, wagte es, in einem Kommentar für eine Illustrierte Arundhati Roys provokante Aussage zu zitieren, bei Bin Laden handle es sich um den »finsteren Doppelgänger« von George W. Bush. Obwohl Wickert sich gar nicht in der ARD geäußert hatte, forderte Angela Merkel, damals Oppositionsführerin, seine Entlassung[90], würde er seinen Kommentar nicht zurücknehmen und sich entschuldigen; was er dann tat, auch auf Drängen seines Arbeitgebers, des NDR.[91]

Eine ähnliche Stimmung, nur verstärkt, herrschte in den USA, wo eine populäre TV-Show mit dem ironischen Titel »Politically Correct« (»Politisch korrekt«) unter Druck geriet und wenige Monate später eingestellt wurde, weil der Showmaster und Comedian Bill Maher mit der Meinung unter anderem von Susan Sontag übereinstimmte, die Attentäter seien keine Feiglinge gewesen.[92]

Freilich: Susan Sontag und Arundhati Roy hatten ihre Meinung problemlos äußern können (im britischen *Guardian* und in der *Frankfurter Allgemeinen Zeitung*), auch wenn sie dafür viel Kritik ernteten.[93] Diese Abwehr-Kritik (das heißt die Kritik an der Kritik) vonseiten rechter und konservativer Publizisten und Medien – gleichsam den Wachhunden des *Juste Milieu*, des dominanten Systems – diente dazu, progressive politische Ansichten unter eine Art Quarantäne zu stellen. Die Artikel von Sontag und Roy waren auf den weniger beachteten Kulturseiten veröffentlicht worden und für Leute geschrieben, die Bücher lasen und die Werke der Autorinnen kannten, schätzten und verstanden. Die große Mehrheit in der Bevölkerung, welche nötig gewesen wäre, um tatsächlich einen Meinungsumschwung zu bewirken, erreichten sie nicht. In dem Moment aber, als populäre, viel gesehene TV-Stars wie Wickert oder Bill Maher diese kritischen Meinungen übernahmen und weiterverbreiteten, war das an Opposition und Meinungsvielfalt mehr, als die Hüter der bestehenden Ordnung glaubten dulden zu dürfen.

Von heute aus betrachtet kündigten sich damals bereits die Frontlinien in den Meinungskämpfen an, die Europa und die USA mit jedem Jahr mehr in Atem halten. Der wahre Grund für die rabiate Reaktion vonseiten konservativer, rechter und stramm transatlantisch gesinnter Kreise gegen Stimmen, die vom Konsens abwichen, war indessen deutlich schwerwiegender, als es ein bloßer Kampf um Meinungen ist.

Aus der Perspektive des Jahres 2021 sehen wir klar, dass diejenigen, die die überstürzte und eskalierende Politik der USA kritisierten, weitgehend recht hatten, als sie vor dem Desaster warnten, das diese Politik bewirken würde: Zwanzig Jahre später ist dieses Desaster auf allen Feldern der 9/11-Politik eingetreten. Nicht einmal im Sinn konservativer oder rechter Strategen hat die US-Politik etwas Brauchbares, Gutes, bleibend Positives bewirkt. Statt die eigene Hegemonie auszubauen, hat diese Politik ihre heutigen Widersacher erst groß gemacht, vor allem Russland und China, die 2001 keine Konkurrenz für die USA waren. Und so geeint, wie die USA nach 9/11 oberflächlich betrachtet wirkten – wenngleich nur dank eines erheblichen massenmedialen Mainstreamings und der geschilderten »weichen« Zensurmaßnahmen –, so gespalten sind sie zwanzig Jahre später.

Könnte es sein, dass die harte Reaktion gegen die Kritiker an der amerikanischen 9/11-Politik, dass das Abwürgen jeder ernsthaften, ergebnisoffenen Diskussion bereits damals einer dunklen Ahnung geschuldet war, der Ahnung nämlich, dass wirklich etwas auf dem Spiel stand, dass die Anschläge nicht nur einfach mörderisch, perfide, böse waren, sondern dass sie die bestehende Ordnung tatsächlich ins Mark getroffen hatten, ihre Fundamente zum Wanken brachten?

Sobald man innehielte und darüber nachdachte, was geschehen war, und sobald man die Ursachen und Zusammenhänge ernsthaft erforschte und folglich damit beginnen müsste, die Strukturen anzutasten, die den Terror möglich gemacht hatten – etwa die allzu enge Verbindung Saudi-Arabiens zur amerikanischen Ölindustrie, inklusive der Familie Bush, die im Ölgeschäft reich geworden war[94] –, würde sich unweigerlich herausstellen, dass die bis dahin vorherrschenden Meinungen und Selbstverständlichkeiten ebenso wie die dahinter liegenden globalen wirtschaftspolitischen und sozialpolitischen Verhältnisse nicht mehr aufrechtzuerhalten und nicht mehr zu rechtfertigen waren.

Die USA und die von ihnen gestützte globale Ordnung – ich werde sie im letzten Kapitel ausführlicher beschreiben – waren, ohne dass die Attentäter oder ihre Drahtzieher das je so klar hätten voraussehen und planen können, in eine Falle geraten. In der Bildlichkeit des Schachspiels ausgedrückt: Sie waren in eine Situation geraten, wo das Beste, was sie für sich noch herausholen konnten, ein Remis war. Dieses Remis aber hätten sie ihren Gegnern, dem ganzen nichtwestlichen »Rest« der Welt, schon sofort anbieten müssen: Mit jedem weiteren Zug, unternommen im Glauben, das Spiel leicht zu gewinnen, kamen sie ihrer Niederlage ein Stück näher. Die Falle aber bestand nicht zuletzt darin, dass ihnen schon ein Remis unweigerlich wie eine Niederlage vorgekommen wäre. Die Möglichkeit, *nicht* zu gewinnen, war im eigenen Weltbild nie vorgesehen gewesen. Bereits im Oktober 2001 sprach Jean Baudrillard daher vorausschauend vom »Sieg des Terrorismus«.[95]

Und tatsächlich: Gar nicht zu reagieren oder bloß selbstkritisch und pazifistisch, wie es sich manche linke Kommentatoren vielleicht gewünscht hätten, war keine realistische Option für die USA, wollten sie nicht ihr Gesicht, ihre Abschreckungsfähigkeit und den Respekt der anderen verlieren. Und genau deswegen, weil die Anschläge in ihrer maßlosen Brutalität und Verachtung für alle Werte den Angegriffenen keine realpolitische Alternative ließen, als zurückzuschlagen, waren die USA in eine Falle geraten, aus der sie sich selbst und aus der ihre Verteidiger sie nicht mehr retten konnten.

9/11 setzte die USA schachmatt, ohne dass sie es begriffen. Das ähnelte der Art und Weise, wie Österreich-Ungarn nach der Ermordung des Thronfolgers Franz Ferdinand in Sarajevo durch serbische Terroristen im Sommer 1914 in eine Falle geraten war, aus der es keinen Ausweg gab als den Krieg, der schließlich der Erste Weltkrieg wurde; oder aber einen Gesichtsverlust, der letztlich ebenfalls den eigenen Untergang eingeleitet hätte, allenfalls einen weniger blutigen, keinen mit weltweiten Folgen.

Ein Präsident Al Gore hätte unter ähnlichen Zwängen gestanden wie Bush, aber zumindest hätte er bereits eine politische Neuausrichtung eingeleitet und Prioritäten gesetzt, die vom Terror unabhängig waren, wie etwa die Klimaziele. Die Anschläge wären für seine Regierung daher nicht die Falle gewesen, in die Bush und sein Team geraten sind. Er hätte sich herauswinden könnten, weil er noch andere Visionen, Ziele, Aufgaben sah. Bush hingegen trat die Flucht nach vorn an, suchte die schwarze Energie des Terrors auf seine neokonservativen Mühlen zu lenken und erlaubte es damit der von Bin Laden ausgelegten Schlinge, sich mit jedem Jahr weiter zuzuziehen, bis schließlich auch ein Obama nicht mehr wusste, wie er herauskommen sollte, obwohl es ihm gelang, Bin Laden zu töten.

Das Schicksal der kritischen und warnenden Intellektuellen nach 9/11, nämlich sagen zu können, was sie wollten, aber nicht wirklich angehört, erhört zu werden, erinnert gleichfalls an den Sommer 1914. Wer sich damals traute, seine Stimme gegen die Kriegstreiberei zu erheben, wie etwa Hermann Hesse in

Deutschland oder Romain Rolland in Frankreich, wurde daraufhin als ebenso unpatriotisch verschrien wie die kritischen Intellektuellen nach 9/11 als »hysterisch antiamerikanisch«.[96] Wie sich jedoch zeigte, hatten sie mit ihren Warnungen vor gut einhundert Jahren genauso recht wie die kritischen Stimmen nach 9/11 vor zwanzig Jahren.

DIE JAGD BEGINNT; GUANTANAMO

Eine der ersten nach außen gerichteten Reaktionen der Bush-Regierung auf die Anschläge bestand darin, den in Afghanistan herrschenden Taliban ein Ultimatum zu stellen: Sie sollten Bin Laden ausliefern, oder es würde Krieg geben und die Amerikaner ihn sich holen. Für dieses Vorhaben erhielten die USA breite Unterstützung von ihren Verbündeten. Erstmals in ihrer Geschichte rief die NATO den Bündnisfall aus. Bin Laden dürfte das als Ehre und ersten kleinen Sieg aufgefasst haben. Der UN-Sicherheitsrat erklärte 9/11 in zwei Resolutionen (1363 und 1373) zum kriegerischen Angriff und gestand damit den USA offiziell das Recht zur Selbstverteidigung zu. Doch die Taliban lieferten Bin Laden nicht aus.

So begann am 7. Oktober der Luftkrieg gegen die Taliban und al-Qaida. Bin Laden freilich blieb verschwunden, wenngleich nicht völlig: Regelmäßig machte er mit Audio- und Videobotschaften aus seinen wechselnden Verstecken auf sich aufmerksam und legte damit den Finger in eine offene Wunde: dass die amerikanische Kriegsmaschinerie partout nicht in der Lage war, den gesuchtesten Mann der Erde zu finden oder zu töten: »Wanted, dead or alive« (»Gesucht, gleich ob tot oder lebendig«), hatte George Bush am 17.9.2001 auf CNN über Bin Laden gesagt.

Um beim Kampf gegen den Terror und die Jagd auf seine Hintermänner wenigstens einen Scheinerfolg vorweisen zu können, begannen die USA, in Afghanistan und andernorts zahlreiche Menschen unter dem Verdacht festzunehmen, Terroristen und Unterstützer von al-Qaida zu sein. Nach amerikanischer Lesart handelte es sich bei ihnen nicht um Kriegsgefangene, denen international festgelegte Rechte zustehen, sondern um »feindliche Kombattanten« ohne akzeptierten rechtlichen Status.

In der von den USA seit 1903 für unbegrenzte Zeit gepachteten Marinebasis Guantanamo Bay im Osten Kubas entstand ein Gefangenenlager für diese »Kombattanten«. Dort konnten sie sogenannten verschärften Verhörmethoden unterzogen werden, das heißt ausgeklügelten, in der Regel nicht nachweisbaren Folterungen, ohne dass die auf dem amerikanischen Festland geltenden Gesetze verletzt worden wären. Die weit verbreitete Praxis des »Waterboardings«, ein simuliertes Ertränken, führte zu besonders hitzigen Diskussionen.

Im Lauf der letzten zwanzig Jahre sind die meisten Gefangenen aus Guantanamo entlassen worden; viele von ihnen waren unschuldig; einige sind in amerikanische Gefängnisse überführt oder an andere Staaten überstellt worden. Andere haben sich nach der Entlassung wieder den Djihadisten angeschlossen und wurden erneut aufgegriffen oder bei Drohnenangriffen getötet. Trotz ernst gemeinter Versuche von Präsident Obama, das Lager aufzulösen, besteht es immer noch. Man weiß nicht, wohin mit den Gefangenen, kann sie nach amerikanischem Recht nicht verurteilen, möchte sie aber auch nicht freilassen. Abgesehen von der Frage, wohin man sie entlassen soll, denn kaum jemand möchte sie aufnehmen. Trump ordnete 2018 an, das Lager unbegrenzt offen zu halten.[97]

Die Zustände in Guantanamo verschafften Bin Laden, dem

antiwestlichen Djihadismus sowie allen, die dem »Westen« seit jeher Doppelzüngigkeit und Heuchelei vorwarfen, einen weiteren, unverhofften Triumph: Die USA haben ihre eigenen rechtsstaatlichen Prinzipien verraten, ohne dadurch einen nennenswerten Erfolg im »Krieg gegen den Terror« zu erzielen. Stattdessen sind weitere antiamerikanische Ressentiments und Zweifel an der Glaubwürdigkeit des Menschenrechtsdiskurses gesät worden, besonders unter Muslimen.

Zu den von den USA nach Guantanamo überführten Gefangenen zählte auch der in Bremen geborene, mit festem Wohnsitz in Deutschland lebende türkische Staatsbürger Murat Kurnaz. Er war ungeschickterweise ausgerechnet im Oktober 2001 zu einer fundamentalistischen islamischen Gruppierung nach Pakistan geflogen, von der Polizei dort festgenommen und, wie es auch in anderen Fällen vorkam, gegen ein Kopfgeld an die Amerikaner ausgeliefert worden, die ihn des Terrorismus verdächtigten. Einen Beweis dafür gab es nie.

Dennoch wurde Kurnaz bis 2006 ohne Anklage in Guantanamo festgehalten. Zwar hatten die USA bereits 2002 angeboten, Kurnaz nach Deutschland zu überstellen, die Bundesrepublik weigerte sich jedoch, ihn aufzunehmen. Die Entscheidung, Kurnaz nicht nach Deutschland zu lassen, traf Frank-Walter Steinmeier, damals Chef des Bundeskanzleramts, auf Anraten von Hans-Georg Maaßen, damals Referatsleiter im Bundesinnenministerium, später Leiter des Bundesamts für Verfassungsschutz. 2018 wurde er wegen seiner Kritik an der Einschätzung der Bundesregierung zu rechtsextremen Protesten in Chemnitz entlassen. Maaßen hatte während seiner Amtszeit eine entschieden islamkritische, um nicht zu sagen islamfeindliche Haltung vertreten, die in Teilen der deutschen Sicherheitsbehörden nach 9/11 vorherrschend wurde. Durch den Fokus auf den Islam geriet die Gefahr eines deutschen Terrorismus von rechts aus dem Blick. Militante Tendenzen im rechtsradikalen Milieu erhielten damit Raum zur Entfaltung.

Der Versuch Maaßens und der deutschen Behörden, Kurnaz die Wiedereinreise nach Deutschland zu verweigern, steht beispielhaft für den Bruch mit einem Staatsverständnis, das an moralischen und grundgesetzlichen Prinzipien orientiert ist, zugunsten einer identitären Deutung des Staates als ethnisch sowie religiös homogene Nation. Nach 9/11 ist dieses aus dem 19. Jahrhundert stammende Verständnis des Nationalstaates weltweit wieder populär geworden.

In einem Gerichtsverfahren wurde Kurnaz schließlich das Recht zur Rückkehr nach Deutschland eingeräumt, die Rechtsstaatlichkeit gegen das Handeln der Regierung verteidigt. Die Teilung der Gewalten ist ihrer Aufgabe gerecht geworden: ein Beispiel dafür, dass es sich lohnt, sie gegen Übergriffe der Exekutive und gegen ein autoritäres Staatsverständnis zu verteidigen.

ZWEITER TEIL

VON DER VERTREIBUNG DER TALIBAN ZUM ENDE DER ÄRA 9/11

FRIEDHOF DER IMPERIEN, ZUM ERSTEN:
AFGHANISTAN

Anfang 2002 waren die Taliban aus den meisten Gegenden Afghanistans vertrieben. Die ISAF (Internationale Sicherheitsunterstützungskräfte), eine internationale Schutztruppe, sollte unter Führung der NATO und mit Beteiligung der Bundeswehr die Sicherheit im Land wiederherstellen und den Wiederaufbau unterstützen. Dahinter stand die Idee des »Nation-Building«, eine in der internationalen Politik seit den neunziger Jahren vieldiskutierte Losung für den Aufbau eines funktionierenden (National-)Staats. Das historische Paradebeispiel dafür war der Wiederaufbau Deutschlands und Japans nach dem Zweiten Weltkrieg.

Afghanistans Grenzen waren von Briten und Russen Ende des 19. Jahrhunderts eigens zu dem Zweck gezogen worden, eine Pufferzone zwischen dem englischen und dem russischen Imperium zu bilden. Dadurch sollte die Gefahr einer direkten Konfrontation zwischen den beiden großen, in Asien expandierenden Weltreichen verringert werden.[1] In Afghanistan selbst gab und gibt es wenig zu holen – die Bodenschätze sind schwer zugänglich, der ertragreiche Opiumanbau kann legal nicht genutzt werden.

1842 erlitten die Engländer in Afghanistan die größte Niederlage ihrer Kolonialgeschichte. Aber auch die verschiedenen muslimischen Großreiche vor ihnen, die Safaviden aus dem Iran und die Moghulen aus Indien, hatten erfahren müssen, dass Afghanistan kaum zu beherrschen war. Die Sowjetunion versuchte es Ende der siebziger Jahre trotzdem. Das Ergebnis ist bekannt: Kurz nachdem die Rote Armee das Land 1989 geschlagen verließ, brach das sowjetische Imperium zusammen. Die Mudjaheddin waren überzeugt, sie hätten ein Weltreich gestürzt. Warum sollten ihre Nachfolger, die Taliban, nicht versuchen, dasselbe zu wiederholen, als 2001 der »Westen« in Gestalt der Amerikaner und der ISAF kam? Nicht umsonst galt Afghanistan seit dem 19. Jahrhundert als »der Friedhof der Imperien« (»the graveyard of empires«).

Bush hatte in seinem Wahlkampf im Jahr 2000 wohlweislich erklärt, er »glaube nicht, dass unsere Soldaten für etwas eingesetzt werden sollten, was als Nation-Building bezeichnet wird«.[2] Nach 9/11 war dieses Versprechen zwar ein Stück weit hinfällig geworden; aber es erklärt die Zwiespältigkeit, von der die amerikanischen Militäreinsätze und Regimewechsel-Operationen der folgenden Jahre geprägt waren. Die eigentlich angestrebte leichtgewichtige Version des Imperiums[3] wäre nur zu haben gewesen, wenn alle anderen mitgemacht hätten, einschließlich der anvisierten Gegner. Nur warum sollten sie sich nach amerikanischen Wünschen richten?

Wie erwähnt, versuchten die Amerikaner zunächst, Mullah Omar, den »Emir« der Taliban, dazu zu bewegen, Bin Laden und seine Djihadisten auszuliefern. Es wäre die einfachste Lösung gewesen. Die USA hätten sich fortan voll auf den bereits geplanten[4] Krieg gegen den Irak konzentrieren können, ihr eigentliches Ziel. Aber Mullah Omar lehnte ab, der Versuch, ihn mit einer unbemannten Drohne zu töten, misslang[5], und der Afghanistankrieg wurde unausweichlich. Die Verantwortung für das, was nach dem Sturz der Taliban geschehen würde, lehnte US-Verteidigungsminister Donald Rumsfeld freilich ab: »Ich glaube nicht, dass wir dafür verantwortlich sind, welche Art der Regierung dieses Land haben sollte.«[6] Diese Einschätzung war voreilig, wie sich bald herausstellen sollte.

Die gefährlichen Bodenoperationen überließen die Amerikaner im Oktober 2001 zunächst verbündeten afghanischen Milizen und beschränkten den Einsatz eigener Kräfte auf Luftoperationen und Spezialkommandos. Mit diesem Szenario hatten die Taliban und Bin Laden gerechnet: Exakt zwei Tage vor 9/11, am 9. September 2001, wurde der wichtigste Gegner der Taliban, der in Nordostpakistan regierende Ahmad Shah Massoud, bei einem perfiden Anschlag ermordet. Massoud, im Kampf gegen die Rote Armee zu Ruhm und Ehren gelangt, galt als prowestlich, und sei es nur deswegen, weil er hervorragend Französisch sprach. Ihn frühzeitig auszuschalten war von teuflischer Genialität: Der aussichtsreichste Kandidat für die Herrschaft über ein mögliches neues Afghanistan war beseitigt, bevor Europa oder die USA überhaupt begriffen, warum man ihn ausgeschaltet hatte: im Blick auf den Kampf um Afghanistan *nach* 9/11.

Als die Taliban im November 2001 dann doch überraschend schnell vertrieben waren, wurde der 1957 geborene Hamid Karzai, der als Geschäftsmann in Pakistan reich geworden war und die Mudjaheddin unterstützt hatte, zum Wunschkandidaten des Westens aufgebaut. Die ISAF überwachte den Wiederaufbau im neuen Afghanistan, amerikanische Spezialtruppen und verbündete Warlords jagten die verbliebenen Kämpfer der Taliban. Diese Taktik entsprach der Vision vom »leichtgewichtigen Imperium«[7], das auf die Unterstützung anderer baute. Aber sie war gefährlich, wie sich bald zeigte. Joe Biden, damals demokratischer Senator, warnte bereits 2002: »Amerika hat die Taliban durch Warlords ersetzt […]. Ja, wir haben sie sogar zum Kern unserer Strategie gemacht.«[8]

Da die Amerikaner kein nennenswertes Interesse an Afghanistan als solchem hatten, überließen sie den Wiederaufbau und die Durchsetzung von Menschenrechten und demokratischer Mitbestimmung den Verbündeten von der ISAF, nicht zuletzt Deutschen und Franzosen, die sich mit zahlreichen NGOs und Entwicklungshilfeprojekten für die afghanische Zivilgesellschaft engagierten. Afghanistan bekam eine moderne, vorbildliche Verfassung, die sich sehr gut machte – auf dem Papier!

Aufgrund der bald einsetzenden Anschläge und Terrorattacken igelten sich die ISAF-Truppen zunehmend in ihren Camps ein. Sie hatten, anders als die Taliban und die Warlords, kaum Kontakt zur lokalen Bevölkerung und verloren dadurch an Ansehen. Besonders die Amerikaner waren wegen der Rücksichtslosigkeit ihrer Spezialtruppen und ihrer Luftangriffe verschrien. Ein ehemaliger ziviler Mitarbeiter der Bundeswehr in Afghanistan erzählte mir noch im Sommer 2019 über seine Erfahrungen dort, dass die US-Truppen zeitweise unter deutscher Flagge durch afghanische Dörfer fuhren. Sie taten dies nicht nur, um die Gefahr von Attacken zu verringern, sondern um den als besonders korrekt geltenden deutschen Soldaten in die Suppe zu spucken und ihren Ruf anzukratzen. Dies gelang, denn auch unter deutscher Flagge benahm sich die US-Army wie die US-Army und unterminierte das Vertrauen der Bevölkerung in die ISAF-Mission insgesamt. Beschwerden darüber bei der US-Armee seien sinnlos gewesen, erklärte mir mein Gewährsmann auf Nachfrage. Sie hätten alles konsequent abgeleugnet, und die Deutschen hätten es nicht gewagt, einen offenen Streit zu riskieren.

Vordergründig betrachtet lief zunächst alles nach Plan. Karzai wurde 2004 in den ersten freien Wahlen seit mehr als einem Vierteljahrhundert mit knapp 55 Prozent der Stimmen zum Präsidenten gewählt. Parallel dazu lief der Aufbau von Polizei und Armee. Im Kampf gegen die erstarkenden Taliban standen sie an vorderster Front und zählten die meisten Opfer. Aber auch der zivile Wiederaufbau verlief holprig. Weder die afghanische Bevölkerung noch die afghanische Regierung hatte nennenswerten Einfluss darauf, wie die von Europa bereitgestellten Milliarden eingesetzt wurden. Die Geberländer trauten der Regierung, die von ihnen ins Amt gehievt worden war, offenbar selbst nicht. Folglich verfügte der Staat, den man aufbauen wollte, über keine nennenswerten eigenen Mittel.

Hinzu kam, dass viele der bereitgestellten Gelder über Umwege zurück in europäische oder amerikanische Taschen gelangten. »Die unerfreuliche Schattenseite der Bemühungen, eine neue Ordnung zu schaffen, besteht darin, dass die internationalen Mächte in erster Linie sich selbst fördern, ihre Budgets erhöhen und ihren Leuten gute Jobs besorgen. Ganz zum Schluss darf dann die afghanische Regierung die Hand aufhalten«, stellte der liberale kanadische Historiker und Politiker Michael Ignatieff schon 2002 fest.[9]

Auch die aus Deutschland entsandten Mitarbeiter der Hilfsorganisationen gaben ihre exorbitanten, durch Gefahrenzulagen aufgestockten Gehälter naturgemäß nicht in Afghanistan, sondern in Deutschland aus, wo sie sie auch versteuerten. Oder die Hilfsgelder wurden für die im Lauf der Jahre immer aufwendigeren, zuweilen paranoid wirkenden Schutzmaßnahmen ausgegeben. Nicht alle Vorhaben waren vergeblich. Insbesondere Infrastrukturprojekte verbesserten in einigen Regionen die Lage der Bevölkerung.[10] Die Idee eines Wiederaufbaus Afghanistans als moderner Staat nach mehr oder weniger europäischem Vorbild blieb nichtsdestoweniger ein utopisches Phantasieprojekt.

Im Herbst 2003 war ich selbst einige Wochen in Afghanistan, als eine deutsch-afghanische Schule und das neue Goethe-Institut mit großem Aufwand eröffnet wurden. Ich konnte damals ohne Angst vor Entführungen und Anschlägen frei durch die Straßen laufen und auf den Hügeln über der Stadt umherwandern. Anders als die zahlreichen UN-Mitarbeiter und Entwicklungshelfer war ich auf eigene Faust unterwegs und musste mich nicht an die offiziellen Sicherheitsauflagen halten.

Eines Abends war ich zu einer Party in einer Villa eingeladen, wo UN-Mitarbeiter und Entwicklungshelfer aus der ganzen Welt feierten. Man fühlte sich wie in New York, nur dass es abenteuerlicher war, weil alles, was wir taten, hier vor Kurzem noch mit dem Tod bestraft worden wäre. Als ich gegen vier Uhr morgens durch die einsamen Straßen nach Hause wankte, sah ich vor mir ein Licht wie aus einer Haustür. Ich lief darauf zu, aber da war keine Haustür, sondern nur eine Art Schalter auf Brusthöhe, wo ein Mann unter einer Neonlampe damit beschäftigt war, Teig zu kneten, während im Hintergrund eine Frau mit ihren Kindern schlief. Es war eine Bäckerei, die nur aus einem Zimmer mit einem Ofen bestand, wo zugleich die Familie des Bäckers lebte. Kein ungewöhnlicher Anblick in dieser Stadt, aber ich werde nie den gewaltigen Kontrast zur dekadenten Party vergessen, die ich gerade verlassen hatte.

Kurz bevor ich bei meinem Hostel ankam, tauchte hinter mir ein Militärjeep auf. An der Fahne war er als eine britische Patrouille der ISAF zu erkennen. Der Wagen hatte ein Maschinengewehr auf der Ladefläche, und entsetzt bemerkte ich, dass die Soldaten im Vorbeifahren auf mich zielten: Wenn irgendjemand sie hier bedrohte, dann wohl ich. Womöglich hätte es genügt zu stolpern oder in meiner Tasche nach dem Zimmerschlüssel zu suchen, um beschossen zu werden. Durch meinen nächtlichen Spaziergang war ich, wenn auch nur für eine halbe Minute, ins Visier der NATO-Schutztruppe geraten, und es war kein gutes Gefühl, der einzige Moment wirklicher Bedrohung während meiner Tage in Kabul. Wie musste sich das erst für Afghanen anfühlen? Wenn amerikanische Polizisten beim kleinsten Anlass auf afroamerikanische US-Bürger schießen, konnten

NATO-Soldaten zweifellos auf Afghanen feuern, ohne dass sie einen Richter zu fürchten hatten.

So geschah es am 4. September 2009. Die Taliban hatten in der Nähe des deutschen Feldlagers von Kunduz zwei Tanklaster entführt, die beim Versuch, den Kunduz-Fluss an einer flachen Stelle zu überqueren, im Wasser liegen geblieben waren. Während die Taliban vergeblich versuchten, die Laster wieder fahrtüchtig zu machen, lockte der Treibstoff die örtliche Zivilbevölkerung an, darunter Kinder und Jugendliche, die sich etwas davon abzapfen wollten.[11]

In der Hoffnung, Taliban zu erwischen, und um zu verhindern, dass sie die Laster wieder fahrtüchtig machten (nach manchen Berichten wurde befürchtet, dass damit ein Anschlag ausgeführt werden sollte), forderten die Deutschen amerikanische Luftunterstützung an und gaben den Befehl, die Tanklastzüge zu bombardieren. Unter Angabe teils wissentlich falscher Informationen wurden die Kontrollmechanismen umgangen, die dafür sorgen sollten, dass keine Zivilisten bombardiert würden. Beim folgenden Luftangriff wurden 91 Menschen getötet, elf schwer verletzt. »Unmöglich zu klären hingegen bleibt, wer von den Toten Talib oder Zivilist war. Dies schon deshalb, weil die Unterscheidbarkeit eine Fiktion ist«[12], schreiben die Journalisten Marcel Mettelsiefen und Christoph Reuter, die den Vorfall vor Ort recherchiert haben. Die Bundeswehr zahlte später allen Opferfamilien 5000 US-Dollar, freilich ohne dies als Schuldeingeständnis gewertet wissen zu wollen.[13]

Unabhängig von der Frage, wie die Rechtslage aussieht, der Angriff war mörderisch und überflüssig. Entgegen anfänglichen Behauptungen waren die deutschen Soldaten zu keinem Zeitpunkt gefährdet. Statt die Situation erkunden zu lassen, gab der zuständige Offizier, Oberst Klein, skrupellos den Befehl zu einem tödlichen Angriff. Selbst wenn unter den Opfern auch

Taliban oder deren Sympathisanten waren, ist die Aktion un-
ehrenhaft gewesen, um nicht zu sagen feige. Leider müssen wir
davon ausgehen, dass es in der fast zwanzigjährigen Afghanis-
tan-Mission der NATO-Staaten viele ähnliche Vorfälle gab, von
denen die wenigsten bekannt geworden sind.[14]

Als die amerikanische Politik des wohldosierten Desinteres-
ses an Afghanistan nach der Präsidentschaftswahl 2008 über-
dacht wurde und sich Obama für ein größeres Engagement
starkmachte, war es bereits zu spät. Die Taliban hatten sich re-
organisiert, modernisiert und der vernachlässigten Landbevöl-
kerung angedient, deren Opiumanbau sie tolerierten und von
dem sie profitierten. Die internationale Gemeinschaft, mit dem
Projekt zum Aufbau eines neuen afghanischen Staates ausgelas-
tet, schaffte es dagegen oft nicht einmal, ausreichend Saatgut für
vernünftige landwirtschaftliche Tätigkeit bereitzustellen, wie
der pakistanische Journalist Ahmad Rashid berichtet.[15]

Die Taliban führten einen klassischen Partisanenkrieg und
bauten dabei auf die Unterstützung eines Teils der Zivilbevölkerung, vor allem der ländlichen. Einen solchen Krieg kann eine
Besatzungsmacht zwar hinauszögern, aber nur schwer gewinnen. Je länger er dauert, desto kostspieliger wird er und desto
größer wird der Wunsch der Besatzer, sich zurückzuziehen. Das
ist alles nichts Neues und in der Kriegstheorie seit Langem schon
festgestellt: »Was wie ein militärischer Sieg des Partisanen aussah, war oft nichts anderes als die Beendigung eines Zustan-
des, dessen Aufrechterhaltung sich für die zeitweilige Kolonialmacht als unrentabel herausgestellt hatte.«[16] In diesem Sinn ist
der im Jahr 2020 anvisierte amerikanische Rückzug aus Afghanistan nichts anderes als die Einsicht in die Unrentabilität dieses
Krieges. Und trotzdem signalisiert er eine Niederlage.

Denn der Partisanenkrieg ist »dort besonders erfolgreich, wo
die Bevölkerung der Gebiete, in denen die Partisanen operie-

ren, sich ihrerseits nicht an Kosten-Nutzen-Bilanzen orientiert und die Partisanen unterstützt, ungeachtet der schweren Lasten, die dies für sie zur Folge hat«.[17] Die Annahme, die westliche Vision von Gesellschaft, mithilfe der NATO und von NGOs nach Afghanistan getragen, sei in jedem Fall vorteilhafter als die etablierte, die die Taliban zu verteidigen vorgaben, erwies sich als verhängnisvoller, eitler Irrtum.

Die daraus resultierende Niederlage trifft das westliche Entwicklungsmodell, die westliche Freiheitsrhetorik, das westliche Gerechtigkeitsversprechen insgesamt. Es ist bei zu vielen Afghanen nicht angekommen, und es erschien zu wenig glaubwürdig, um die Menschen ausreichend dazu zu motivieren, sich, wenn nötig, gegen die Taliban zu stellen und das eigene Leben zu riskieren; zu wenig glaubwürdig, um nicht aus einem alten Reflex heraus gegen eine fremde Besatzung zu sein, wie es die meisten Menschen von Natur aus wären, da »Freiheit« zunächst doch immer Freiheit von Fremdherrschaft meint.

Die Amerikaner blieben zehn Jahre länger als die Sowjets und führten 2020 Friedensverhandlungen[18] mit den Taliban. Das Land, das sie nach 9/11 aufbauen, gegen die Taliban verteidigen und irgendwie demokratisieren wollten, haben sie ihnen inzwischen fast wehrlos überlassen. Wenn es eines Beweises dafür bedurft hätte, dass die Afghanen recht damit hatten, sich den neuen Besatzern nicht einfach unkritisch in die Arme zu werfen, dann ist es der inzwischen vollzogene Friedensschluss mit den Taliban.[19]

Wenn aber Afghanistan wirklich der »Friedhof der Imperien« ist, können wir das amerikanische Eingeständnis, die Taliban nicht besiegen zu können, nicht für eine bloße Fußnote der Geschichte halten. Es ist vielmehr das sichtbarste Zeichen des Scheiterns der imperialen Ambitionen der USA. Es ist das Scheitern der neokonservativen und neoliberalen US-Politik, deren Vordenker keine zwanzig Jahre früher ein »neues Amerikanisches Jahrhundert« ausgerufen haben, eine »neue Weltordnung«, eine »pax americana«, und die so leichtfertig waren zu glauben, 9/11 biete die goldene Gelegenheit, dies alles zu verwirklichen, ohne auf nennenswerte Gegenwehr zu treffen.[20]

Die innenpolitische Krise, in welcher sich die USA 2020, dem Jahr des Friedens mit den Taliban, befunden haben, ist von der Corona-Pandemie, dem rassistischen Umgang mit nichtweißen Menschen (»people of colour«) und der Spaltung des Landes während der Trump-Präsidentschaft verursacht. Dennoch liegen die Zusammenhänge zu 9/11 klar zutage: Mit dem außenpolitischen Fokus auf dem Kampf gegen den Terror und mit der ebenfalls von rassistischen Stereotypen zehrenden Angst vor dem Islam wurde zwanzig Jahre lang von den historisch tief verwurzelten inneren Verwerfungen in der Heimat abgelenkt – Zeit genug, um sich auf dem Friedhof der Imperien ein Grab zu schaufeln, das exakt so groß ist wie die einstigen weltpolitischen Ambitionen.

FRIEDHOF DER IMPERIEN, ZUM ZWEITEN: IRAK

Meine ersten arabischen Freunde kamen aus dem Irak: Literaten und Dichter, die vor der Diktatur Saddam Husseins und der Einberufung in den Krieg gegen den Iran nach Europa geflohen waren. Wer nicht in Paris oder London unterkam, den Hauptstädten des arabischen Exils, ging nach Westdeutschland, viele nach Köln. Das Netzwerk der Exilanten reichte jedoch weit über Mitteleuropa hinaus, von Manila und Sydney bis nach New York und San Francisco, wo ich 1992 während eines Studienaufenthaltes an der Universität Berkeley Sargon Boulus (1944–2007) kennenlernte. Seiner Herkunft nach irakisch-assyrischer Christ, hatte er in den sechziger Jahren in Beirut mit Adonis zusammengearbeitet und wurde nach seiner Auswanderung in die USA der bedeutendste arabische Beatlyriker. Auch Kurden, Schiiten und Sunniten befanden sich unter meinen irakischen Freunden. Keiner von ihnen definierte sich über die Religionszugehörigkeit oder die ethnische Herkunft. Sie verstanden sich als rebellische Dichter, Anarchisten oder Kommunisten.

Sie alle wussten, dass sie nicht zurückkehren würden, solange Saddam herrschte. Als Künstler und Intellektuelle lebten sie im Exil unter prekären Umständen, und die Situation im Irak stellte eine große Belastung für sie dar: Das Land litt nicht nur unter Saddam und seinem Sicherheitsapparat, sondern seit den neunziger Jahren auch unter den drakonischen internationalen Sanktionen und wiederholten amerikanisch-britischen Strafbombardements. Die Hoffnung, dass das Regime von sich aus zusammenbrechen würde, war gering; wer konnte, floh. Das irakische Exil schien endlos.

All das änderte sich mit 9/11 und den folgenden Ankündigungen der Amerikaner, dass sie Saddam Hussein nicht länger dulden wollten. Fast alle meine irakischen Freunde standen politisch links. Sie schätzten die amerikanische Kultur, aber nicht den amerikanischen Imperialismus und die Sanktionen, unter denen ihre Familien litten. Jetzt setzten sie ihre Hoffnungen auf die amerikanische Entschlossenheit. Das war die einzige Chance, Saddam loszuwerden und den Irak wiederzusehen. Und vielleicht würde es tatsächlich gelingen, im Irak einen einigermaßen funktionierenden Rechtsstaat aufzubauen, womöglich sogar etwas wie eine Demokratie.

Infolge dieser Überlegungen mischte sich bei meinen Freunden Skepsis gegenüber den wahren amerikanischen Absichten sowie Angst vor der Zukunft mit Hoffnungen, Plänen und gespannter Erwartung. Auf die Frage freilich, ob die Amerikaner Saddam beseitigen sollten, antworteten sie alle mit »Ja«, was auch immer sie sonst von der amerikanischen Außenpolitik hielten.

Kurz vor dem Beginn des Irakkriegs diskutierte ich mit Jutta Limbach, der ehemaligen Bundesverfassungsrichterin, damals Präsidentin des Goethe-Instituts, über die amerikanischen Kriegspläne. Limbach war dagegen, ich machte schüchtern Einwände geltend: Könnte der Krieg nicht doch eine positive Entwicklung einleiten? Und wäre es nicht gut, wenn ein Henker wie Saddam von der Macht entfernt wird? »Henker, kehr in dein Kaff zurück. / Wir schmeißen dich raus, / dein Amt schaffen wir ab!«, lautet ein kurzes, ikonisches Gedicht von Sargon Boulus aus den neunziger Jahren.[21] Jutta Limbach brachte ihre ganze Autorität auf, um mir zu widersprechen: Man solle sich in dieser Sache nicht von seinen eigenen Wunschvorstellungen leiten lassen, sondern auf die Iraker hören! Genau das hatte ich versucht. Wer die irakischen Quellen von Jutta Limbach waren, wusste ich nicht.

Leider sollte die Geschichte der nächsten zwanzig Jahre nicht mir und meinen irakischen Freunden recht geben, sondern Jutta Limbach und ihren Gewährsleuten. Das kurze Gespräch zeigt das Dilemma auf, vor das Befürworter und Gegner des Kriegs gleichermaßen gestellt waren: Die amerikanische Irak-Invasion unter dem konstruierten Vorwand, Saddam besitze Massenvernichtungswaffen, stellte einen klaren Bruch des Völkerrechts dar. Mit demselben Recht könnten die Amerikaner irgendwann im Iran einmarschieren, die Iraner in Israel, die Chinesen in Taiwan oder die Mexikaner in den USA.

Trotzdem waren die Wünsche und Hoffnungen meiner irakischen Freunde und zahlloser anderer Iraker nicht unberechtigt. Aus einer höheren, gleichsam naturrechtlichen Perspektive betrachtet, unabhängig vom konkreten Völkerrecht, verfügten alle, die Saddam beseitigen wollten, über die besseren Argumente. Fast jeder, der von Saddam direkt betroffen war, teilte dieses naturrechtliche Argument; wohingegen jene, die auf die Regeln des Völkerrechts pochten, zumeist nicht persönlich von seiner Herrschaft betroffen waren. Welche der beiden Perspektiven das größere Recht für sich beanspruchte, war kaum sinnvoll zu entscheiden. Erst im Nachhinein schälte sich das Kriterium heraus, an dem die amerikanische Politik sinnvoll zu beurteilen war: Würde der Sturz Saddams den Bedürfnissen der Iraker gerecht werden?

Außer dem Wunsch der Iraker, der für die Amerikaner sicher nicht ausschlaggebend war, wurden weitere Gründe angeführt, um sich über das Völkerrecht hinwegzusetzen.[22] Der wichtigste war eine gezielte Propagandalüge: Wie erwähnt behaupteten die USA, der Irak besitze Massenvernichtungswaffen. Dafür wurden keine Beweise gefunden, wie die US-Administration aus Geheimdienstberichten bereits ahnte. Die Weltöffentlichkeit wurde belogen, um den Krieg als notwendig und im amerikanischen Sicherheitsinteresse liegend hinzustellen. Wenn aber die Entscheidungsträger selbst nicht an den vorgeschobenen Grund für den Irakkrieg glaubten, weil sie ihn erlogen hatten, stellt sich die Frage, was sie wirklich wollten.

Im Hintergrund stand vermutlich die neoimperiale Idee, die liberale Demokratie amerikanisch-westlicher Prägung auf dem Globus zu verbreiten im Glauben, dadurch die Welt sicherer zu machen.[23] Bereits Clinton hatte auf einen Regimewechsel im Irak hingearbeitet.[24] Der »Sieg« des Universalismus westlichen Stils im Kalten Krieg führte gemäß der These vom »Ende der Geschichte« (vgl. S. 66) zur Erwartung, dass sich früher oder später alle Gesellschaften am »westlichen« Modell orientieren würden. Dies brachte den Auftrag mit sich, dieses Modell auch dort zu implementieren, wo das bislang verhindert worden war. Der amerikanische Politikwissenschaftler Ken Jowitt schreibt: »Anfänglich übernahm die Bush-Regierung, wenn auch unausgesprochen, die These vom ›Ende der Geschichte‹, dass der ›Rest‹ der Welt auf mehr oder weniger natürliche Weise wie der Westen im Allgemeinen und wie die Vereinigten Staaten im Besonderen werden würde. Das hat sich mit dem 11. September geändert. In dessen Nachwehen ist die Bush-Administration zu dem Schluss gelangt, dass Fukuyamas historischer Fahrplan die Entwicklung zu sehr sich selbst überlasse. Die Geschichte brauche stattdessen Organisation, Führung und Lenkung.«[25]

Das Ergebnis dieses Schlusses war die sogenannte Bush-Doktrin, das heißt die Selbstermächtigung, »vorbeugende« (»preemptive«) Kriege führen zu dürfen: »Aus gesundem Menschenverstand und zur Selbstverteidigung«, so Bush, würden die USA »gegen auftauchende Bedrohungen handeln, bevor sie sich vollständig ausgebildet haben«.[26] Anders gesagt, 9/11 bot den durchaus willkommenen Anlass, ausgerechnet in der islamischen Welt mit der Demokratisierung, sprich »Verwestlichung« im Sinn Fukuyamas, anzufangen.

Im unterentwickelten, von jahrelangen Bürgerkriegen zerstörten Afghanistan war ein solches Vorhaben mühselig und wenig profitabel. Im Irak stellte sich das anders dar. Die Herrschaft Saddam Husseins, seit 1979 Generalsekretär der Baath-Partei und Staats- und Regierungschef, hatte das Land zwar in den Ruin getrieben. Aber davor, im Lauf der siebziger Jahre, war der Irak zu einem der modernsten und wohlhabendsten arabischen Staaten aufgestiegen. Er wies eine hohe Zahl von gut ausgebildeten Fachkräften auf und hatte, anders als Afghanistan, eine moderne, städtisch geprägte Mittelschicht. Meine irakischen Freunde brüsteten sich gern mit dem bekannten arabischen Spruch, dass die Bücher in Ägypten geschrieben und im Libanon verlegt, aber im Irak gekauft und gelesen würden. Überdies war der Irak seit alters die Heimat der größten arabischen Dichter. Davon wusste die amerikanische Politik freilich nichts, obwohl einige dieser Dichter in den USA lebten.

Auf einer symbolischen, imaginären Ebene, welche dank diverser Verfilmungen der Geschichten von »Tausendundeiner Nacht« weite Verbreitung fand, war der Irak aber noch weit mehr als nur ein halbwegs funktionierender und dank des Öls wohlhabender arabischer Staat. Seine erst 762 gegründete, von Mythen und Geschichten umrankte Hauptstadt Bagdad ist für die islamische Welt von ähnlicher Bedeutung wie Paris, London, New York für den »Westen«. Bagdad war die wichtigste und glorreichste Stadt des arabischen Mittelalters und ein halbes Jahrtausend lang Sitz des Kalifats (vgl. S. 186). Es steht für Glanz und Elend, Aufstieg und Fall des islamischen Imperiums. Bagdad verkörpert in diesem Sinn die arabische und islamische Welt als ganze.

Kommt hinzu, was der Irak und das Zweistromland, also Babylonien, darüber hinaus darstellen[27]: einen Schauplatz der Bibel, den Ort des Exils des jüdischen Volkes; eine der Regionen, wo die Menschen zum ersten Mal sesshaft wurden, Reiche und Staaten gründeten, wo Schrift, Religion und Bürokratie erfunden wurden; die viel beschworene Wiege der Menschheit und schließlich ein Kernland des antiken Perserreiches, welches der mächtige, imperiale Gegner der Griechen war, von diesen unter Führung des kleinen, »demokratischen« Stadtstaats Athen in mehreren heroischen Schlachten aus der Ägäis vertrieben. Auf die Griechen aber berufen sich fast alle, die vom »Westen« und von der »Freiheit« reden, bis heute.

»Es ergab sich«, heißt es in einer neueren Darstellung der Weltgeschichte, »ein bipolares Erklärungsmuster. Es ging nicht nur um die Unabhängigkeit eines kleinen Völkchens [Athen], es ging um zwei unterschiedliche Welten, Lebensweisen und Denkstile. Die Griechen waren vor allem die Freien, das Volk der Freien. [...] In dem antithetischen Denkschema war demgegenüber das Perserreich die Welt der Despotie [...]. Man konnte alles auch mit den gerade sich entfaltenden geographischen Weltbildern verbinden und die Antithesen auch entsprechend setzen: Europa gegen Asien, Westen gegen Osten. [...] Aber es blieb ein Mittel zur einfachen – genauer gesagt: simplifizierenden – Interpretation der Welt mit Hilfe eines ebenso klaren wie schlichten Koordinatensystems.«[28]

So lange das alles her sein mag, so wenig es objektiv betrachtet mit 9/11 zu tun hat, diese Geschichte bildet bis heute den Resonanzraum und setzt die geistigen Bezugspunkte einer sich als »westlich« verstehenden Politik. Sie wurde daher auch in der Populärkultur wachgehalten, im Sport durch die Marathonläufe, die ihren Namen dem Sieg der Griechen über die Perser bei Marathon 490 vor Christi verdanken, in Hollywoodfilmen durch Darstellungen der Perserkriege.

Wer glaubt, die Amerikaner hätten nur imperiale Realpolitik betrieben oder sich von materiellen Gewinnerwartungen treiben lassen, geht dem Bedürfnis nach rationalen Erklärungen auf den Leim. Die amerikanische Politik und die unkritische Begeisterung ihrer europäischen Fans gründeten auf einem »Mythos des Westens«, auf einem mit historischen Versatzstücken unterfütterten Phantasma. Es war die realpolitisch verdünnte Version heilsgeschichtlicher Politik, deren surreale und unverdünnte Variante uns später im sogenannten »Islamischen Staat«, dem wohl furchtbarsten Resultat der amerikanischen Irak-Politik, wieder begegnen wird (vgl. S. 185).

Man muss über keinen direkten Draht ins Weiße Haus des Jahres 2002 verfügen, um ungefähr zu ahnen, was in den Köpfen der damaligen Entscheider vorging. Es liegt offen zutage. Wir können es auch heute noch nachvollziehen und mit ein wenig gutem beziehungsweise bösem Willen genauso denken wie sie: Bagdad zu erobern war gleichbedeutend damit, die islamische Welt zu erobern, worunter nicht primär die militärische Eroberung zu verstehen ist, sondern die Bekehrung der Muslime zum »westlichen« Universalismus. Bagdad, nicht Kabul oder Mekka, war der goldene Apfel des letzten abendländischen Missionierungsprojekts. Aber in diesem Apfel hauste derselbe Wurm wie in Afghanistan.

Einige Beobachter hatten es nach 9/11 gesagt: Die einzige symmetrisch symbolische Art und Weise, den Anschlag auf das World Trade Center zu erwidern, läge darin, Mekka zu bombardieren, den Geburtsort des Islams und die zentrale Pilgerstätte der Muslime in Saudi-Arabien. Dass dies nicht infrage kam, war klar. Bagdad bot ein besseres, ebenso symbolträchtiges Ziel, das zudem auch realpolitischen Gewinn versprach. So weltfremd, wie es uns im Rückblick scheint, ist die Vorstellung, ausgerechnet von Bagdad aus die arabisch-islamische Welt zu reformieren, aus damaliger Perspektive also gar nicht gewesen.

Im Übrigen wies der Irak schon aufgrund seiner schier unerschöpflichen Ölquellen weit bessere Entwicklungsperspektiven auf als viele andere arabische Länder. Und im Gegensatz zu den ebenfalls ölreichen Golfstaaten hat der Irak eine zahlenmäßig große, säkular eingestellte bürgerliche Mittelschicht. Er war nicht wie die Golfstaaten auf Gastarbeiter aus armen Ländern angewiesen, um zu funktionieren, und lag strategisch überaus günstig. Würde der Irak eine Art Westdeutschland am Golf werden, so würden sich die Regime der problematischen Nachbarstaaten, vor allem Syrien, Saudi-Arabien und der Iran, tatsächlich nicht mehr lange halten können. Und hätte man Zugriff auf das irakische Öl, wäre man auf das saudische nicht mehr angewiesen und könnte den Saudis klarmachen, was man wirklich von ihnen hielt: nichts!

Wenn der Wiederaufbau und die Modernisierung der Ölindustrie, die Wiederbewaffnung und die künftige Konsumorientierung der Iraker amerikanisch geprägt und gesteuert wären, könnte sich die kostspielige Invasion eines Tages sogar rentieren. Wäre es im Rückblick nicht wirklich schön gewesen (gestehe selbst ich zu!), wäre das amerikanische Engagement im Irak gut ausgegangen? So egozentrisch und westlich universalistisch, so imperial die amerikanischen Vorstellungen waren, sie verfolgten immerhin eine Vision, eine Utopie, unendlich viel besser als das, was auf die Iraker zukommen sollte.

Im Grunde verhielt es sich mit der neokonservativen Vision für den Irak so, wie es sich mit Imperien und Kolonien immer verhielt: Die Realität war verdammt anders als die rosigen Ambitionen und hehren Verkündigungen! Die Briten hatten das gelernt und alle kolonialen Allüren aufgegeben. Auch die Kommunisten, die bekanntlich nicht minder imperial unterwegs waren, mussten Bescheidenheit lernen. Mit 9/11 und der Invasion im Irak waren die Amerikaner und das euroatlantische Konstrukt namens »Westen« nun ihrerseits mit der Desillusionierung an der Reihe (die Nächsten werden in ein paar Jahrzehnten die Chinesen sein. Willkommen im Club!).

Wenn die beiden so gegensätzlichen amerikanischen Präsidenten, die auf Bush folgten, Obama und Trump, etwas gemeinsam haben, dann eine Politik, die im Zeichen der imperialen Desillusionierung und der Abwicklung des »imperial overstretch« steht, der Überdehnung der militärischen, politischen und psychologischen Kraft der USA. Hybris ist das typische Vergehen der Mächtigen in der alten griechischen Tragödie: Selbstüberschätzung, Hochmut, Anmaßung, Überschreitung der von den Göttern gezogenen Grenzen des menschlichen Strebens. Das Resultat von Hybris ist stets der Zusammenbruch einer Ordnung, zumeist einer tyrannischen, die für die Sünde der Hybris besonders anfällig ist, weil sie die Kontroll- und Korrekturmechanismen außer Kraft setzt.

Ein gutes Jahr lang machte die Bush-Administration für ihre Vision eines gewaltsam herbeigeführten Regimewechsels im Irak Propaganda. Die propagandistische Maschinerie war massiv; kaum ein großes Medium im transatlantischen Raum konnte sich dem »Framing« entziehen, das den Krieg gegen den Terror mit dem Krieg gegen den Irak zusammenspannte. Auch seriöse und erzliberale Medien wie die *New York Times* machten zeitweise mit.

Die Irakkriegs-Vorbereitung ist ein Lehrstück dafür, wie die Weltöffentlichkeit (sprich: der »Westen«) manipuliert werden kann, ein Lehrstück aber auch dafür, dass die propagandistischen Fähigkeiten selbst der einzigen verbliebenen Großmacht letztendlich begrenzt sind und die Albträume von einer komplett manipulierten oder manipulierbaren Welt wahrscheinlich unbegründet: Auch die beste Propaganda scheitert irgendwann an der Realität. Die einzige Frage ist, wie viele Menschen dafür sterben müssen. Immerhin: Den meisten verbündeten Regierungen war nicht nur klar, dass die Vorwände für den Irakkrieg erlogen waren; manche stellten sich auch offen gegen die US-Propaganda, wie die deutsche und die französische Regierung. Das verhinderte den Krieg nicht. Aber es setzte ein Zeichen. Widerspruch und Verweigerung sind möglich, auch gegen übermächtige Partner.

Am 20. März 2003 begannen die USA mit dem Bombardement ausgewählter militärischer Ziele; am 1. Mai verkündete Präsident Bush, der Krieg sei erfolgreich beendet. Aber wie in Afghanistan fingen die Probleme *nach* dem allzu schnell, allzu leicht gewonnenen Krieg erst richtig an. Den klassischen Krieg,

Armee gegen Armee, Land gegen Land, Regierung gegen Regierung, hatten die USA gewonnen. Den darauf folgenden asymmetrischen Krieg, den um Sicherheit und Stabilität gegen Terror und Separatismus, haben sie verloren. Hätten sie ihn überhaupt gewinnen können?

Die Frage ist von zentraler Bedeutung, denn von der Antwort darauf hängt ab, ob die Einschätzung derjenigen, die für den Krieg waren, seien es meine irakischen Freunde und ich oder die Bush-Regierung, von vornherein verfehlt war; oder ob die entscheidenden Fehler erst danach gemacht wurden. Von der Antwort hängt ab, ob derlei gewaltsame Eingriffe und Versuche zur Demokratisierung in Zukunft noch unternommen werden oder ob sich die Diktatoren der Welt fortan in Sicherheit wiegen dürfen. Keine banale Angelegenheit in Anbetracht einer Welt, in der Ungerechtigkeit und Despotie zunehmen und autoritäre Herrscher einen Erfolg nach dem anderen feiern.

Andersherum gefragt: War das deutsche und japanische Exempel für ein erfolgreiches »Nation-Building« unter amerikanischer Oberaufsicht eine Ausnahme, die vielleicht nur der totalen Niederlage und Zerstörung dieser Länder geschuldet war, sowie ferner dem Umstand, dass die Nationalsozialisten nirgendwo mehr Freunde und Verbündete hatten, die sich auf eine Fortsetzung des Konflikts eingelassen hätten? Wenn es sich so verhält, hat die amerikanische, die euroatlantische, »westliche« Geschichtserzählung keine beispielgebende Bedeutung mehr für die Zukunft. Sie taugt dann nicht mehr als Maßstab und Orientierungshilfe; ja, sie hätte noch nie dazu getaugt. Unser Bild der Geschichte der letzten 75 Jahre beruhte auf einer historischen Ausnahme, einem Sonderfall (ebendem gelingenden Wiederaufbau), und die Anschläge von New York hätten nicht nur zwei Bürotürme, sondern auch das »westliche« Selbstbild wie ein Kartenhaus einstürzen lassen.

Von der Antwort hängt ferner ab, ob sich die Idee von Imperien überhaupt noch sinnvoll, zukunftsweisend, progressiv, das heißt jenseits bloßer Beherrschung durch Zwang und Gewalt denken lässt. Und davon wiederum hängt ab, ob sich ein Universalismus noch gewaltfrei denken lässt, also die Möglichkeit, dass Wertvorstellungen von allen Menschen auf der Welt geteilt werden, ohne dass sie dazu gezwungen, genötigt oder mit anderen unlauteren Mitteln dazu überredet und manipuliert werden.

Anders gefragt und gesagt: Ist es möglich, Menschen von einem bestimmten Guten, einer bestimmten als gut erachteten Weltsicht, Lebenspraxis, kulturellen Praxis zu überzeugen? Sie zu überzeugen, nicht bloß wertneutral und platonisch vom Streben nach dem Guten an sich, so verschieden es sich aus verschiedenen Perspektiven stets ausnimmt? Ist es möglich, könnten wir wieder anders fragen, Menschen aufzuklären? Oder ist auch Aufklärung letztlich nur ein anderes Wort für Überredung, Missionierung, Propaganda? Können wir Visionen und Erkenntnisse, Erhellungen teilen, für sie werben, andere davon überzeugen und dann dafür politische Mehrheiten gewinnen, was ja letztlich die Idee von Demokratie wäre, und zwar ohne Formen von Gewalt, Zwang, Nötigung einzusetzen, echte oder metaphorische, und ohne die Meinung anderer, ohne öffentliche Meinungen insgesamt massiv zu manipulieren?

Damit geraten wir mit unseren Überlegungen in eine weitere Sackgasse des interventionistischen und universalistischen Denkens. Es ist schwer vorstellbar, dass irgendeine Macht, ein Imperium, eine Weltpolizei im Auftrag der UN oder welcher Institution auch immer einen ausreichend neutralen, von außen unbeeinflussten Raum garantieren könnte, in dem ein Volk, eine Nation, eine Gruppe von Bürgern völlig autonom über ihr Schicksal entscheiden könnte. Bevor man Irak-Experten aufmarschieren ließ, hätte man sich *diese* Fragen stellen müssen;

und wäre dann leicht zur Einsicht gelangt, dass das amerikanische Projekt im Irak grundlegenden Gesetzen politischer Wahrscheinlichkeit widerspricht. Und dass ihm das Scheitern folglich von Anfang an eingeschrieben war.

War die Irak-Invasion ohnehin eine »mission impossible«, haben die Amerikaner zu ihrem Scheitern aber auch nach Kräften beigetragen. Das irakische Abenteuer wäre glimpflicher ausgegangen, wenn es von verantwortungsvollen, weniger ideologischen, weniger auf die eigenen Pfründe bedachten Akteuren ausgeführt worden wäre. Es wäre weniger katastrophal verlaufen, wenn man die Nachbarstaaten eingebunden hätte, statt sie mit der Rede von der »Achse des Bösen« zu bedrohen. Es wäre auf weniger Widerstand gestoßen, wenn man einen Teil der Iraker – gemeint sind alle, die irgendwie mit Saddam zusammengearbeitet hatten oder zusammenarbeiten mussten – nicht zu Gegnern und Parias erklärt hätte. Das totale Debakel im Irak ist nicht nur, ja nicht einmal wesentlich auf die falschen Konzepte und Visionen, sondern auch auf einen Mangel an Moral, Charakter, menschlicher Größe zurückzuführen, auf eine Überforderung auf allen Ebenen. Es ist darauf zurückzuführen, dass die Amerikaner ihrer Aufgabe nicht gewachsen waren. Das unterscheidet sie fundamental von der Generation ihrer Großeltern, die 1945 Deutschland befreit und besetzt hatte.

Bereits kurz nachdem die amerikanischen Truppen Anfang April Bagdad eingenommen hatten – die damals von allen Medien verbreiteten Bilder vom Sturz einer Saddam-Statue stammen vom 9. April 2003 –, brach neben allgemeinem Jubel über das Ende des Regimes auch das Chaos aus, das den Irak seither im Griff hält. Von Anfang an hatten die Amerikaner (wie in Afghanistan) die Idee eines möglichst schlanken Krieges verfolgt. Viel zu wenige Truppen wurden entsandt, um Ordnung zu schaffen oder polizeiliche Maßnahmen durchzusetzen. Ihnen fehlte es an der nötigen Ausbildung und Legitimation. Als die jahrtausendealten Schätze des Nationalmuseums in Bagdad geplündert wurden, schaute die US-Armee einfach nur zu. Das Machtvakuum, das die amerikanischen Truppen hinterließen, füllten lokal agierende Milizen und religiöse Organisationen, die auf bestehende soziale Netzwerke zurückgriffen. Fast alle dieser Gruppen sahen sich in Opposition zur amerikanischen Besatzung.

Die Amerikaner wollten sich nicht damit aufhalten, selbst den Irak zu regieren, sondern die Verwaltung möglichst rasch den Irakern übergeben; einige von ihnen hatten sie dazu eigens aus dem Exil mitgebracht. Bis die Übergabe der Macht an die Iraker gelang, richteten die Amerikaner eine Art Militärverwaltung ein, das heißt, sie regierten nun doch vorläufig den Irak selber. Nach dem offiziellen Ende des Kriegs im Mai 2003 wurde so der amerikanische Botschafter Paul Bremer der neue Herrscher über den Irak, inklusive Zugriff auf den irakischen Staatshaushalt.

In Bremers Zeit fällt auch die Entscheidung, mehrere Milliarden Dollar, die zuvor auf eingefrorenen irakischen Konten in den USA lagerten, in Form von Bargeld in den Irak zu transportieren und das Geld Kommandeuren der US-Armee und den amerikanischen Verwaltern zur Verfügung zu stellen, die sich damit das Wohlwollen der Iraker erkaufen sollten. Die Milliarden verschwanden spurlos, wie der Journalist James Risen recherchiert hat. Bevor die Macht im Juni 2004 an die Iraker übergeben wurde, schreibt er, »erließ die Übergangsverwaltung den Befehl, in einem Schnellfeuer von Last-Minute-Flügen zwischen vier und fünf Milliarden Dollar in bar von New York nach Bagdad kommen zu lassen«, um mehr als tausend Verträge für die eigenen Leute und loyale Iraker abzuschließen. Die Übergangsverwaltung, schreibt Risen, sei »eine Traumwelt« gewesen, »ein bizarrer Mix aus republikanischen Ideologen und Einzelkämpfern, die es sich vorgenommen hatten, reich zu werden«. Und viele wurden es auch.[29]

Noch während der Herrschaft des amerikanischen Botschafters kam es zu einem Skandal, der die Widersprüche und Mängel des amerikanischen Besatzungsregimes auf schockierende Weise zutage treten ließ.[30] Am 28. April 2004 zeigte ein amerikanischer Fernsehsender, wie im von der US-Armee betriebenen Gefängnis von Abu Ghraib irakische Gefangene körperlich und psychologisch gefoltert und sexuell erniedrigt wurden. Die Zeitschrift *New Yorker* publizierte darüber hinaus Recherchen von Investigativjournalisten über eklatante Menschenrechtsvergehen, die ein geheimer Untersuchungsbericht der Armee dokumentiert hatte. Es war ein gefundenes Fressen für die Aufständischen und die Kritiker des amerikanischen Vorgehens. Aber es zeigte auch den Freunden der Amerikaner, dass sie ihrer Aufgabe und ihrem Anspruch offensichtlich nicht gewachsen gewesen waren.

Die Herrschaft des amerikanischen Botschafters über den Irak war kurz, aber für das weitere Schicksal des Landes auf fatale Art wegweisend. Dazu trug seine Entscheidung bei, eine gründliche Entbaathifizierung durchzuführen, gleichsam das Pendant zur Entnazifizierung in Deutschland. Den vier höchsten Rängen in der Hierarchie von Saddams Baath-Partei – derselben nationalarabischen »Auferstehungspartei«, deren syrischen Zweig die Assads beherrschten – wurde die Weiterbeschäftigung im neuen Staat verboten. Rund 30 000 erfahrene Beamte wurden damit vom öffentlichen Dienst ausgeschlossen, größtenteils Sunniten.[31]

Während die Entbaathifizierung bei vielen Irakern noch populär war, stieß der zweite schwere amerikanische Fehler, die Auflösung der irakischen Armee mit ihren rund 400 000 Mann, auf breite Ablehnung, zumal zahlreiche Familien dadurch ihren Lebensunterhalt verloren. Einige der Entlassenen gingen später in den Untergrund und bekämpften die US-Truppen.

Die Amerikaner versuchten nun, eine neue irakische Armee aufzubauen, konnten dabei nach der Entbaathifizierung aber auf keine erfahrenen Offiziere zurückgreifen. Trotz ihrer kostspieligen neuen Ausstattung mit amerikanischem Material – ein großartiges Geschäft für die amerikanische Rüstungsindustrie – erlangte die neue irakische Armee keine Schlagkraft. Das zeigte sich vor den Augen einer staunenden Weltöffentlichkeit im Juni 2014, als ein paar hundert Djihadisten des sogenannten »Islamischen Staates« die nordirakische Großstadt Mossul einnahmen und die irakischen Soldaten flohen und ihre Ausrüstung den Angreifern überließen (vgl. S. 188). Auf wirtschaftlicher Ebene gelang es immerhin, die irakische Währung neu aufzustellen und die Inflation gering zu halten; da aber zahlreiche Staatsbetriebe aufgelöst wurden, entstanden bei Weitem nicht ausreichend neue Jobs. Damit fiel auch die wirtschaftliche Bilanz der Okkupation für viele Iraker negativ aus.

Das größte Problem stellte jedoch die Sicherheitslage dar. Bereits im August 2003 kam es zu mehreren schweren Bombenattentaten in Bagdad, bei denen am 19. August 2003 auch das Hauptquartier der UN in Bagdad zerstört wurde. Unter den Todesopfern war der Hochkommissar der UN für Menschenrechte, Sérgio Vieira de Mello. Er hatte sich durch seine Arbeit in Jugoslawien und im indonesischen Ost-Timor einen Namen gemacht. Ein anderer schwerer Anschlag geschah zehn Tage später nach dem Freitagsgebet in der Iman-Ali-Moschee von Nadschaf, einem bedeutenden schiitischen Pilgerort. Dabei kam eine der wichtigsten schiitischen Persönlichkeiten ums Leben, Ajatollah Muhammad Baqir al-Hakim.

Beide Anschläge waren das Werk des neuen, bald für seine

Skrupellosigkeit berüchtigten Anführers von al-Qaida im Irak, des Jordaniers Abu Musab al-Zarqawi. Al-Qaida im Irak war der direkte Vorläufer des späteren »Islamischen Staates«. Al-Zarqawi ist ebenso wie Bin Laden ein Produkt der arabischen Diktaturen. Seine Radikalisierung hatte sich unter der Folter in jordanischen Gefängnissen vollzogen, die unter anderem aus achteinhalb Monaten Isolationshaft bestand.[32]

Bereits 2005 setzten in Bagdad ethnische Säuberungen ein, die durch die Gewalt von Milizen und Terroristen provoziert wurden. Es kam zu zahlreichen Morden und Anschlägen, häufig auf belebte Straßenmärkte.[33] Schiitische und sunnitische Stadtteile sind seither durch zahlreiche innerstädtische Mauern getrennt. Der Plan der Extremisten um al-Zarqawi, einen Bürgerkrieg zwischen Schiiten und Sunniten zu provozieren, schien aufzugehen. Al-Zarqawis Tod 2006 schwächte die Gruppe nur kurzzeitig, obwohl sogar Bin Laden die, die sich im Irak auf ihn beriefen, davon abbringen wollte, vorrangig gegen die schiitischen Glaubensbrüder vorzugehen, statt die Amerikaner zu bekämpfen.[34]

Abgesehen vom Bombenterror durch Terroristen und von ausufernder Kriminalität (besonders gefürchtet waren und sind erpresserische Entführungen) kam es immer wieder zu Aufständen von sunnitischen und schiitischen Widerstandsgruppen, die teilweise ganze Regionen, Stadtteile oder Städte einnahmen. Besonders berüchtigt war die von Sunniten beherrschte Stadt Falludja, die zum Rückzugsort von Djihadisten wurde und mehrfach von den Amerikanern »zurückerobert« werden musste.

Rund 5000 US-Soldaten verloren im Irak ihr Leben. Den höchsten Preis zahlte jedoch die irakische Zivilbevölkerung. Verlässliche Zahlen existieren nicht. Zwischen 100 000 und 400 000 Iraker dürften in den letzten zwanzig Jahren infolge der amerikanischen Invasion und der dadurch in Gang gesetzten bürgerkriegsähnlichen Zustände umgekommen sein. Noch mehr wurden vertrieben oder gingen ins Ausland. Viele der gut ausgebildeten, wohlhabenden Iraker und viele Angehörige der Minderheiten, vor allem die Christen, verließen das Land in Richtung Europa, Nordamerika oder in die Golfstaaten. Andere versuchten, sich in Syrien und Jordanien eine neue Existenz aufzubauen.

Alles war zum großen Showdown bereit, als plötzlich überall in Nordafrika und im Nahen und Mittleren Osten die Menschen mit einer neuen, unerhörten Parole durch die Straßen zogen: »Das Volk will den Sturz des Regimes!«

TESTLAUF IN TEHERAN

So wie das Epochenjahr 1979 mit der Rückkehr Khomeinis nach Teheran begann, beginnt auch die Geschichte des sogenannten Arabischen Frühlings zunächst nicht in der arabischen Welt, sondern in Iran. 2009 ist die Islamische Republik dreißig Jahre alt geworden. Bei den Präsidentschaftswahlen im Juni wird der Amtsinhaber Mahmud Ahmadinedschad, Rechtspopulist, ehemaliger Bürgermeister von Teheran und Kandidat des konservativen religiösen Establishments, gegen seinen Herausforderer Hossein Mussawi, dem Kandidaten der Reformer, zum Sieger erklärt. Sofort nach der Wahl tauchen Zweifel an der Rechtmäßigkeit seines Sieges auf. In der Folge entsteht die größte Protestbewegung in der Geschichte des nachrevolutionären Iran, die sogenannte Grüne Welle oder Grüne Bewegung – grün, weil die Anhängerinnen und Anhänger grüne Hals- und Kopftücher tragen und grüne Fahnen schwenken.

Grün gilt einerseits als die Farbe des Islams, deutet also darauf hin, dass die meisten Demonstranten nicht die Islamische Republik als solche, sondern nur das Ergebnis der Wahl infrage stellen. Aber Grün ist auch die Farbe des Frühlings, der Hoffnung und des Aufbruchs. Die »Grüne Bewegung« war die erste Protestbewegung in der Region, welche mit großem Geschick die neuen Medien nutzte. Mit Handykameras wurden Videos von den Protesten und den brutalen Reaktionen der Sicherheitskräfte gedreht. In sozialen Medien oder über Nachrichtendienste wurden sie verbreitet, wie später auch bei den arabischen Revolutionen und anderen Protestbewegungen überall auf der Welt.

Entgegen den Klischees von den rückschrittlichen, autoritätshörigen Muslimen erhoben die Protestierenden die Forderung nach Teilhabe an Werten, die bis dahin als »westlich« galten und dem »Westen« vorbehalten schienen: Rechtsstaatlichkeit, Menschenwürde, Chancengleichheit, Teilhabe; faire, freie Wahlen, die Möglichkeit, Kritik und Widerspruch zu äußern, ohne deswegen verfolgt und benachteiligt zu werden.

Während die Ereignisse noch in vollem Gang waren, wagte der prominente, in den USA lehrende Iranist Hamid Dabashi bereits die These, dass der Aufruhr in Teheran »der Ground Zero einer Bürgerrechts-Bewegung ist, die kein muslimisches oder arabisches Land, ja nicht einmal Israel, unberührt lassen wird«.[35] Diese gleichsam hoffnungslos optimistische Einschätzung eines kritischen, nach Veränderung dürstenden iranischen Intellektuellen im Exil vermittelt eindrucksvoll die enthusiastische Stimmung, die im Sommer 2009 unter den Iranern im In- und Ausland um sich griff.

Aber der Verweis auf Ground Zero und damit auf 9/11 ist doppeldeutig: Kann aus einem Ground Zero etwas Gutes werden? Offensichtlich will Dabashi darunter nicht nur die »verbrannte Erde« verstehen, sondern auch die »Stunde null«, die Chance, ja die Notwendigkeit für einen Neubeginn wie in Deutschland nach dem Zweiten Weltkrieg: »Die Dämmerung eines leuchtenden neuen Anfangs kündigt sich uns an – nicht nur im Iran, sondern in der ganzen Region. Die gewaltlose Bürgerrechtsbewegung im Iran ändert die moralische Landkarte dieser Weltgegend, ihr normatives Vokabular, ihre Visionen, die An- und Aussichten ihrer selbst.«[36] Die iranische Protestbewegung sei der eigentliche, richtige Anfang des 21. Jahrhunderts, das erste Ereignis, das kein Überbleibsel aus der Zeit davor ist.

Immerhin: 2009 wurde auch den skeptischsten Beobachtern klar, dass die Iraner nicht mit ihrem Regime gleichzusetzen sind. Kurzzeitig entstand sogar der Eindruck, die amerikanische Strategie eines vom Irak ausgehenden Dominoeffekts der Demokratisierung ginge auf. Doch die Amerikaner hatten wie die iranische Demokratiebewegung die Rechnung ohne den Wirt gemacht, ohne Revolutionsführer Ali Chamenei, die graue Eminenz des Landes und Nachfolger des 1989 gestorbenen Ajatollah Ruhollah Khomeini. Bereits eine Woche nach den Wahlen erklärte er in einer Freitagspredigt seine Unterstützung für Ahmadinedschad und beendete damit jede weitere Diskussion über das Wahlergebnis. Wer jetzt noch demonstrierte, demonstrierte gegen die Instanz, die im Iran das letzte Wort hat. Aus der Sicht des Regimes richteten sich die Proteste fortan gegen die Islamische Republik als ganze.

Scharfschützen wurden auf die Demonstranten angesetzt, und in Zivil gekleidete Schergen, Revolutionswächter und andere Milizen, machten auf Motorrädern Jagd auf sie. Dutzende wurden getötet, viele weitere verhaftet und misshandelt. Die Oppositionellen, die auf diese Reaktion nicht vorbereitet waren, hatten angesichts der Eskalationsstrategie keine Chance, ihren Protest aufrechtzuerhalten. Der »Ground Zero des 21. Jahrhunderts« war keine Stunde null, sondern ein weiteres Mal nur verbrannte Erde. Das neue Jahrhundert konnte den Brandgeruch des vorherigen nicht abschütteln.

Die »Grüne Bewegung« gibt daher nicht nur in ihren positiven Aspekten das Vorbild für die arabischen Revolutionen ab. Sie nahm auch ihr Scheitern vorweg. Leider hatten die Demonstranten in der arabischen Welt die Lektion aus dem Iran bereits anderthalb Jahre später vergessen. Die Regierungen hingegen zogen aus dem erfolgreichen Vorgehen der Mullahs ihre Erkenntnisse. Wenn die Geschlossenheit der Regimes gewahrt bliebe, konnten sie durch eine sorgfältig dosierte Brutalität, die auf die Moral, den Enthusiasmus und das Durchhaltevermögen der Protestierenden zielte, die Proteste auflösen oder die Aktivisten zur Gegenwehr, zur Eskalation zwingen und sie als gewalttätig diskreditieren, was wiederum erlaubte, härter gegen sie vorzugehen. Besonders das mit dem Iran verbündete Assad-Regime in Syrien machte sich diese Strategie zu eigen.

Dabei lag der Fall im Iran 2009 einfacher als die Proteste zwei Jahre später in der arabischen Welt. Im Iran gab es mit dem Verdacht auf Wahlfälschung einen konkreten politischen Anlass. Die Chancen der Iraner standen vordergründig betrachtet auch deshalb gut, weil ihr eigener Kandidat kein Gegner des Systems war, sondern wie die übrigen Kandidaten aus dem Establishment der Islamischen Republik stammte. Mussawi war, anders als sein Konkurrent Ahmadinedschad, sogar ein Geistlicher, wie der reformerisch gesinnte Präsident Khatami vor ihm und der bis 2021 amtierende Rohani nach ihm.[37]

Alle im Iran zur Wahl antretenden Präsidentschaftskandidaten (ebenso wie die Kandidaten für die Parlamentssitze) werden von einem Gremium auf ihre Systemtreue überprüft, bevor sie zugelassen werden. Eine wirklich freie Wahl ist die Präsidentenwahl im Iran daher nie gewesen. Man sollte sich allerdings hü-

ten, die Wahlen im Iran deswegen pauschal zur Farce zu erklären. Denn natürlich stellt sich überall die Frage, wie frei Wahlen
für hohe Ämter in etablierten Demokratien grundsätzlich sind
und überhaupt sein können. In den USA beispielsweise hat ein
Kandidat, der außerhalb der beiden großen Parteien steht, keine
ernsthafte Chance. Glauben wir kritischen Beobachtern, verdient nicht einmal die britische Demokratie ihren Namen wirklich.[38] Zweifellos grenzen auch gestandene Demokratien die
Bandbreite derjenigen, die für hohe Ämter infrage kommen,
auf verschiedene Weise ein oder schließen bestimmte Wähler-
schichten aus, wenn in den USA zum Beispiel Menschen mit
Vorstrafen in manchen Bundesstaaten nicht mehr wählen dürfen.[39] Das Problem im Iran war nicht die Einschränkung des
Kandidatenfeldes, sondern der auf dem Wege der (mutmaßlichen) Wahlfälschung durchgeführte »Wahlputsch«[40] der konservativen und dogmatisch religiösen Kräfte innerhalb des iranischen Systems.

Das Ziel der Protestierenden im Iran war nicht, die Islamische Republik abzuschaffen oder radikal zu verwandeln. Sie
wollten nur einen Präsidenten, der für größere gesellschaftliche
Öffnung und Toleranz stand und innenpolitisch wie außenpolitisch Dialog und Reformbereitschaft versprach. Die Menschen
demonstrierten für eine bessere Zukunft im Rahmen des existierenden Systems, für mehr gesellschaftliche Teilhabe und in-
dividuelle Gestaltungsmöglichkeiten, und sie beriefen sich bei
ihren Protesten auf die bestehenden Gesetze ihres Landes, nicht
auf abstrakte Menschenrechte. Sie forderten keinen säkularen
Staat, sondern klagten Rechte ein, die ihnen formaljuristisch
betrachtet bereits zustanden, etwa das Recht, dass ihre Wahl an-
erkannt wurde.

Etwas hochtrabend formuliert könnte man sagen, dass die
Demonstranten in ihrer Akzeptanz des herrschenden Systems

einerseits, ihrem Verlangen, es zu verändern und zu verbessern, andererseits, eine weit verbreitete politische Logik verwarfen, die darin besteht, das politische Feld in Freund und Feind einzuteilen wie in zwei gegnerische Mannschaften, zwischen denen es keine Übergänge, kein drittes Element gibt. Der iranische Politikwissenschaftler Navid Nikzadfar formuliert den traditionellen Antagonismus so: »Die imperialen Vereinigten Staaten gegen die Islamische Republik Iran, der koloniale Westen gegen den revolutionären Iran, [...] traditionell gegen modern, säkular gegen religiös, westlich gegen traditionell, kultivierte Mittelklasse der besseren Stadtviertel gegen die ›kulturlosen‹ Armen in den schlechten Vierteln, Teheraner gegen die Menschen in der Provinz und so weiter.«[41]

Genau aus diesen Gründen, so dürfen wir vermuten, ist die »Grüne Bewegung« vom iranischen Regime unterdrückt worden. Regierungen und Staaten, deren Politik von der Freund-Feind-Unterscheidung, vom polarisierenden Entweder-oder abhängt, sehen sich gefährdet, wenn genau diese Dichotomie hinterfragt und überwunden wird, wie es die Protestierenden im Iran unternommen haben. Indem das Regime die »Grüne Bewegung« niederschlug, hat es die radikale Unterscheidung von »wir« (das Regime) und »die anderen« (die Protestierenden) gewaltsam wiederhergestellt.

DIE LOGIK VON FREUND UND FEIND

Dieselbe Freund-Feind-Unterscheidung, mit der das iranische Regime seine paranoide Daseinsberechtigung begründet, wird aber auch von zahlreichen Parteien und Regierungen anderswo (auch demokratischen) hochgehalten und ist für sie ebenso charakteristisch. Löst sich die Unterscheidung auf, verlieren sie ihre politische Identität, ihre Agenda, die Berechtigung für ihre Politik. Beispiele für eine solche Politik sind der viel zitierte Satz von George W. Bush »Wer nicht für uns ist, ist gegen uns«, ist die Reduktion der Frage, wie die Briten zur EU stehen wollen, auf ein simples Ja oder Nein zum Brexit – ohne zu berücksichtigen, dass es nicht um ein Entweder-oder, sondern um die Art des Verhältnisses zu Europa geht, die auch nach einem Brexit ausgehandelt werden muss –, ist Trumps Politik der Spaltung der amerikanischen Gesellschaft, ist der Versuch, den Islam als unvereinbar mit dem liberalen Verfassungsstaat darzustellen, und so weiter.

Der rechtskonservative deutsche Politologe Carl Schmitt, der sich zeitweise den Nationalsozialisten andiente (»Der Führer schützt das Recht« lautete ein Artikel von ihm aus dem Jahr 1934[42]), hat die Unterscheidung von Freund und Feind zur Grundlage einer einflussreichen politischen Theorie gemacht.[43] Ihr Erklärungspotential für die hier geschilderten Ereignisse ist hoch, nicht zuletzt, weil sie von vielen Akteuren rezipiert worden ist und deren Handeln bestimmt. Das betrifft meistens Rechte und Konservative, teils aber auch die neue, antiliberale Linke – Schmitt argumentiert in seiner Schrift dezidiert gegen den Liberalismus.

Wie das Gebiet der Ethik durch die Unterscheidung von gut und böse und das Gebiet der Ästhetik durch die von schön und hässlich bestimmt ist, definiert Schmitt die Politik durch die

Unterscheidung von Freund und Feind. Fällt die Freund/Feind-Unterscheidung fort, wird die politische Auseinandersetzung gleichsam aufgehoben. Besonders deutlich tritt die Unterscheidung auf internationaler Ebene zwischen befreundeten und verfeindeten Staaten zutage (Schmitt entwickelte seine Thesen zwischen den beiden Weltkriegen). Sie betrifft aber auch das Verhältnis verschiedener Gruppen innerhalb eines Staates und kann im Extremfall in den Bürgerkrieg münden. Schmitts Theorie definiert also das Politische als Bereich eines unaufhebbaren Antagonismus, der permanent wirksam ist, auch wenn auf Gewalt verzichtet wird.

Schmitt betont zwar, dass es nicht zur Gewalt kommen muss und auch gar nicht dazu kommen sollte. Aber Gewalt ist der Fluchtpunkt jeder politischen Auseinandersetzung. Die Konsequenz daraus ist, dass Gewalt als ein legitimes, gerechtfertigtes Mittel der Politik erachtet wird, ganz wie es bei dem von Schmitt zitierten Kriegstheoretiker Clausewitz aus dem 19. Jahrhundert heißt, dass der Krieg die Fortsetzung der Politik mit anderen Mitteln ist, »ein bloßes Instrument der Politik«.[44] Gewalt wird Teil der Politik, gehört ihr ursprünglich zu, und es liegt in der Natur der Dinge, wenn Politik in Gewalt übergeht.

Schmitts politische Theorie, aus den Erfahrungen der unruhigen Jahre der Weimarer Republik in den zwanziger Jahren destilliert, lädt zu Missverständnissen, zum Missbrauch und zur Enthemmung ein. Wenn Gewalt ein natürlicher Teil der Politik ist, ja, die Möglichkeit zur Gewalt gegen den politischen Feind die Grundbedingung des Politischen überhaupt ist, erscheint sie auch als *legitimes* Mittel. Wer sich gegen diese Sicht stellt, gilt folglich als naiv, idealistisch, pazifistisch, als unpolitisch oder (zu) liberal – so schon Schmitt selbst zufolge.

Wie wir an der Rezeption von Schmitt durch die Begründer der neokonservativen Denkschule in den USA und anderswo sehen, ist seine Theorie in die DNA nicht nur der Verantwortlichen in Teheran übergegangen, sondern ebenso jener, die die neoimperiale Politik der USA nach 9/11 mitsamt ihren verheerenden Folgen zu verantworten haben.[45] Gemäß dem populären amerikanischen Historiker Niall Ferguson hat die Bush-Regierung nach »clausewitzeanischen« Grundsätzen gehandelt[46]; anders gesagt, sie hat Politik nach Rezepten des 19. Jahrhunderts betrieben, die wiederum Schmitts Denken beeinflusst haben. Auch in China, der neuen, aufstrebenden Weltmacht, ist Schmitt aus denselben Gründen intensiv rezipiert worden, übrigens schon seit den dreißiger Jahren.[47]

Schmitts politische Theorie hilft beim Verständnis der hier geschilderten Ereignisse. Aber nicht, weil sie eine objektive Darstellung politischer Verhältnisse an und für sich ist, sondern weil sie das Politikverständnis der Akteure geprägt hat. Auf diese Weise erhöht sie die Wahrscheinlichkeit, das nächste Schlamassel heraufzubeschwören. Dabei steht gar nicht infrage, dass man die Unterscheidung von Freund und Feind treffen und damit den Ausschluss, die Ausgrenzung, wenn nicht die Verteuflung anderer, Fremder, rechtfertigen kann.

Genauso steht jedoch außer Frage, dass man diese Unterscheidung keineswegs treffen muss, dass man sich gegen sie entscheiden und damit eine andere Politik begründen kann – und vielleicht sollte; denn die Unterscheidung, die nichts als den Antagonismus von Freund und Feind kennt, hat offenkundig in die Katastrophe geführt. Abgesehen davon, dass sie nicht sehr differenziert ist: Die weitaus meisten Menschen oder Gruppen sind weder das eine noch das andere, weder Freund noch Feind.

Ähnliches gilt für den alles entscheidenden Fluchtpunkt der Freund-Feind-Unterscheidung bei Schmitt, die Möglichkeit der Gewalt. Denn was als Gewalt zu definieren ist, gilt zunehmend als umstritten und nebulös. Zum einen kann man inzwischen

Kriege führen und politische Gewalt ausüben, ohne selbst etwas zu riskieren, etwa mithilfe von Kampfdrohnen. Dadurch sinkt die Hemmschwelle, Gewalt anzuwenden, und es wird leichter, Gegner zu absoluten Feinden zu erklären und sie so zu behandeln, ohne dabei nennenswerte Risiken einzugehen. Zum anderen ist der Begriff der Gewalt seinerseits in Fluss geraten und bezeichnet heute keineswegs bloß körperliche Gewalt, sondern ebenso verbale, diskursive, ökonomische, psychische. Gewalt ist überall wirksam, auch dort, wo sie keine unmittelbaren physischen Auswirkungen hat – und genau deswegen ist sie als eigenes, klar definiertes Phänomen zunehmend schwer zu fassen; ganz so wie die Politik.

Mit der gewaltsamen Repression der Proteste im Iran zeigte sich der blinde Fleck der amerikanischen Dominotheorie, ging sie doch davon aus, Demokratisierung und politische Öffnung, einmal als Wunschbild in den Köpfen der Menschen verankert, würden sich einstellen, ohne dass die betroffenen Regime Gegenwehr leisteten. Die Vorstellung, man könne die Erfahrungen von Demokratisierung und Liberalisierung in Osteuropa seit 1989 auf die islamische Welt übertragen, erwiesen sich als Autosuggestion. Sie ist inzwischen sogar mit Bezug auf Osteuropa selbst fragwürdig geworden. Allerdings war es eine Autosuggestion, die nicht auf die Ideologen des »Westens« beschränkt blieb, sondern ebenso die gebildeten, »westlich« orientierten Mittel- und Oberschichten in der islamisch geprägten Welt und anderswo erfasste.

Übrigens: Die Dominotheorie ist keine Erfindung des 21. Jahrhunderts, sondern stammt aus dem Kalten Krieg. Der amerikanische Präsident Eisenhower bezeichnete damit 1954 das von den USA gefürchtete Abdriften blockfreier Staaten in den Einflussbereich der Sowjetunion: Wenn ein Dominostein fiele, würden die anderen hinterherfallen, und zwar alle in Richtung Kommunismus.[48] Das diente den USA zur Rechtfertigung dafür, bereits beim ersten Anzeichen sozialistischer Regungen überall in der Welt einzugreifen, zum Beispiel in Vietnam und in Lateinamerika.

Die Gegner der amerikanischen Demokratisierungsversuche nach 9/11 hatten daraus gelernt und gingen nun genauso vor wie einst die USA: eingreifen und die demokratischen Regungen abwürgen, bevor der erste Stein fällt. Ironischerweise sind diese Gegner aus denselben nahöstlichen Staaten hervorgegangen, in denen die Eingriffe der CIA vermeintlich kommunistische, tatsächlich demokratische Regierungen gestürzt haben: im Iran wie erwähnt 1953 und vorher schon in Syrien, wo die CIA im Frühjahr 1949 den Putsch eines Generals gegen den Präsidenten Shukri al-Quwatli (1891–1967) unterstützte[49], den ersten demokratisch gewählten Präsidenten des 1943 unabhängig gewordenen Landes überhaupt.

Der Putsch in Syrien war zugleich die erste gelungene Regimewechsel-Operation der 1947 gegründeten CIA.[50] Das *Time Magazin* glaubte damals zu wissen, der Putsch interessiere die Syrer nicht: »Die meisten Syrer schlürfen Kaffee in ihren Basaren und rauchen ihre blubbernden Wasserpfeifen. Sie haben vom Regierungswechsel kaum Notiz genommen.«[51] In Wahrheit jedoch »war es der Anfang vom Ende eines demokratischen Syrien«[52] – und der Auftakt zu einer ganzen Reihe von Militärputschen, die erst mit der Machtübernahme durch den Luftwaffengeneral Hafis al-Assad, den Vater von Baschar, aufhörte.

ZIELLOSE GESCHICHTE, ERFOLGLOSE PROTESTE

Natürlich hat nicht nur der »Westen«, sondern haben auch viele progressive Akteure im Nahen und Mittleren Osten selbst darauf gehofft, dass die Geschichte früher oder später eine Entwicklung beschreiben würde, an deren Endpunkt Freiheit, Demokratie, Gleichberechtigung und Wohlstand für alle stünden. Auch marxistisch und sozialistisch geprägte Kräfte zählten dazu. Neokonservative, Sozialisten und Liberale teilen dabei alle eine Vorstellung von Geschichte, die auf den deutschen Philosophen Hegel und seine »Dialektik« zurückgeht. Sie provoziert revolutions- und fortschrittsromantische Wunschphantasien, die an der Wirklichkeit in Gestalt repressiver Herrschaft mit unschöner Regelmäßigkeit zerschellen.

Tatsächlich ist Geschichte richtungslos, ihr Lauf zufällig, kontingent, von keiner Intelligenz gesteuert, so bedauerlich das zweifellos ist.[53] Wo wir Entwicklungslinien zu sehen glauben, liegt das an unserer Perspektive und daran, dass wir versuchen, im Lauf der Dinge einen tieferen Sinn und ein Ziel zu erkennen. Dabei müssen wir uns gegen andere behaupten, die unterschiedliche Vorstellungen und Visionen vom Verlauf der Geschichte haben und die dafür oft ebenfalls gute Gründe zu nennen wissen. Die Geschichte als solche hilft daher weder den einen noch den anderen, auch wenn Hegel, Marx, Spengler, Fukuyama und viele andere genau dies geglaubt und mit großem geistigen und schriftstellerischen Aufwand behauptet haben.

Die »Grüne Bewegung« steigerte zwar das Ansehen der Iraner in der Weltöffentlichkeit (vor allem der »westlichen«) und manifestierte den Wunsch der iranischen Mittelschicht, die diese Proteste trug, an der globalisierten Aufklärungsmoderne teilzuhaben. Aber ihr Wunsch blieb folgenlos. Es gab keinen *deus ex machina*, keinen Gott, der im letzten Moment rettend eingreift (nicht einmal der »Westen« tat dies!), um sie oder später die Syrer und andere zu retten.

Warum sollten Amerikaner oder Europäer die Iraner vor ihrem Regime schützen, wenn sich ein ähnlicher Versuch, so stümperhaft er auch ins Werk gesetzt worden war, im Irak offensichtlich nicht auszahlte? Sogar für die Iraner war es am Ende klüger, zu resignieren, sich zu arrangieren oder auszuwandern, wenn sie es konnten. Das gilt zumal dann, wenn das Ziel der Proteste ohnedies nur mehr oder weniger das westliche Modell war, inklusive des Individualismus, dem gemäß das Schicksal des Einzelnen höher wiegt als das eines Kollektivs oder einer Nation. Aus der individuellen Perspektive betrachtet brauchte man also gar nicht zu protestieren. Wenn man ein Visum zum Studium oder eine Arbeitserlaubnis bekam, lag das angestrebte Ziel nicht mehr als fünf Flugstunden von Teheran entfernt. Wenn man, wie die meisten, kein Visum bekam, war das Ziel weiter entfernt: eine wochenlange, lebensgefährliche Reise über die Flüchtlingsrouten, über Berge und Meere, durch Bürgerkriegsgebiete und schwer bewachte Grenzen, ausgeliefert Schleusern und Kriminellen. Das war lebensgefährlich, gewiss; aber sicher nicht gefährlicher und aussichtsloser als der Kampf gegen das Regime daheim.

Wir müssen uns dieser ernüchternden Sachlage stellen. Angesichts des Scheiterns der iranischen und der meisten anderen Protestbewegungen nach 9/11 brauchen wir eine schonungslose, unsentimentale Analyse ihrer Irrtümer.

Der erste Fehler war, dass die meisten Proteste spontan entstanden und für die Akteure selbst überraschend kamen. Daher hatten sie keine klare Vorgehensweise, Strategie und Zielsetzung. Die staatliche Gegenwehr war bereits in der Offensive, bevor überhaupt wirkungsvolle Streiks und Blockaden organisiert werden konnten. Der zweite Fehler bestand in der Annahme, einfache Forderungen nach Gerechtigkeit würden von den Herrschenden nicht als Affront gedeutet. Man nahm an, so etwas fiele nicht unter das Freund-Feind-Schema, und man könne damit die Entschlossenheit der Regime untergraben, zumal wenn diese Forderungen offensichtlich berechtigt waren.

Wie sollte man stattdessen vorgehen, wenn man den Status quo dennoch nicht einfach hinnehmen will? Wenn man nicht in die Falle der Logik von Entweder-oder, Freund oder Feind, »wir oder die anderen« tappen will? Das birgt stets die Gefahr einer großen, gewaltsamen Konfrontation. Die einzige Alternative scheint mir die Taktik der kleinen, fast unmerklichen Schritte zu sein. Sie besteht aus konkreten, vordergründig unspektakulären Anliegen, Gesten, Verweigerungen, Forderungen. Das ist gefährlich genug, wie etwa das Schicksal von iranischen Umweltschützern zeigt, die gnadenlos weggesperrt werden[54], von iranischen Frauen, die sich filmen, wie sie an öffentlichen Plätzen ihr Kopftuch abnehmen und verhaftet werden. Oder wie das Beispiel der chinesischen Ärzte zeigt, die es wagten, das Coronavirus ohne Absprache mit dem Regime bekannt zu machen, und die daraufhin Repressalien ausgesetzt waren.

DER WINTER VOR DEM FRÜHLING

Der Wunsch nach Veränderung endete im Arabischen Frühling 2011 in den meisten Fällen ähnlich tragisch wie im Iran, zum Teil aus denselben Gründen. Auch hier richteten sich die Proteste gegen Herrscher und Regime, die seit Jahrzehnten an der Macht waren. Die wirtschaftliche Situation war schwierig und hatte sich seit den neunziger Jahren weiter verschlechtert. Hinzu kam, dass die Legitimität und Existenzberechtigung der herrschenden Systeme, einst hergeleitet aus den Befreiungs- und Abwehrkämpfen gegen Kolonialismus, Imperialismus oder Israel, in dem Maß an Glaubwürdigkeit verloren, in welchem sie selber zu repressiven Mitteln griffen, um ihre Macht zu erhalten. Aufstiegs- und Entfaltungsmöglichkeiten hatte nur eine schmale Elite, die bei der oberen Mittelschicht anfing. Politische Perspektiven und Möglichkeiten zur Partizipation an der Macht oder am gesellschaftlichen Leben, an Bildung und Kultur waren mit hohen Hürden versehen.[55]

Neben Auswanderung, einer echten Option nur für Wohlhabende und Gebildete, oder Flucht, dem letzten, verzweifelten Ausweg für alle anderen, blieb als Ventil für die politisch Engagierten eine in bestimmten Szenen und Milieus herrschende informelle Meinungsfreiheit, etwa unter Künstlern, Intellektuellen, Schriftstellern. Das ist gut bezeugt in der arabischen Literatur der vorrevolutionären Zeit, etwa in den gesellschaftskritischen, teils dokumentarischen Miniaturen aus dem Buch »Im Taxi« von Chalid al-Chamissi aus Ägypten[56]; oder in den sarkastischen Kurzgeschichten aus der Sammlung »Dunkle Wolken über Damaskus« von Dima Wannous aus Syrien.[57] Gleich vielen anderen, ähnlichen Texten sind diese Bücher bereits vor den Revolutionen erschienen und haben die bedrückende Atmosphäre jener Epoche festgehalten.

An dem Umstand, dass die Proteste in der arabischen Welt nicht früher ausbrachen, obwohl die Entwicklung jener Länder seit den neunziger Jahren stagnierte, hat 9/11 einen beträchtlichen Anteil. 9/11 führte zu einer verstärkten Sicherheitszusammenarbeit mit Regimen, die eigentlich abgewirtschaftet hatten, und verlängerte so ihr Leben. Ein Beispiel dafür ist die sogenannte Mittelmeerinitiative des französischen Ministerpräsidenten Nicolas Sarkozy, die auf eine zwischenstaatliche institutionelle Zusammenarbeit setzte.[58] Sie lief auf eine Stärkung despotischer, korrupter, intransparenter Regime hinaus, an deren Reformwillen niemand ernsthaft geglaubt hat. Sie erfüllte jedoch die europäischen Sicherheitsbedürfnisse, indem die eingebundenen Regime die Menschen an der Flucht nach Europa hinderten oder Informationen über Terrorverdächtige weitergaben. Im Gegenzug erhielten die Staaten wirtschaftliche Unterstützung und politische Legitimation, was auch hieß, dass Europa bei den Menschenrechten nicht mehr allzu genau hinschaute. In vielen Fällen existiert eine derartige Sicherheitszusammenarbeit nach wie vor.

Die Regime wurden durch diese Zusammenarbeit gestärkt und konnten gegen unliebsame Meinungen und oppositionelle Teile der Bevölkerung vorgehen, zumal gegen islamistische Gruppierungen, ohne Kritik von außen fürchten zu müssen. Der Kampf gegen den Terror lag ohnedies auf der Linie der meisten arabischen Regierungen. Sie hatten schon länger Probleme mit dem politischen Islam als Europäer und Amerikaner und brandmarkten innenpolitische Gegner gern pauschal als Terroristen, um dann drakonische Gesetze gegen sie anzuwenden. Solche Verfahrensweisen sind in den Jahren nach den arabischen Revolutionen ausgeweitet worden. Die Verfolgung missliebiger Journalisten und Aktivisten in der Türkei gibt bis heute ein Beispiel dafür ab. Säkulare, linke und zivilgesellschaftlich orientierte Kräfte (auch solche mit muslimischem Hintergrund, versteht sich) wurden dadurch überall in der islamischen Welt geschwächt.

Die Konsequenz daraus war, dass unter den arabischen Bevölkerungen der betroffenen Länder der zum Teil berechtigte Eindruck entstand, sie müssten, wenn sie ihre Regierung kritisierten oder gegen sie ankämpften, zugleich gegen »den Westen« und die von ihm vorangetriebene Globalisierung und den

Imperialismus ankämpfen. Vor diesem Hintergrund gewann eine alte Parole der Islamisten neue Überzeugungskraft. Sie lautete: »Der Islam ist die Lösung.«

Die Frontstellung gegen die eigenen Regime und gegen die Kräfte in Euro-Amerika, die sie förderten, ließ sich mit einem politisierten, auf Widerstand getrimmten Islam leichter vereinbaren als mit der aus Europa stammenden Haltung der progressiven arabischen Linken. Während nämlich die progressiven Kräfte *kulturpolitisch* vom »Westen« hofiert wurden, stärkte die Sicherheitszusammenarbeit die regressiven Regime und verhinderte, dass jenseits einer wenig bedeutenden kulturellen Elite politische Strukturen entstanden, die in der Lage gewesen wären, die nachrevolutionäre Situation aufzufangen und zu bespielen.

Da die Konfliktlinie nach 9/11 gemäß der Rede vom »Kampf der Kulturen« von vielen als kulturelle begriffen wurde und kulturell aufgeladen war[59], hatten in der breiteren öffentlichen Wahrnehmung auch die Konfliktlösungsstrategien eine überproportionale kulturelle Schlagseite. Vielerorts in der islamisch geprägten Welt wurden von Europa aus Dialogprogramme in die Wege geleitet und Kultur als unverfängliches und vergleichsweise günstiges Werkzeug begriffen, um eine Öffnung und Liberalisierung der arabischen Gesellschaften zu fördern und mithilfe des Dialogs eine »Deradikalisierung« (wie das Schlagwort lautete) in die Wege zu leiten.

Die Reichweite und die Wirkungsweisen von Kultur wurden dabei zumeist falsch eingeschätzt. Zwar richteten die kulturpolitischen Offensiven wenig Schaden an. Aber sie führten zu überzogenen Erwartungen und waren ebenfalls vom zivilmissionarischen Gedanken einer Bekehrung von Arabern und Muslimen zur besseren, und das heißt einer irgendwie liberalen, »westlichen« Weltanschauung getragen.[60]

Eine intelligentere europäische Politik gegenüber der arabisch-islamischen Welt nach 9/11 hätte dagegen auf eine aggressive und ausgrenzende Sicherheitszusammenarbeit verzichtet und stattdessen durchlässige, osmotische Strukturen aufgebaut, nicht nur für Gelder und Waren, wie es die neoliberale Politik seit jeher anstrebt, sondern ebenso für Menschen. Die bekannten, im Prinzip richtigen Ideen der Entwicklungszusammenarbeit wie Nachhaltigkeit, Korruptionsbekämpfung, Förderung der Zivilgesellschaft, fairer Handel hätten in viel größerem Maßstab implementiert werden müssen. So kostspielig das geworden wäre, es wäre einfacher und günstiger gewesen als das Management der großen Migration des Jahres 2015 und ihrer innenpolitischen Folgen, die aus den entgleisten arabischen Revolutionen resultierten.

Freilich: Auch eine andere Nahostpolitik nach 9/11 wäre keine Garantie für eine positive Entwicklung gewesen. Vermutlich war es bereits 2001 zu spät dafür. Sie hätte mit der Wende und Demokratisierung in Osteuropa einhergehen müssen. Aber die Entwicklungen in Osteuropa bis 2021 zeigen, wie ungewiss selbst dort der Fortbestand der Demokratie ist. Schließlich kam der Irak-Effekt hinzu. Statt einen demokratischen Modellstaat zu entwickeln, hatten die Amerikaner das Land ins Chaos gestürzt. Robert F. Worth, damals Journalist für die *New York Times*, schrieb: »Die täglichen Horrormeldungen über den Bürgerkrieg zwischen den Religionsgemeinschaften im Irak wurden von den Diktatoren als mahnendes Beispiel verwendet; sie brauchten nur in Richtung Bagdad zu zeigen, und das ganze Gerede über Demokratie würde verstummen.«[61]

Und war nicht auch die liberale, »westliche« Vision einer Welt, in der wirtschaftlicher, politischer und sozialer Fortschritt Hand in Hand gingen, in diesem Westen selbst stark diskreditiert? 2008 hatten faule Kredite auf dem amerikanischen Immobilienmarkt eine Kettenreaktion an Bankenpleiten ausgelöst und die Kreditwürdigkeit einiger Länder, in Europa insbesondere von Griechenland, Italien und Spanien, so stark herabgesetzt, dass Staatspleiten drohten und die Stabilität des Euro gefährdet war. Erneut kam es zu globalisierungskritischen Protesten, diesmal unter dem Motto »Occupy Wall Street« – »Besetzt die Wall Street«!

Das euroamerikanische Gesellschaftsmodell ungebremsten Wachstums, befeuert von immer weiteren Liberalisierungen und dem kontinuierlichen Rückzug des Staates, drohte zu scheitern. Das Wohlstandsversprechen der Demokratien verlor an Glaubwürdigkeit. Griechenland, von der Krise am härtesten getroffen, wurde einem Schuldenregime durch die EU unterworfen, das an koloniale Praktiken erinnerte: Die griechische Regierung konnte nicht mehr eigenständig über ihren Haushalt und ihre Politik bestimmen. Ausgerechnet Anfang 2011, als die liberale Demokratie westlichen Stils an ihrem Tiefpunkt angelangt schien, erscholl der Ruf ebendanach aus den Mündern derjenigen, denen er seit 9/11 am wenigsten zugetraut worden war: den Araberinnen und Arabern.

ARABISCHE REVOLUTIONEN

Waren es echte Revolutionen? Oder nur Aufstände, Revolten, Chaostage? Das letzte Wort ist noch nicht gesprochen. 2019 kam es in mehreren arabischen Ländern – Sudan, Algerien, Libanon, Irak – zu wochenlangen friedlichen Demonstrationen mit der Forderung nach dem Rücktritt der Regierungen. Im Iran flammten im Herbst desselben Jahres ebenfalls große, bald gewaltsam niedergeschlagene Proteste gegen drastische Benzinpreiserhöhungen auf; im Januar 2020 knüpften daran weitere Demonstrationen an, nachdem der versehentliche Abschuss eines vollbesetzten Passagierflugzeugs über Teheran als technischer Defekt vertuscht werden sollte.

Alle diese neuen Proteste reihten sich in die Aufstände ein, die 2009 im Iran und 2011 in der arabischen Welt ausgebrochen waren und in den folgenden Jahren globale Erschütterungen auslösten. An ihrem Anfang stand die Selbstverbrennung des tunesischen Straßenhändlers Mohamed Bouazizi in der Provinzstadt Sidi Bouzid am 17. Dezember 2010. Die darauf folgenden Demonstrationen steigerten sich zu einem landesweiten Aufstand, der »Jasminrevolution«, wie die Tunesier sie nannten. Der Name betonte den friedlichen Charakter der Revolte und bezog sich auf ähnlich genannte Revolutionen anderswo in der Welt, etwa auf die »Nelkenrevolution« in Portugal 1974, die »Orange Revolution« in der Ukraine 2004 und 2005 und die »Grüne Bewegung« im Iran 2009.[62]

Als der Aufstand in Tunesien auf andere Länder übergriff, war bald vom »Arabischen Frühling« die Rede. Die Aufbruchsstimmung jener Tage ist damit gut getroffen. Freilich hielt sie wirklich nur ein Frühjahr lang. Ohnedies war die Rede vom »Arabischen Frühling« unheilschwanger, spielte sie doch auf die tschechoslowakische Demokratiebewegung des »Prager Frühlings« von 1968 an, die im selben Jahr von Truppen des Warschauer Paktes, den sozialistischen »Bruderländern«, gewaltsam beendet wurde. Nicht anders sollte es dem politischen »Frühling« in der arabischen Welt ergehen. Er wurde ebenfalls mit tatkräftiger Hilfe von außen niedergeschlagen, vor allem auf Betreiben der reichen arabischen »Bruderländer« am Persischen Golf.

Viele der Auseinandersetzungen und Bürgerkriege, die 2011 begannen, dauern auch zehn Jahre später noch an, so zum Beispiel in Syrien, Libyen und im Jemen. In Ägypten siegte 2013 nach zwei turbulenten Jahren die Konterrevolution und spülte einen Präsidenten an die Macht, Abd al-Fattah al-Sisi, ehemals Chef des Militärgeheimdienstes, der bei vielen Ägyptern die Sehnsucht nach dem 2011 gestürzten Hosni Mubarak (1928–2020) wiedererweckte, dessen Herrschaft lähmend, aber weniger despotisch war. Allein das kleine, für die Weltwirtschaft unbedeutende Tunesien hat nach 2011 den ungewissen Weg eingeschlagen, der mit echten politischen und wirtschaftlichen Reformen einhergeht. In jenen Ländern hingegen, in denen 2019 eine neue große Protestwelle ausbrach, hat die Coronakrise die politische Dynamik 2020 brutal ausgebremst. Immerhin sind dort überall neue Regierungen angetreten und Herrscher, die zum Teil seit Jahrzehnten regiert hatten, abgesetzt worden, wie Omar al-Baschir im Sudan und Abdelaziz Bouteflika in Algerien.

Wenngleich die Proteste in jenem Dezember 2010, als Mohamed Bouazizi sich verbrannte (er starb am 4. Januar 2011), für viele unerwartet ausbrachen, war – spätestens! – seit 9/11 absehbar, dass die islamische Welt auf einen Punkt zutrieb, an dem es nicht mehr wie gewohnt weiterginge, keine Kosmetik, kein Ablenkungsmanöver mehr helfen würde und die überall spürbaren Konflikte sich eruptiv entladen mussten. Es brauchte nur einen Anlass, einen Funken und die dazugehörige Zündschnur. Als Zündschnur funktionierten die in den Jahren zuvor aufgekommenen, seither auch in der islamischen Welt weit verbreiteten neuen Medien: Satellitenfernsehen, Internet, Smartphones – das erste iPhone, auch dies gehört zur Geschichte seit 9/11, kam 2007 auf den Markt.

Federführend unter den Medien war erneut Al Jazeera aus Katar. Der Satellitensender hatte mit dezidiert antiamerikanischer Berichterstattung aus dem Irakkrieg sein Profil geschärft und wurde als Stimme der arabischen Massen angesehen – etliche seiner Reporter berichteten aufseiten der sunnitischen Aufständischen und riskierten ihr Leben. In den Jahren, die auf die arabischen Revolutionen folgten, sollte der Sender den Bogen seiner zunehmend parteilichen Berichterstattung, in der Regel zugunsten der Muslimbrüder, allerdings überspannen. Er manövrierte Katar in ein regionalpolitisches Abseits, das 2018 in einen anhaltenden Wirtschaftsboykott der anderen Golfstaaten gegen das Emirat mündete.

Als am 14. Januar 2011 der tunesische Präsident Ben Ali, die Verkörperung des tunesischen Polizeistaats, nach 23 Jahren an der Macht abtrat und bezeichnenderweise in Saudi-Arabien Asyl fand, wo er 2019 verstarb, jubelten die Tunesier. Auch die Ägypter witterten ihre Chance. Jetzt schlug die Stunde der Aktivisten, die schon vorher teils öffentlich, teils im Untergrund politisch aktiv gewesen waren, die nötigen Netzwerke aufgebaut und Strategien des Widerstands erprobt hatten. Ihnen schloss sich ein bis dahin eher unpolitisches, junges, technikaffines Milieu an. Gemeinsam nutzten sie die neuen sozialen Medien, damals vor allem Facebook, zur Mobilisierung der Protestierenden.

Die 2011 überall aufkeimende Hoffnung, den Abschluss der Epoche von 9/11 und den Beginn einer besseren zu erleben (und den Albtraum von 9/11 abzuschütteln), wurde schließlich dadurch bestärkt, dass Bin Laden am 2. Mai 2011 von einem amerikanischen Spezialkommando in seinem Versteck in der pakistanischen Garnisonsstadt Abbottabad aufgespürt und getötet wurde. Es fühlte sich an, als habe sich die Geschichte im letzten Moment besonnen und wollte nun doch eine positive Wende nehmen. Aber das Gegenteil war der Fall. Die schlimmsten Ereignisse der Zeit nach 9/11 standen erst bevor.

Der Tahrir-Platz in der Nähe des Ägyptischen Museums, einer der Haupttouristenattraktionen von Kairo, wurde seit dem 25. Januar 2011 zum zentralen Versammlungsort der Protestierenden und erlangte als Symbol des Arabischen Frühlings weltweite Berühmtheit (»Tahrir« heißt »Befreiung«). Die Proteste setzten eine große Welle von Kreativität und Erfindungsreichtum frei. Es entstand eine aufregende Street-Art- und Graffiti-Szene, die eine visuelle Chronik der Revolution und ihrer Wendungen schuf. Wie um die revolutionären Aktivitäten selbst zu beenden, wurden die faszinierenden Wandbilder nach dem konterrevolutionären Putsch von General al-Sisi 2013 von den Behörden nahezu vollständig zerstört. Heute findet man ihre Spuren nur noch in elektronischen Archiven, Dokumentarfilmen oder opulenten Bildbänden.[63]

Zunächst sah alles gut aus. Nach dreiwöchigen Protesten auf dem Tahrir-Platz und vergleichsweise wenigen gewalttätigen Auseinandersetzungen wurde der seit 1981 amtierende Hosni Mubarak am 11. Februar 2011 vom Militär abgesetzt – gewiss eine Art Putsch, aber (wie acht Jahre später im Sudan) eindeutig einer, der von der Bevölkerung gefordert worden war. Mehr als eine Million Menschen soll sich den Demonstrationen angeschlossen haben. Das Militär bildete eine Übergangsregierung unter Feldmarschall Tantawi. Erstmals in der ägyptischen Geschichte wurden freie Parlaments- und Präsidentschaftswahlen in die Wege geleitet.

Allerdings waren die politischen Akteure nur unzureichend darauf vorbereitet. Für den Aufbau einer funktionierenden Parteienlandschaft und die Selbstfindung und Organisation neuer politischer Kräfte blieb keine Zeit. Das politische Feld wurde daher von den gut organisierten und aus Katar unterstützten Muslimbrüdern, von Anhängern des alten Regimes, von den etablierten Nasseristen und von den aus Saudi-Arabien unterstützten Salafisten beherrscht. Bei den ersten nachrevolutionären Parlamentswahlen erhielten Muslimbrüder und Salafisten insgesamt über 60 Prozent der Stimmen – bei einer insgesamt eher enttäuschenden Wahlbeteiligung von nur 54 Prozent.[64]

Eine ähnliche Enttäuschung hielten die folgenden Präsidentschaftswahlen bereit. Bei einer Stichwahl Mitte Juni 2012 traten die beiden Kandidaten gegeneinander an, die im ersten Wahlgang die meisten Stimmen geholt hatten. Es war ein Vertreter des alten Regimes, Ahmad Shafiq (der letzte Premierminister unter Mubarak) und Mohammed Mursi, ein wenig charismatischer Kompromisskandidat der Muslimbrüder. Vor die eigentlich unmögliche Wahl gestellt, das alte Regime wieder ins Amt zu hieven oder das Land den Muslimbrüdern auszuliefern, entschied sich eine sehr knappe Mehrheit für das Experiment: Mursi wurde mit gut 51 Prozent ins Amt gewählt.

Das folgende Jahr war eines der turbulentesten der ägyptischen Geschichte. Noch nie gab es eine solche Pressefreiheit. Jeder konnte alles sagen und schreiben – und tat es auch. Mursis Sieg bei den Präsidentschaftswahlen hatte ein Machtvakuum geschaffen. Formell betrachtet war er Präsident, und er versuchte, seine Position durch eine neue Verfassung und auf dem Weg einer Durchdringung der Institutionen zu erweitern. Er agierte jedoch ungeschickt und blieb, so wurde es empfunden, stets mehr der Präsident der Muslimbrüder als der aller Ägypter. Ohnehin lag ein Großteil der Macht immer noch beim Militär und den alten Eliten. Dazu kam die Einflussnahme von außen. Katar unterstützte wie erwartet die Muslimbrüder. Saudi-Arabien und die Vereinigten Arabischen Emirate hingegen das ägyptische Militär und die alte Elite, aus Angst, die Rufe nach Demokratisierung (und auf diesem Weg die Muslimbrüder) könnten sich auch in den Golfmonarchien ausbreiten. Den winzigen Inselstaat Bahrain hatten sie im Februar 2011 bereits erfasst. Nur mithilfe von Spezialkräften aus Saudi-Arabien und den Vereinigten Arabischen Emiraten, die Mitte März nach Bahrain einmarschiert waren, gelang es, die Proteste niederzuschlagen.

Zwischen Sommer 2012 und Sommer 2013 stand Ägypten ganz im Zeichen des vorerst noch gewaltfreien Kampfes zwischen Muslimbrüdern und Militärs. Alle übrigen Kräfte sahen sich gedrängt, für eine der beiden Seiten Partei zu ergreifen. Die Aktivisten der ersten Stunde, die nach wie vor dafür kämpften, dass Ägypten eine Zivilgesellschaft werde, weder vom Militär noch von den Islamisten regiert, waren in dieser Konstellation chancenlos. Vor die Wahl gestellt, ob sie eine chaotische, von vielen Seiten attackierte Herrschaft von Islamisten und Muslimbrüdern wollten oder ein Ende des Chaos und der Unsicherheit, dafür aber eine Rückkehr der Herrschaft des Militärs, gingen die Ägypter erneut massenhaft auf die Straße; nur diesmal *gegen* den gerade erst gewählten Präsidenten und für das Militär als vermeintlich neutralem Sachwalter des »Volkes«.

Das Militär, nun in Gestalt des von Mursi eingesetzten Verteidigungsministers al-Sisi, ließ sich die Gelegenheit nicht nehmen: Mursi wurde am 3. Juli 2013 abgesetzt und zusammen mit anderen Politikern der Muslimbrüder inhaftiert. Die Ägypter hatten die Demokratie, die sie mithilfe der Proteste zwei Jahre zuvor erlangt hatten, auf demselben Weg wieder abgeschafft.[65] Wobei die Vermutung naheliegt, dass bei der Protestwelle gegen Mursi das ägyptische Militär und seine Geldgeber auf der Arabischen Halbinsel hinter den Kulissen die Fäden gezogen hatten.[66]

Die Muslimbrüder mobilisierten nach dem Putsch ihre verbliebenen Anhänger, die am Rabia-Platz an der Straße zum Flughafen ein Protestcamp errichteten. Alles lief auf einen Showdown zu. Als das Ultimatum des ägyptischen Militärs, den Platz zu räumen, auslief, wurden die Muslimbrüder und -schwestern am 14. August vom Militär eingekesselt und beschossen. Das

Massaker am Rabia-Platz besiegelte das demokratische Experiment in Ägypten. Mindestens einige hundert, nach anderen Angaben mehr als tausend Menschen kamen bei der Niederschlagung ums Leben.[67] Abd al-Fattah al-Sisi herrscht seither unangefochten und wird trotz seiner verheerenden Menschenrechtsbilanz international genauso hofiert wie einst Mubarak. Mohammed Mursi starb am 17. Juni 2019 im Gefängnis.

»IM WESTEN NICHTS …« – ALS ZAUDERN!

Zu Anfang wurden die revolutionären Veränderungen von den meisten europäischen und amerikanischen Politikern und Kommentatoren nahezu uneingeschränkt begrüßt. Bereits bevor sich die politische Lage auch nur ansatzweise geklärt hatte, wurden von deutscher Seite Programme zur Unterstützung von Vergangenheitsbewältigung und gesamtgesellschaftlicher Versöhnung in die Wege geleitet. Vorbild waren die südafrikanische Wahrheitskommission und die Stasi-Unterlagen-Behörde (»BStU«) zur Aufarbeitung des DDR-Unrechts.[68] Man richtete damit keinen unmittelbaren Schaden an, schürte aber falsche Erwartungen, zog voreilige Schlüsse. Bald gerieten die politischen Stiftungen aus Europa und den USA, die aufseiten der Revolutionäre aktiv waren, ins Kreuzfeuer der erstarkenden Kräfte des alten Regimes, und sie mussten sich der Erkenntnis stellen, dass die Vergangenheit, die man aufarbeiten wollte, gerade erst so richtig anfing. Gegen die politischen und humanitären Verbrechen, die seit 2011 begangen wurden, mutete die Zeit davor wie eine Idylle an.

Abgesehen von diesen gut gemeinten, aber eher symbolischen Aktivitäten konnten sich Europa und die USA nicht zu einer eindeutigen Haltung und vorbehaltlosen Unterstützung jener Kräfte durchringen, die als progressiv und prowestlich galten. Anders formuliert: Europa und die USA betrieben (mit Ausnahme des militärischen Eingriffs in Libyen, s. u.) vor allem Symbolpolitik und Hinterzimmerdiplomatie. Alle anderen Akteure, insbesondere die arabischen Golfstaaten und der Iran, warteten dagegen mit einer aggressiven und ressourcenintensiven Machtpolitik auf. Für sie ging es um Sein oder Nichtsein. Hätten die Revolutionäre in Ägypten, Tunesien, Syrien, Libyen, Jemen den erstrebten Erfolg gehabt, hätten, wie das Beispiel Bahrain zeigte, auch die Menschen am Golf aufbegehrt. Das sollte mit aller Macht verhindert werden.

Aus euroatlantischer Sicht gab es für die Zögerlichkeit, sich konsequenter in das Geschehen in der arabischen Welt einzubringen, gute und schlechte Gründe zugleich. Zu den guten Gründen zählte, dass man in einer Situation, in der es in der arabischen Welt um Würde und Emanzipation ging, kaum eine Politik hätte verfolgen können, die nicht als imperial wahrgenommen worden wäre und Erinnerungen an das Kolonialzeitalter geweckt hätte. Wie die Erfahrungen im Irak, in Afghanistan und später in Libyen zeigten, wäre eine solche Politik zudem auf heftige Gegenwehr gestoßen und auch von vielen progressiven Kräften abgelehnt worden. Außerdem hätten solche Eingriffe zu Hause vor der eigenen Bevölkerung demokratisch legitimiert werden müssen, während die Autokraten in Saudi-Arabien, den Golfemiraten, im Iran, der Türkei und Russland ihre Landsleute nicht fragen mussten, was sie von den außenpolitischen Abenteuern ihrer Regierung hielten.

Allerdings gab es auch schlechte Gründe für die euroatlantische Zurückhaltung. Sie hingen direkt mit 9/11 zusammen, lassen sich auf die Angst vor dem Islam, vor dem Terrorismus und auf das allgemeine Misstrauen gegenüber Arabern und Muslimen zurückführen. Zusammengenommen stärkte das die bereits vorher kursierende, letzten Endes rassistische Auffassung, Muslime seien weder reif noch fähig für die Demokratie. Die islamfeindlichen Tendenzen, die nach 9/11 in Europa und den USA groß geworden waren, hielten vor diesem Hintergrund die Furcht wach, dass die Revolutionen doch nur eine neue Welle der Radikalisierung hervorbrächten. Und weil, auch aufgrund dieser Furcht, handfeste Hilfe für die säkularen und progressiven Kräfte ausblieb, trat umso sicherer ein, was befürchtet wurde: Die Revolutionen islamisierten sich. Es war eine sich selbst erfüllende Prophezeiung.

Für viele einflussreiche Akteure im euroatlantischen Raum gab es aber noch einen weiteren schlechten Grund, *nicht* aufseiten der progressiven und emanzipatorischen Kräfte einzugreifen: Sie waren schlicht *zu* progressiv, *zu* sozialdemokratisch oder sozialistisch, zu wenig auf die (neo)liberale Freiheit im »westlichen« Sinn aus, sondern strebten nach gesellschaftlichem und wirtschaftlichem Ausgleich, nach Solidarität und Teilhabe möglichst vieler an der angestrebten neuen Gesellschaft. Anders gesagt: Die progressiven Kräfte in der arabischen Welt ähnelten allzu sehr den neuen antikapitalistischen Protestbewegungen in der nördlichen Hemisphäre, etwa den Globalisierungskritikern, die 1999 in Seattle gegen die Tagung der Welthandelsorganisation protestiert hatten, oder der Occupy-Wall-Street-Bewegung, die nach der Bankenkrise 2008 groß geworden war.

Tatsächlich gab es eine solche Ähnlichkeit. Aus gutem Grund: Eine Revolution, die nur Freiheit, aber keine soziale Gerechtigkeit bringt, ist in ärmeren und weniger entwickelten Ländern bestenfalls eine Revolution für Reiche. Was die breite Masse der Bevölkerung betrifft, ist sie den Aufwand nicht wert. Brächte die Revolution aber soziale und wirtschaftliche Gerechtigkeit, würden das globalisierte Kapital und seine Vehikel, WTO (Welthandelsorganisation) und IWF (Weltwährungsfonds), nur verlieren.

Wären wirklich die progressiven Kräfte an die Macht gekommen, hätten sie auf einen fairen Handel gepocht und eine Politik betrieben, die mit den Verstaatlichungen in der Zeit zwischen den fünfziger und siebziger Jahren vergleichbar gewesen wäre. Diese war aber auf vehementen Widerstand vonseiten der USA und des kapitalistischen Blocks gestoßen. Denn natürlich ist es weitaus einfacher, mit korrupten Emiren oder Generälen Handel zu treiben, als mit Leuten, die die Interessen der Mehrheit der Menschen vertreten. Das war kein ausreichender Grund für den »Westen«, die Revolutionen zu stoppen, wie es die arabischen Golfstaaten versuchten. Aber es war der Grund, weswegen sie nicht entschieden genug unterstützt wurden und weswegen weder die Obama-Regierung noch die Europäer dem Treiben der reaktionären arabischen Staaten einen Riegel vorschoben, sondern sie gewähren ließen.

Dabei hätte es durchaus die Möglichkeit gegeben, gegenüber den repressiven Tendenzen und Regimen in der Region eine klare Sprache zu sprechen und ökonomische und diplomatische Konsequenzen zu ziehen, insbesondere gegenüber Saudi-Arabien und den Vereinigten Arabischen Emiraten. Sie spielten bei der Förderung der Konterrevolution der Militärs in Ägypten und der radikalislamischen Kräfte in Syrien eine entscheidende Rolle. Und sie trugen ja bereits für den Terror von 9/11 und danach eine hohe Mitverantwortung.[69]

VON LIBYEN NACH SYRIEN

Revolutionen wie die arabischen stellen jede demokratisch und menschenrechtlich orientierte Politik vor ein Dilemma. Eine Intervention ist genauso problematisch wie der Verzicht auf einen Eingriff. Beides wurde ausprobiert. Beides ging grausam schief. Im März 2011, als die Revolutionsdynamik noch positiv und vielversprechend war, verhängten Frankreich, Großbritannien, Kanada und die USA über Libyen eine Flugverbotszone zum Schutz von Aufständischen im Osten des Landes. Dort hatten am 17. Februar ebenfalls Proteste begonnen, die von den Aufständen in Tunesien und Ägypten inspiriert waren. Die Initiative für die hinter der Flugverbotszone stehende Resolution 1973 des UN-Sicherheitsrats war von den Golfstaaten ausgegangen, die seit Langem mit dem Enfant terrible Gaddafi, dem libyschen Diktator, verfeindet gewesen waren. Die Resolution wurde auch von der Arabischen Liga unterstützt und verfügte somit über eine beachtliche internationale und regionale Legitimation.

Im Lauf des Sommers nutzten die Aufständischen die Luftunterstützung, um gegen die Hauptstadt Tripolis vorzurücken, obwohl sie eigentlich nur Verteidigungszwecken dienen sollte. Russland, das sich wie Deutschland im UN-Sicherheitsrat enthalten hatte, fühlte sich hintergangen und fürchtete um seinen Einfluss in Nordafrika. Im August gelang es den Aufständischen, in einer Nacht-und-Nebel-Aktion die Hauptstadt einzunehmen. Gaddafi und seine Getreuen flohen. Am 20. Oktober 2011 wurde er in einem Versteck in seiner Geburtsstadt Sirte aufgespürt und ermordet, Filme von seiner Festnahme kursierten im Internet.

Mit der Entmachtung Gaddafis, dem niemand eine Träne nachweinte, endeten die gemeinsamen Interessen der Golfstaaten und der westlichen Mächte in Libyen. Das große, in weiten Teilen von der Sahara geprägte, schwer zu kontrollierende Land zerfiel und wird seither mit Unterstützung konkurrierender ausländischer Mächte von Warlords regiert.[70] Katar und die Türkei stehen aufseiten der mühsam zusammengeschmiedeten »rechtmäßigen Regierung«, die als islamistisch geprägt gilt. Saudi-Arabien, Abu Dhabi, Ägypten und Russland unterstützen den aufständischen General Haftar aus dem ostlibyschen Bengasi. Viele Gebiete Libyens werden von lokalen Warlords oder Banden kontrolliert, die ihr Geld mit Flüchtlingen verdienen, oder von terroristischen Gruppen wie al-Qaida und dem »Islamischen Staat«.

Die Situation in Libyen hat sich – trotz oder wegen des massiven westlichen Eingriffs – zu einem Worst-Case-Szenario entwickelt. Am übelsten ist die Lage für die von dort nach Europa strebenden afrikanischen und arabischen Migranten. Da es keine Zentralmacht mehr gibt, führt der vordergründig leichteste Weg nach Europa über Libyen: Keine Behörden, keine Polizei, keine Grenzbeamten halten sie auf, wie es in den Nachbarländern der Fall ist, die allesamt mit Europa Abmachungen gegen Flüchtlinge geschlossen haben. In Libyen müssen sie sich »nur« mit Menschenschmugglern und Kriminellen arrangieren, die die Flüchtlinge oft als Geiseln nehmen und von den Familien Lösegelder erpressen.[71] So katastrophal die Folgen des militärischen Eingriffs in Libyen bis heute sind, ist davon auszugehen, dass die Lage auch ohne die westlichen Eingriffe chaotisch verlaufen wäre, wie ein anderes Beispiel belegt: Syrien.

Als ich 1991 und 1992 für ein Jahr in Syrien studierte, stellte ich bald fest, dass ich nicht nur in einem Land im Nahen Osten lebte, in einer arabischen Diktatur, womit ich gerechnet hatte, sondern auch in einem der letzten sozialistischen Staaten, mit Papierknappheit, regelmäßigen Stromausfällen und Heizölmangel in einem sehr kalten Winter. Die Presse war streng zensiert, ein nennenswertes öffentliches Leben gab es nicht, sah man von den Kaffeehäusern ab, die praktisch den Männern vorbehalten waren, sowie drei internationalen Hotels und einigen wenigen Restaurants. Alles spielte sich im Privaten ab, wie es vor 1989 mangels Ausgehmöglichkeiten auch in vielen anderen sozialistischen Staaten der Fall war. Ich hatte das Gefühl, ich sei Teil eines sozialen Experiments, zumal Syrien vom Rest der Welt wie abgeschottet wirkte. Im westlichen Nachbarland Libanon war gerade erst der Bürgerkrieg zu Ende gegangen, im östlichen Nachbarland Irak der Golfkrieg, in dem Saddam Hussein aus Kuwait vertrieben worden war.

Syrien wurde von George W. Bush in seiner Rede zur Lage der Nation am 29. Februar 2002 zwar nicht ausdrücklich zur »Achse des Bösen« gezählt – Bush nannte Nordkorea, Iran und Irak. Doch es gibt Hinweise darauf, dass unmittelbar nach 9/11 auch Syrien ins Visier der Interventionisten und Regimewechsel-Befürworter um Verteidigungsminister Donald Rumsfeld, seinen Stellvertreter Paul Wolfowitz und Außenminister Dick Cheney geriet.[72] Das seit dem Tod von Hafis al-Assad im Jahr 2000 von dessen Sohn Baschar beherrschte Land lag als Nachbar des Irak, Verbündeter des Iran, Erzfeind Israels und langjähriger Sponsor des palästinensischen Widerstands, Unterstützer der Hisbollah im Libanon und Heimat russischer Militärbasen so nah an dieser Achse wie kein zweites Land in der Region und wurde von Vertretern der amerikanischen Regierung als »Schurkenstaat« geführt.[73]

So wenig hilfreich solche Töne in der internationalen Diplomatie sind: Ganz falsch war diese Bezeichnung nicht. Dass das syrische Regime auch unter dem jungen, vordergründig modern und aufgeklärt wirkenden Präsidenten (er war in Paris und London zum Augenarzt ausgebildet worden) willens war, jedes

Mittel zur Durchsetzung seiner Interessen einzusetzen, wurde im Februar 2005 offenkundig, als der vormalige libanesische Ministerpräsident Rafik Hariri, einer der bedeutendsten politischen Persönlichkeiten im Nahen Osten, in Beirut aller Wahrscheinlichkeit nach von der Hisbollah in Zusammenarbeit mit dem syrischen Geheimdienst ermordet wurde.[74]

Ich erinnere mich, wie eine Freundin, die fast jedes Jahr nach Syrien fuhr, nach ihrer Rückkehr 2010 davon erzählte, wie furchtbar die wirtschaftliche Lage sich für die Ärmeren im Land entwickelt habe. Das Regime habe die Repression gegen die Oppositionellen wieder verschärft und drohe ihnen offen mit Haft, würden sie sich weiterhin kritisch äußern. Dazu kamen die Auswirkungen des Klimawandels. Eine anhaltende Dürre hatte in den sieben Jahren vor 2011 mehr als 300 000 Menschen vom Land in die Städte getrieben: Syrien stand selbst ohne die arabischen Revolutionen vor einer schweren Krise. Damit litt es unter ähnlichen wirtschaftlichen und politischen Problemen wie die anderen arabischen Staaten auch – mit dem Unterschied freilich, dass Baschar, der neue Präsident, den hergebrachten Staatssozialismus, wie ich ihn Anfang der neunziger Jahre noch erlebt hatte, inzwischen abgewickelt hatte – mit kräftiger Unterstützung neoliberaler Kreise aus Europa.

An diesen wirtschaftlichen Reformbemühungen war in einer Nebenrolle der Wirtschaftswissenschaftler Bernd Lucke beteiligt, der spätere Gründer der Partei »Alternative für Deutschland« (AfD). Er arbeitete zwischen 2000 und 2007 zum Nahen Osten, speziell zur wirtschaftlichen Liberalisierung in Syrien.[75] Das Resultat dieser Liberalisierungsversuche (rein wirtschaftlichen, versteht sich), die von der Weltbank, der Deutschen Forschungsgemeinschaft und einem Netzwerk euromediterraner Wirtschaftsforschungsinstitute (FEMISE) gefördert wurden, war der Abbau lebenswichtiger staatlicher Subventionen. Das führte zur Vernachlässigung ländlicher Gebiete zugunsten profitträchtigerer Wirtschaftszweige. Es bescherte Syrien einen gewissen, freilich sehr ungleich verteilten Wirtschaftsaufschwung und verschärfte die ohnedies existierenden sozialen Ungerechtigkeiten auf eine Weise, die schließlich dazu beitrug, die Revolte zu provozieren. Die Preise stiegen, aber die staatliche Unterstützung wurde abgebaut, ganz wie es das neoliberale Drehbuch vorschreibt. 2007 galt laut einer Studie des UN-Entwicklungsprogramms ein Drittel der Syrer als notleidend.[76]

Bleiben wir kurz bei den Zusammenhängen von (Neo-)Liberalisierung und arabischer Revolution! Zeitweiliger Präsident von FEMISE war der ägyptische Ökonom Ahmed Galal, der im ersten Kabinett von al-Sisi nach dem Militärputsch in Ägypten im Juli 2013 Finanzminister wurde. Eine undankbare Aufgabe, sollte man meinen. Einerseits, weil die Übergangsregierung unter Präsident al-Sisi in Ägypten seit dem Massaker auf dem Rabia-Platz viel Blut an den Händen hatte. Andererseits, weil der Putsch von al-Sisi im Sommer 2013 vor allem dazu diente, die Kontrolle des ägyptischen Militärs über die Wirtschaft aufrechtzuerhalten, also gerade keine liberalen ökonomischen Reformen anzustreben. Jede halbwegs demokratische Regierung hätte dagegen als Erstes mit den Privilegien und der Korruption des Militärs aufräumen müssen.

Aber die Geschichte geht weiter: 2019 wurde der damalige Direktor von FEMISE, Ibrahim Elbadawi, Finanzminister der sudanesischen Übergangsregierung nach dem Sturz des langjährigen sudanesischen Präsidenten al-Bashir, der in den neunziger Jahren Osama Bin Laden Asyl gewährt hatte. Man kann nur hoffen, dass Elbadawi seine Finanzpolitik nach den Bedürfnissen der Sudanesen ausrichtet, nicht nach den Vorgaben der Weltbank oder neoliberaler Think-Tanks. Die Beispiele aus Syrien, Ägypten und dem Sudan zeigen, wie intensiv der Einfluss euroamerikanischer Finanznetzwerke und regierungsnaher Institutionen auf die arabische Welt nach wie vor ist. Wer in diesem Zusammenhang von neokolonialen Praktiken redet, liegt nicht völlig daneben.

Eine aktuelle Expertise von FEMISE, die von Elbadawi mit gezeichnet ist[77], macht sich zukunftsweisende Gedanken über die Repatriierung von arabischen Flüchtlingen. Ziel ist ihre Rückführung, obwohl die meisten Flüchtlinge in Europa bleiben werden oder bleiben wollen. Die neoliberale Politik, die die Länder der Region wirtschaftlich destabilisiert und ausbluten lässt, geht mit der antiliberalen und flüchtlingsfeindlichen Politik populistischer Parteien und Regierungen in Europa und den USA Hand in Hand. Durch diese vordergründig widersinnige Partnerschaft neoliberaler und antiliberaler Kräfte wird verhindert, dass die »westliche«, in aller Regel neoliberale Politik für das, was sie anderswo anrichtet, die Verantwortung übernimmt und die Konsequenzen in Gestalt von Unruhen, Bürgerkriegen und verschärften Migrationsbewegungen (er)tragen muss. Die rechtspopulistische Anti-Migrations-Politik Europas baut die Grenzen, die der Neoliberalismus für die Geldströme eingerissen hat, gegen die Menschen, die dabei zu Verlierern geworden sind, wieder auf.

Ohne dass Syrien irgendwie in 9/11 verwickelt gewesen wäre, geriet das Land mit der amerikanischen Irak-Invasion in den Sog der durch den Terror ausgelösten Ereignisse. Der Iran, vom selben Sog bedroht, wehrte sich dagegen und schaffte es, die amerikanische Besetzung des Irak für seine Zwecke zu nutzen. Er unterstützte die irakischen Schiiten und spannte sie effektiv für seine Zwecke ein. Auf ähnliche Weise ergriff bald auch Syrien Maßnahmen gegen den amerikanischen Einfluss: Es erlaubte den Djihadisten, insbesondere Sunniten und einstigen Saddam-Anhängern, die im Irak die amerikanischen Truppen attackierten, sich bei Bedarf nach Syrien zurückzuziehen und von dort aus zu operieren. Das war ein einfaches und effektives Mittel, Druck auf die Amerikaner auszuüben. Die Syrer regulierten den Djihadismus fortan wie mit einem Wasserhahn, den man nach Belieben auf- und zudreht.[78] Dabei konnte sich die syrische Regierung darauf herausreden, dass die lange, größtenteils aus Wüsten bestehende Landesgrenze zum Irak kaum zu kontrollieren sei.

Syrien versetzte so den amerikanischen Truppen Nadelstiche, ohne dafür die Verantwortung übernehmen zu müssen, verhinderte die Stabilisierung des Irak und torpedierte den amerikanischen Versuch der Demokratisierung. Ohne sich darüber absprechen zu müssen, zogen die Syrer dabei am selben Strang wie die Iraner und die reichen arabischen Golfmonarchien, die ebenfalls kein Interesse an einer Demokratisierung der Region hatten. So töricht und inkompetent die amerikanische Vorgehensweise im Irak war – angesichts dieser geostrategischen Nachbarschaft wäre es auch bei einer ungleich geschickteren Politik schwierig gewesen, ausgerechnet dieses Land in einen Leuchtturm der liberalen Demokratie zu verwandeln.

Das allgemeine Gefühl der Bedrohung durch die amerikanische Präsenz im Irak hat die Innenpolitik des syrischen Regimes weiter verhärtet. Jede Form der Öffnung konnte eine Lawine auslösen. Syrien wurde zudem nicht nur Zufluchtsgebiet für Djihadisten. Auch andere Iraker, sofern sie es sich leisten konnten, wanderten dorthin aus, um der gefährlichen und zunehmend unerträglichen Lage in ihrer Heimat zu entfliehen. Die irakischen Flüchtlinge waren bei der syrischen Bevölkerung wenig willkommen. Sie trieben die Preise hoch und waren ein Vorbote dessen, was Syrien bevorstand.

Nicht allein die Amerikaner im Irak, auch die sunnitischen

Islamisten bedrohten die Herrschaft der säkularen, aber von der Sekte der Alawiten dominierten Baath-Partei in Syrien. Die Gefahr durch die Islamisten kannte das Regime seit Langem. 1982 war es zu einem Aufstand der Muslimbrüder in der mittelsyrischen Stadt Hama gekommen, der von Hafis al-Assad mit größter Brutalität niedergeschlagen worden war und weit über 10 000 Menschen das Leben kostete. Syrien unterstützte daher nicht bloß stillschweigend den Djihadismus im Irak, sondern ging gleichzeitig aktiv gegen Islamisten im eigenen Land vor und nahm zahlreiche von ihnen in Haft.

Als gegen Ende März 2011 die ersten Proteste in Syrien ausbrachen, waren Assad und die seinen entschlossen, den Oppositionellen keinerlei Zugeständnisse zu machen. Das Regime erwies sich als brutaler, verschlossener und verschworener als die Diktaturen Ben Alis oder Mubaraks, die bereits beseitigt waren. Während es auch in Tunesien und in Ägypten Folter gab (und in Ägypten nach wie vor gibt), war das Ausmaß der Misshandlungen bereits vor der Revolution in Syrien ungleich größer und systematischer.[79]

Die Proteste am Anfang des Jahres 2011 brachen sich daher zunächst nur in einigen Provinzstädten Bahn, die unter der wirtschaftlichen Situation in Syrien am meisten litten. Da die Demonstranten sich meist freitags nach dem Gebet versammelten, bezeichnete die Staatspresse sie als Islamisten und Terroristen. Es gelang dem Regime, den anfangs friedlichen Widerstand durch Schüsse auf die Demonstrationszüge so sehr unter Druck zu setzen, dass Teile der Armee desertierten – oft, nachdem sie sich geweigert hatten, auf die Protestierenden zu schießen – und auf die Seite der Opposition wechselten, die sich damit langsam militarisierte. Die internationalen Medien, insbesondere der Satellitenkanal Al Jazeera, sendete die Videos der Aktivisten in die ganze arabische Welt und warb für die Revolution. Demonstrationen in den wichtigen Großstädten Hama und Homs an der zentralen Verkehrsachse zwischen Damaskus und Aleppo schlossen sich an. In der Folge meldeten die Aufständischen bald ganze Städte und Gebiete als »befreit«.

Der syrische Dichter Adonis, der vierzig Jahre zuvor die prophetischen Verse in dem Gedicht »Ein Grab für New York« geschrieben hatte, äußerte sich zwei Monate nach dem Ausbruch der Proteste in einer arabischen Tageszeitung wie folgt: »Es war eigentlich nicht anders zu erwarten gewesen, dass das, was nun in Syrien passiert, auf die ein oder andere Weise passieren würde. Dass der Mensch aus seinem Schlaf oder besser gesagt aus seiner Betäubung erwachen würde. Dass er endlich anfangen würde, Freiheit, Menschenwürde, ein Ende der Tyrannei, eine gerechte Verteilung des Reichtums, Amnestie für politische Gefangene und Ähnliches einzufordern.«[80]

Da griff das Regime zu einem Trick, den es lange vorbereitet hatte: Es entließ seine zu allem entschlossenen Feinde, die Djihadisten, aus den Gefängnissen.[81] Was zunächst absurd klingt, erklärt sich leicht: In perfider Logik baute das Regime darauf, dass die militanten Islamisten den Aufstand der säkularen und prowestlichen Kräfte unterwandern und die Rebellion islamisieren und militarisieren würden. Die Rechnung ging auf und bot dem Regime die gewünschte Möglichkeit, das brutale Vorgehen gegen die Aufständischen vor der Weltöffentlichkeit als Anti-Terror-Kampf gegen den militanten Islamismus darzustellen. Wenn das syrische Regime die Aufständischen bekämpfte, tat es gemäß dieser Logik nichts anderes als auch die Amerikaner, wenn sie die Djihadisten bis in die hintersten Winkel Afghanistans verfolgten.

So groß die Hoffnung auf den Sturz des Regimes in der Opposition und in weiten Teilen der Bevölkerung war, es gab einige Skeptiker. Obwohl er die Proteste nachvollziehen konnte, zählte auch Adonis dazu. Er lehnte es ab, diesen Aufstand als echte Revolution zu bezeichnen. Wie er mir damals in mehreren Gesprächen erklärte, fehlte für eine echte Revolution eine klare Strategie, eine Organisation und Führungspersonal. Eine Revolution war für Adonis das, was er selbst Ende der vierziger Jahre als Aktivist für die Syrische Soziale Nationalistische Partei (SSNP) angestrebt hatte. Dieser Bewegung verdankt er seinen Namen (vgl. S. 23), aber auch einen mehrmonatigen Gefängnisaufenthalt wegen des Verdachts, an einem Umsturzversuch beteiligt gewesen zu sein. Eine Revolution brauchte demzufolge einen Führer, wie es Antun Saadah für die SSNP gewesen war[82], Mao für die chinesischen Kommunisten, Castro für die Kubaner, Khomeini für die Iraner, so kritisch man ihnen allen auch gegenüberstehen mochte.

Die Aufständischen in der arabischen Welt waren hingegen eine bunt gemischte, beinah apolitisch wirkende Truppe, geeint nur in ihrer Opposition zu den herrschenden Regimen. Fast alle weltanschaulichen Tendenzen und Bevölkerungsschichten waren vertreten. Es gab keine Partei und auch keine andere Organisation im Hintergrund, welche wie ein Puppenspieler die Fäden ziehen könnte. Für ihre Spontaneität und das Fehlen einer klaren, einheitlichen Ideologie und Führung wurden die arabischen Revolutionäre (wie die Iraner 2009) von vielen gefeiert, nicht zuletzt von europäischen Intellektuellen und von Beobachtern im Exil, wie etwa Hamid Dabashi.[83]

Für Adonis und viele andere seiner Generation war das Fehlen einer Organisation im Hintergrund jedoch ein klares Manko. Kam hinzu, dass er eine Unterwanderung der Revolution durch die Islamisten fürchtete. Wie sich bald herausstellte, war diese Furcht mehr als begründet. Von der syrischen Opposition, auch der säkularen, wurde diese Skepsis dem Dichter jedoch als Verrat ausgelegt. Zudem unterstellte man ihm, dass seine fehlende Begeisterung für die Revolte mit seiner alawitischen Herkunft zusammenhänge: Der Präsident und seine Clique zählen ebenfalls zur religiösen Minderheit der Alawiten.

Ende 2012 kontrollierte das Regime nur noch Damaskus, die von den Alawiten besiedelten Küstengebiete und die zentrale Verkehrsachse nach Aleppo an den schwer umkämpften Großstädten Homs und Hama. Als viele Beobachter bereits der Ansicht waren, das Regime würde nicht mehr lange überleben[84], begann die Internationalisierung des Konflikts und veränderte nach und nach die Machtverhältnisse zugunsten Baschars, seiner Clique und seiner Schergen.

Assads Truppen waren durch massenweise Desertion ausgedünnt; junge Männer, die Gefahr liefen, eingezogen zu werden, schlossen sich dem Widerstand an oder flohen ins Ausland. In dieser Situation zahlte sich die alte Allianz des Regimes mit der schiitischen Hisbollah-Miliz im Libanon aus (»Hisbollah« heißt »Partei Gottes«, und tatsächlich ist sie im Libanon auch eine reguläre, im Parlament vertretene politische Partei). Bei ihr handelte es sich um eine schlagkräftige, kampferfahrene Truppe, der es Ende der neunziger Jahre gelungen war, die Israelis aus dem Südlibanon zu vertreiben. Fortan unterstützte sie mit ihren Milizen Assad, statt gegen Israel zu kämpfen.

Auch der Iran begann, dem Regime finanziell, militärisch und logistisch unter die Arme zu greifen. Die iranische Elitetruppe der Revolutionsgardisten, geführt vom berüchtigten, Anfang Januar 2020 bei einer amerikanischen Drohnenattacke getöteten General Solemani, griff aufseiten Assads in die Kämpfe ein. Als Bodentruppen und Kanonenfutter schickten die Iraner afghanische Schiiten, von denen viele im Iran als Flüchtlinge lebten, unter fadenscheinigen Versprechungen (wie etwa einer unbegrenzten Aufenthaltserlaubnis) nach Syrien in den Kampf. Schließlich erhielt das syrische Regime auch Unterstützung durch schiitische Milizen aus dem Irak, die ebenfalls mit dem Iran verbündet waren.

Da die Assads und zahlreiche weitere Angehörige des syrischen Regimes und des militärischen Führungspersonals der schiitischen Sekte der Alawiten entstammen, ließ sich die strategische Allianz mit dem traditionell schiitischen Iran auch religiös rechtfertigen. Weil hingegen die Rebellen von den Gegnern des Iran, den sunnitisch geprägten arabischen Golfstaaten, unterstützt wurden, mutierte der Konflikt in Syrien im Lauf der Jahre zu einem Stellvertreterkrieg. Die von den arabischen Golfstaaten betriebene religiöse Radikalisierung der sunnitischen Opposition in Syrien arbeitete dem erwähnten Narrativ zu, das Assad von Anfang an zu verbreiten suchte: Der Aufstand ginge von Islamisten und Terroristen aus; wenn die Rebellen den Krieg gewönnen, stünde es schlecht um die religiösen Minderheiten im Land, um Christen, Alawiten, Kurden, Drusen und andere.

Während die euroatlantischen Bündnispartner vor weiteren militärischen Eingriffen zurückschreckten, nachdem die Operation in Libyen das Land ins Chaos gestürzt hatte, stellte sich außer dem Iran und der libanesischen Hisbollah-Miliz bald auch Russland entschieden hinter Assad. Das syrisch-russische Bündnis reicht in die Zeit des Kalten Krieges zurück. Syrien beherbergt die einzige russische Marinebasis im Mittelmeer. Daher unterstützt Russland seit 2015 mit eigenen Flugzeugen den Luftkrieg des Regimes gegen die Rebellen. Außerdem schickte es Söldner der berüchtigten »Gruppe Wagner«.

Anders als die Mudjaheddin in den achtziger Jahren in Afghanistan erhielten die Aufständischen in Syrien keine Luftabwehrraketen, da die Angst bestand, sie könnten Terroristen in die Hände fallen und gegen zivile Flugzeuge eingesetzt werden. Auch wurde die Reaktion der Russen gefürchtet, wenn Luftabwehrraketen westlicher Bauart gegen ihre Flugzeuge eingesetzt würden. Durch die so garantierte uneingeschränkte Lufthoheit des Regimes entstand eine militärische Asymmetrie, die das Schicksal der Rebellion besiegelte.

Die Zivilbevölkerung in den von den Rebellen gehaltenen Gebieten war den Luftangriffen schutzlos ausgeliefert. Das zwang die Aufständischen, ein Gebiet nach dem anderen zu räumen. Nachdem die verschiedenen sunnitischen Oppositionsgruppen zeitweise mehr als zwei Drittel Syriens kontrolliert hatten, mussten sie sich bis 2020 auf ein Gebiet um die Stadt Idlib in der nördlichen Grenzregion zurückziehen. Auch dort konnten sie sich nur mit Unterstützung der Türkei halten, die Teile der Region besetzt hat und verhindern will, dass das Gebiet erobert wird. Dies würde dazu führen, dass mehrere hunderttausend Menschen vor Assads Truppen in die Türkei fliehen – und vermutlich weiter nach Europa.

Alle Zahlen über die Opfer des syrischen Bürgerkriegs sind Schätzungen. Bis Ende 2020 ist mit 400 000 bis 500 000 direkten oder indirekten Todesopfern zu rechnen, vielleicht mehr. Viele Millionen Syrer sind Vertriebene im eigenen Land, mehrere weitere Millionen sind ins Ausland geflüchtet, davon die meisten nicht nach Europa, sondern in die Anrainerstaaten Türkei, Libanon, Jordanien. Der Konflikt ist zusammen mit dem im Irak vor der Coronakrise die größte humanitäre Katastrophe des 21. Jahrhunderts gewesen. Aber im Unterschied zur Coronakrise ist sie zu 100 Prozent menschengemacht – Ergebnis einer miserablen Politik, für die lokale und globale Akteure gleichermaßen die Verantwortung tragen.

Absolute Anfänge gibt es nicht. Zweifellos aber war der 11. September 2001 der Tag, an dem die Welt Kurs auf diese Katastrophe nahm.

DER PREIS FÜRS ZUSEHEN: DIE NEUE MIGRATION

Wie im Fall der arabischen Revolutionen insgesamt reagierte die euroatlantische Gemeinschaft auch mit Bezug auf Syrien nach einer anfänglichen Welle der Sympathie für die Aufständischen zögerlich und zwiespältig, wenn nicht doppelzüngig. Zwar wollte keine Regierung des euroatlantischen Blocks einen Präsidenten wie Baschar al-Assad unterstützen, der das eigene Volk bombardierte. Zu einem militärischen Eingriff konnte man sich jedoch nicht einmal dann durchringen, als das Regime 2013 wahrscheinlich Giftgas gegen die Aufständischen und die Zivilbevölkerung einsetzte.[85] Die rote Linie, die Barack Obama zur Verhinderung eines Chemiewaffeneinsatzes gezogen hatte, blieb wirkungslos, weil das Risiko einer Eskalation zu hoch schien.[86] Statt eines amerikanischen Militäreinsatzes gab es ein von Russland vermitteltes Abkommen über die Vernichtung des syrischen Chemiewaffenarsenals. Allerdings hat das Regime vermutlich auch später noch vereinzelt Giftgas eingesetzt, und während der Präsidentschaft Donald Trumps kam es in Absprache mit Großbritannien und Frankreich deswegen zu Vergeltungsangriffen. Für die Gesamtentwicklung in Syrien blieben sie folgenlos.

Der Rückzug Europas und der USA aus dem syrischen Konflikt liegt schließlich auch darin begründet, dass aufgrund der Islamisierung der Revolution, die von den Golfstaaten mit viel Geld betrieben wurde, bald gemäßigte syrische Partner fehlten. Die säkulare, dezidiert prowestliche Opposition war, wie erwähnt, von Anfang an die Hauptzielscheibe der repressiven Maßnahmen des Regimes. Sie stellte die größte Gefahr dar, weil sie von den USA und Europa unterstützt worden wäre. Die säkularen, oft aus dem linken politischen Spektrum kommenden

Aktivisten wurden daher gezielt inhaftiert, gefoltert, getötet oder verschwanden einfach. Wer die Gegenwehr des Regimes überstand, sah sich einer wachsenden Zahl von Djihadisten und schließlich dem »Islamischen Staat« gegenüber.

Kam hinzu, dass die säkulare, progressive Opposition ausgerechnet aufgrund ihres liberalen Charakters für die gewaltsame Auseinandersetzung mit dem Regime schlecht gerüstet war. Als gute Schüler des »Westens« waren nur die wenigsten von ihnen bereit oder in der Lage, selbst ein Gewehr in die Hand zu nehmen. Der hedonistische Individualismus des erstrebten »westlichen« Lebensstils und die im Bürgerkrieg nötige Opferbereitschaft für größere politische Ziele vertragen sich schlecht.

Es ist nur zu verständlich, dass sich jene, die es sich leisten konnten, für die Flucht entschieden, statt ihr Leben im aussichtslosen Kampf gegen das Regime oder gegen die Islamisten zu verlieren. Die größte Armee, die der syrische Bürgerkrieg hervorgebracht hat, bestand aus jungen Männern im wehrfähigen Alter, die sich dem Krieg durch Flucht entzogen, frei nach dem alten pazifistischen Motto, das aus einer Verszeile des amerikanischen Dichters Carl Sandburg stammt: »Stell dir vor, es ist Krieg, und keiner geht hin.«

»Weicheier« (»Sissies«) seien die Syrer, sagte mir ein jordanischer Student nach ein paar Bier auf einer Party in Kairo Ende 2012. »Erst machen sie eine Revolution und lassen sich feiern, dann sind sie zu feige zu kämpfen und fliehen.« So ungerecht, polemisch und beleidigend dieses Urteil zweifellos war – auch viele säkular orientierte Aktivisten haben gekämpft und ihr Leben verloren –, es traf einen wunden Punkt, der die progressiven Protestbewegungen in Zukunft noch plagen wird: Insofern die angestrebte neue Ordnung postheroisch und pazifistisch sein soll, wie es sich empfiehlt, stellt sich die Frage, wer überhaupt noch dafür kämpfen, die eigenen Ziele gegen einen skrupellosen Gegner durchsetzen und dann verteidigen kann. Die sich anbietende Alternative ist nicht minder fragwürdig: nur noch mit Drohnen, Söldnern und Privatarmeen Krieg zu führen, wie sie jetzt schon im Irak und in Syrien von den USA, von Russland und vom Iran eingesetzt werden.

Die einzigen Akteure, die schließlich konsequent gegen das Regime und die Islamisten kämpften und dafür militärische Unterstützung aus Europa und den USA erhielten, waren die Kurden, die für die Allianz im folgenden Kampf gegen den IS praktisch die Funktion von Bodentruppen übernahmen – ein Modell, das man bereits in Afghanistan erprobt hatte, als Ende 2001 die Taliban mithilfe anderer afghanischer Milizen vertrieben wurden, während sich die Amerikaner auf Luftschläge und den Einsatz von Spezialtruppen beschränkten. So praktisch es ist, andere für sich kämpfen zu lassen, so opportunistisch und verantwortungslos ist eine solche Politik zugleich: In Syrien wurde etwa die kurdische YPG militärisch unterstützt, eine leninistische Widerstandsorganisation, die keinerlei demokratischen Anspruch, geschweige denn »westliche« Werte vertritt und deren türkische Schwesterorganisation, die PKK, in vielen europäischen Ländern als terroristisch eingestuft und verboten ist.

Eine dramatische Internationalisierung erfuhr der syrische Konflikt, der sich inzwischen zu einem Stellvertreterweltkrieg zwischen dem Iran, Saudi-Arabien, Russland und der Türkei ausgedehnt hatte (mit dem »Westen« in der Rolle des Zuschauers), als 2014 und 2015 die Zahl der Bürgerkriegsflüchtlinge so sehr anstieg, dass sich einige europäische Länder entschlossen, die Fliehenden auf ihrem Weg in die gewünschten Zielländer passieren zu lassen – bevorzugt nach Deutschland, Frankreich, in die Beneluxländer, nach Skandinavien und Großbritannien. Vor diesem Beschluss mussten Asylbewerber ihre Anträge im ersten sicheren Land stellen, das sie erreichten. Ein brutaler »Rückstau« der Flüchtenden in den überforderten südeuropäischen Ländern konnte durch dieses »Laissez-passer« vermieden werden. Das war einerseits ein Akt realpolitischer innereuropäischer Solidarität mit dem Ziel, eine größere Krise der EU zu verhindern, andererseits ein Akt der Menschlichkeit gegenüber den Bürgerkriegsflüchtlingen. Für einmal zeigte sich der »Westen« ganz auf der Höhe seiner proklamierten Werte.

Die Nachricht, dass die Grenzen nach Nordeuropa frei passierbar waren, ließ die Zahl der Migranten weiter anwachsen und ermutigte schließlich auch Menschen aus dem Irak, aus Afghanistan und Nordafrika, über die Türkei auf dem Landweg in die EU einzureisen. Die Einreise in die Türkei ist aus den meisten muslimischen Ländern ohne Visum möglich. Für ein paar hundert Euro kann man zum Beispiel aus Casablanca nach Istanbul fliegen und von dort auf dem Landweg sicherer in die EU gelangen als auf dem kürzeren Seeweg über die gefährliche Straße von Gibraltar.

Diese sogenannte Grenzöffnung und die Flüchtlingspolitik avancierten in Deutschland und anderswo in den folgenden Jahren zu politischen Leitthemen und sind eine wesentliche Ursache für den europaweiten Erfolg rechter populistischer Bewegungen. Allerdings ist das Aufkommen eines rechten, oft rassistischen Populismus nicht erst ein Ergebnis der großen Migration der Jahre 2014 und 2015. Er existierte bereits vorher und wuchs dann infolge der antiislamischen Stimmung, die nach 9/11 beträchtliche Teile der Gesellschaft erfasste.

9/11 und der muslimische Terrorismus boten jenen, die Migranten und Ausländer schon immer abgelehnt hatten, die Möglichkeit, ihre Ansichten zu rationalisieren und vordergründig objektive Gründe dafür vorzubringen: Da der überwiegende Teil der Zuwanderer aus islamisch geprägten Ländern kam, konnte man ihre Ablehnung seit 9/11 mit der Angst vor dem Terror begründen. Auf einmal klang das alte kulturrassistische Argument plausibel, der Islam sei dem »christlich« oder »christlich-jüdisch« geprägten Abendland wesensfremd beziehungsweise schlicht nicht aufgeklärt genug, um inmitten der europäischen Gesellschaften seinen Platz zu finden.

Der Fokus auf den Islam lenkte die Aufmerksamkeit von anderen, vielfach dringenderen Problemen und politischen Fragen ab – solchen, die unbequemer waren, weil man sie nicht Fremden in die Schuhe schieben konnte, sondern eigenhändig hätte anpacken müssen: etwa die Frage, wie viel Globalisierung, Wettbewerb, Umweltzerstörung (und damit auch Flüchtlinge) man in Kauf nehmen will. Oder ob es nicht an der Zeit wäre, in einen behutsameren, weniger expansiven, kostspieligen und selbstherrlichen Lebensmodus zu wechseln und die so ersparten Ressourcen zur Verfügung zu stellen, um die Schockwellen des daraus resultierenden Strukturwandels dort aufzufangen, wo er die Menschen am härtesten trifft.[87]

9/11 schien dagegen einen vernünftigen, nachvollziehbaren Grund zu liefern, um unvernünftig zu sein, intolerant, aggressiv, autoritär. 9/11 wirkte wie eine Ermächtigung, wie ein Freifahrtschein – auf die Bush-Regierung ebenso wie auf die für das Ressentiment empfänglichen Normalbürger. Um sich gegen die vermeintliche Intoleranz des Islams zu wehren, wurde man selbst intolerant. So ließ man sich von dem anstecken, was man lauthals ablehnte, wenn man es bei den anderen, Fremden beobachtete. Um die Freiheit zu retten, schränkte man die Freiheit ein, vor allem die der zugewanderten Neuen, zumeist Muslime; aber ein bisschen freilich auch die eigene, ohne dass man es sich eingestand.

Das schlug bis in die große Politik durch: Im Juni 2013 enthüllte der Whistleblower Edward Snowden[88] durch die Publikation geheimer Dokumente auf der Plattform WikiLeaks, dass der US-Geheimdienst NSA (National Security Agency) ein Abhörprogramm betrieb, das nahezu wahllos US-Bürger, ausländische Staatschefs und potentiell die gesamte internationale Kommunikation erfasste: »Wenn ich an meinem Schreibtisch saß, konnte ich jeden ausspähen, den ich ausspähen wollte, dich oder deinen Mitarbeiter, einen Bundesrichter oder sogar den Präsidenten, vorausgesetzt, ich hatte eine persönliche E-Mail-Adresse.«[89] Unter dem Vorwand, die Gesellschaft zu beschützen, wurde der Rechtsstaat, der diesen Schutz gewährt, unterminiert.

Das betraf schließlich den Umgang mit den Whistleblowern selbst, neben Snowden vor allem Julian Assange, der die Wiki-Leaks-Plattform begründet hat[90], und Chelsea (vormals Bradley) Manning, die Dokumente über Kriegsverbrechen im Irak und in Afghanistan veröffentlichte. Während Manning zu einer langjährigen Haftstrafe verurteilt wurde, saß Assange nach einem siebenjährigen »Exil« in der ecuadorianischen Botschaft in London in britischer Haft. Ihm drohte die Auslieferung in die USA, wo ihn dasselbe Schicksal erwarten würde wie Manning. Snowden befindet sich im Exil in Russland. Da alle drei nicht nur Geheimnisverrat begingen, sondern auch schwere Kriegsverbrechen der USA und ihrer Verbündeten aufgedeckt haben, läuft ihr Fall auf eine weitere Erschütterung des Grundvertrauens in die Institutionen und in die Bedeutung von Recht und Freiheit im euroatlantischen Raum hinaus und reiht sich nahtlos in die Geschichte der negativen Folgewirkungen von 9/11 ein.

Die Kriegsverbrechen, die von den Whistleblowern enthüllt wurden, deuteten auf Überforderung und schlechte Ausbildung hin, aber auch auf Wut, Rachegelüste und Herrschsucht. Das lag auf der Linie der nach 9/11 gewachsenen Lust an der Konfrontation, vorzugsweise mit schwachen, bereits deklassierten und marginalisierten Gegnern. Solche Attitüden, bis dahin eher charakteristisch für autoritäre Regime und Milieus, sickerten tief in den Mainstream der liberalen Demokratien ein, sofern sie dort nicht schon länger genistet hatten. Die neuen Medien und die von ihnen erschaffene, zugleich anonyme und unkontrollierte Halb-Öffentlichkeit erleichterte die Verbreitung solcher Einstellungen.

Aufklärung und sachliche Diskussion waren in der aufgeheizten Stimmung wenig gefragt.[91] Ausgewogenheit ist unspektakulär und damit für die Medien, die hauptsächlich davon leben, Aufmerksamkeit, wenn nicht Aufregung zu generieren, unattraktiv. Das gilt nicht nur für die meisten Talkshows, für Boulevardzeitungen und das Internet, sondern auch für den Buchmarkt, wo mit reißerischen Titeln über den Terror, den Islam, die Unterwanderung durch fremde Kulturen viel Geld verdient worden ist.

Das Thema Islam beherrschte somit auch in Deutschland seit 9/11 zunehmend die große Politik. Der Streit um den Islam führte zum Sturz des vernünftigen Bundespräsidenten Christian Wulff (amt. 2010–2012). Er hatte es gewagt, auf das Selbstverständliche hinzuweisen, nämlich dass der Islam und die Muslime ein integraler Bestandteil Deutschlands geworden sind. Die rechte Boulevardpresse startete daraufhin eine Schmutzkampagne gegen ihn. Nachdem es tatsächlich gelang, Wulff zum Rücktritt zu nötigen, konnte es nicht lange ausbleiben, dass sich eine Partei fand, die mit der geschürten Islamfeindschaft auf Stimmenfang gehen würde. Als diese Partei entpuppte sich die 2013 von Bernd Lucke (vgl. S. 165) mit einer antieuropäischen Zielsetzung gegründete »Alternative für Deutschland« (AfD).

RASSISMUS UND »WEISSER« TERROR

Die vergiftete, gewaltsame Stimmung, die aus dem Nahen und Mittleren Osten in Form des Terrors übers Mittelmeer schwappte, provozierte bald einen eigenen »westlichen« Gegenterrorismus. Er blieb lange Zeit unbemerkt, da er unterhalb der Ebene agierte, die gemeinhin als Terror wahrgenommen wird. Ein Beispiel dafür ist der Fall des rassistisch motivierten Dresdener Gerichtssaalmordes an Marwa el-Sherbini am 1. Juli 2009 und andere »Einzelfälle«.

Zu einem ersten unübersehbaren Höhepunkt des rassistischen »weißen« Terrorismus kam es 2011 in Norwegen, als Anders Breivik bei zwei Attentaten mit einer Bombe in Oslo und mit Schusswaffen auf der Ferieninsel Utøya 77 Menschen tötete. Die sich explizit auf die eigene weiße »Rasse« berufende Ideologie Breiviks, die heute unter ihrer englischen Bezeichnung *White Supremacy* (»weiße Vorherrschaft«) bekannt ist, existierte freilich schon geraume Zeit vor 9/11. Wir wissen es aufgrund der Brandanschläge und anderer Attacken auf Unterkünfte von Asylbewerbern und auf ausländisch aussehende Menschen in den neunziger Jahren, wir sehen es an der Geschichte des seit 1998 aktiven und seit 2000 mordenden sogenannten »Nationalsozialistischen Untergrunds« (NSU) in Deutschland. Beispielhaft für die Kontinuität dieser Haltungen ungeachtet der konkreten politischen Lage sind auch Aufstieg und Fall von Hans-Georg Maaßen, der, wie schon erwähnt, dem damaligen Chef des Kanzleramts Steinmeier davon abriet, dem erwiesenermaßen unschuldigen, aber vom Salafismus beeinflussten und von den USA in Guantanamo festgehaltenen Murat Kurnaz die Wiedereinreise nach Deutschland zu erlauben, wo er seinen Wohnsitz hatte.

Als Chef des Amtes für Verfassungsschutz zur Zeit der NSU-

Morde ist Maaßen für deren mangelnde, wenn nicht vom Amt gezielt vereitelte Aufklärung mitverantwortlich gewesen (der Verfassungsschutz hatte im Milieu der Mörder Spitzel angeheuert). Maaßen und alle anderen Verantwortlichen haben damit zugelassen, dass der Staat in den Verdacht geriet, antimuslimische Gewalttaten zu dulden, zu decken oder zu finanzieren, etwa in Form von Honoraren an fragwürdige Kontaktleute im Milieu.

Dass Maaßen eine antiislamische Agenda verfolgte, erklärt sich nicht nur aus seinem Amt, in dem er auch für die Abwehr des muslimischen Terrors zuständig war, sondern es scheint ihm, wie vielen in vergleichbarer Position, auch ein persönliches Anliegen gewesen zu sein. Das zeigte sich 2018, als er die ausländerfeindlichen Ausschreitungen in Chemnitz verharmloste, damit der Haltung der Bundesregierung widersprach und eine Regierungskrise auslöste, die erst durch seine Entlassung beendet werden konnte. Der Fokus auf den muslimischen Terror hatte offenbar Teile des Verfassungsschutzes für den Terror von rechts blind gemacht. Die Gefahrenlage, so musste man denken, war mit einer (kultur)rassistisch gefärbten Brille betrachtet worden.

Die Bedrohung von rechts richtete sich aber bald nicht mehr nur gegen Zugewanderte und Andersaussehende oder -seiende, sondern auch gegen das politische Establishment im eigenen Land. Eine seit vielen Jahrzehnten in dieser Intensität nicht mehr gekannte Form des Rechtsterrorismus trat auf, imitierte in vieler Hinsicht ihre Gegner, die islamistischen Einzeltäter, radikalisierte sich, wie diese, über das Internet und zeigte Merkmale einer ähnlich phantasmagorischen, seelischen Fernsteuerung, wie sie bereits bei den IS-Terroristen aufgefallen war. Beispielhaft dafür ist das Manifest des Attentäters von Hanau, wo der letzte große rechtsterroristische Anschlag in Deutschland vor der Coronakrise stattfand. Am 19. Februar 2020 kamen dabei neun Menschen ums Leben, die der Täter wegen ihrer von ihm vermuteten nichtdeutschen Herkunft ins Visier genommen hatte.[92]

Am 1. Juni des Jahres zuvor hatte der rechte Terror mit einem gezielten Einzelattentat auf den CDU-Politiker und Kasseler Regierungspräsidenten Walter Lübcke eine neue Eskalationsstufe erreicht und den Behörden den Ernst der Lage verdeutlicht. Lange hatten sich die Ermittlungsbehörden wie im Fall der NSU-Morde dagegen gesträubt, von einem politischen Mord auszugehen, obwohl bekannt war, das Lübcke eine Hassfigur für die Rechten darstellte. Ferner versuchte am 9. Oktober 2019, dem jüdischen Feiertag Jom Kippur, ein Attentäter in die Synagoge von Halle einzudringen und dort ein Massaker zu verüben. Als ihm das nicht gelang, schoss er wahllos auf Passanten und ausländisch aussehende Bürger. Zwei Menschen starben, mehrere wurden zum Teil schwer verletzt.

Der neue »weiße« Terror war spätestens seit dem Breivik-Massaker auch ein internationales Phänomen. Er schlug in den USA zu, unter anderem am 27. Oktober 2018 in einer Synagoge in Pittsburgh (elf Todesopfer), und schließlich auch in Neuseeland, als am 15. März 2019 bei einem Anschlag auf zwei Moscheen in der Stadt Christchurch 51 Menschen ermordet wurden. Eine solche Entwicklung war allerdings schon vor dem Terror des »Islamischen Staats« in Europa abzusehen gewesen und steht mit diesem in keinem ursächlichen Zusammenhang. Die Politikwissenschaftler Thomas Greven und Thomas Grumke beschrieben bereits 2006 den globalisierten Rechtsextremismus als eine Form der »globalisierten Anti-Globalisierungsbewegung«.[93] Und bereits seit dem Jahr 2000 sind Versuche rechtsextremer Gruppen zu verzeichnen, das herkömmlicherweise eher linke Thema der Globalisierungskritik zu ihrer Sache zu machen.[94] Seit Trump und Brexit wissen wir: erfolgreich – wenngleich Bin Laden und seine Anti-Globalisierungs-Djihadisten es schneller in die Schlagzeilen schafften als ihre abendländischen Doppelgänger.

»ISLAMISCHER STAAT« UND NEUER SCHRECKEN

Anlässe für die aufgeheizte politische Stimmung um das Jahr 2015 und danach bildeten aber nicht nur die vermeintliche »Grenzöffnung« oder die Vorbehalte der Bevölkerung gegen die verstärkte Zuwanderung. Die schlechte Stimmung wurde ebenso sehr durch die schrecklichste Terrorwelle mit islamischem Hintergrund seit 9/11 angeheizt. Es war, als wollte der militante Islam den Beweis antreten, dass sich die Welt nach wie vor mitten in der Epoche von 9/11 und des »Kampfs der Kulturen« befand.

Während al-Qaida seit der Liquidierung Bin Ladens durch ein amerikanisches Spezialkommando 2011 stark an Bedeutung verloren hatte, war unter dem Namen »Islamischer Staat« (IS oder ISIS: »Islamischer Staat im Irak und in Syrien«) eine weitaus brutalere islamische Gruppierung hervorgetreten, der es 2014 gelang, ein weiträumiges Territorium im Osten Syriens und im Nordwesten des Irak mitsamt einiger bedeutender Städte unter ihre Kontrolle zu bringen. Das Ziel dieser Djihadisten bestand nicht einfach darin, wie es die Mullahs im Iran getan hatten, einen existierenden Staat zu übernehmen. Vielmehr wollten sie einen von Grund auf neuen Staat in eigenen, nicht mehr von den Kolonialmächten gezogenen Grenzen und mit rein islamischen Gesetzen errichten. Außerdem wollten sie das

Kalifat, die traditionelle Herrschaftsform im Islam, neu erstehen lassen.

Das Amt des Kalifen, das heißt des »Nachfolgers« des Propheten (so die wörtliche Bedeutung von »Kalif«, arabisch »khalifa«) in der Führung der islamischen Gemeinde, das bis 1924 der osmanische Sultan innehatte, war von Mustafa Kemal Atatürk, dem Staatsgründer der Türkei, abgeschafft worden. Seither hatte niemand mehr ernsthaft Anspruch darauf erhoben. Da das Amt die nominelle Autorität über alle Muslime mit sich gebracht hätte, wäre es mit der modernen nationalstaatlichen Ordnung der islamischen Welt schwer vereinbar gewesen, wie auch die Islamisten begriffen. Der IS wollte dagegen eine völlig neue, nicht mehr *national*staatliche Ordnung.

Der Aufstieg des »Islamischen Staates« hängt ursächlich mit der amerikanischen Irak-Politik nach 9/11 zusammen. Nach dem Sturz Saddams 2003 beschlossen die Amerikaner wie erwähnt, große Teile der bisherigen militärischen und politischen Elite des Irak zu entlassen, also praktisch alle Offiziere von Saddams Armee und alle Beamten, die in der Baath-Partei gewesen waren. Darunter befanden sich überdurchschnittlich viele Sunniten. Sie waren von der Weiterbeschäftigung in öffentlichen Ämtern ausgeschlossen und hatten seither eine Rechnung mit den Amerikanern zu begleichen. Nicht wenige von ihnen schlossen sich dem sunnitischen Widerstand an. Dieser radikalisierte sich im Lauf der Zeit und war für zahlreiche Selbstmordanschläge und Bombenattentate auf amerikanische und irakische Truppen verantwortlich, zunehmend aber auch auf Schiiten, Christen und andere zivile Ziele, etwa Märkte, Behörden und so weiter. Federführend war dabei der irakische Ableger von al-Qaida unter dem blutrünstigen jordanischen Djihadisten Abu Musab al-Zarqawi (1966–2006; vgl. S. 132). Er wütete so sehr, dass schließlich sogar Bin Ladens Stellvertreter Zawahiri ihn aufforderte, mit dem willkürlichen Blutvergießen und den Attacken auf die Schiiten aufzuhören.[95] Aus diesem bald abtrünnigen irakischen Zweig von al-Qaida bildete sich der Vorläufer des IS.

Etliche Extremisten sowie ehemalige Baathisten und Militärs, die sich dieser Gruppe anschlossen, wurden von den Amerikanern inhaftiert. Der spätere IS-Kalif al-Baghdadi war einer von ihnen. In den Gefängnissen bauten sie ihre Netzwerke aus, rekrutierten neue Anhänger und gründeten den IS-Vorläufer ISI, den »Islamischen Staat im Irak«, weiß der amerikanisch-libanesische Politikwissenschaftler Fawaz A. Gerges zu berichten: »Frühere Insassen haben Camp Bucca [eines der großen amerikanischen Internierungslager] mit einer ›al-Qaida-Schule‹ verglichen – eine Institution, die Djihadisten wie in einer Fabrik produzierte. In Camp Bucca waren ungefähr 24 000 Männer untergebracht, darunter viele Baath-Offiziere und nationalistisch orientierte Kämpfer, die für Saddams Regime gearbeitet hatten. In Camp Bucca saßen sie zu Füßen der salafistischen Djihadisten, die sie unter ihre Fittiche nahmen und massenweise zu ihrer islamistischen Ideologie bekehrten.«[96]

Diese ehemaligen Offiziere von Saddams Armee brachten hohe militärische und organisatorische Expertise mit, kannten wenig Skrupel, und es gelang ihnen, sich im sogenannten sunnitischen Dreieck um die Stadt Falludja nordwestlich von Bagdad eine Herrschaftsbasis aufzubauen. Als 2011 die Revolte in Syrien begann, nutzten sie das entstehende Machtvakuum und nahmen weiträumige Gebiete im Osten Syriens ein, darunter auch die Großstadt Raqqa, die zur Hauptstadt des »Islamischen Staates« wurde. Viele der spärlich bewohnten Wüstengebiete fielen dem IS kampflos in die Hände. Weitere Landstriche und Ortschaften wurden im Kampf gegen andere Rebellengruppen und Extremisten erobert. Auffällig war, dass der IS kaum je direkt gegen die Truppen Assads kämpfte. Man sagte beiden nach, heimlich miteinander zu kooperieren: Der gemeinsame Feind waren die gemäßigten Regimegegner und andere Islamisten wie die al-Qaida nahestehende Al-Nusra-Front, die vom IS als direkte Konkurrenz wahrgenommen wurde.

Im Juni 2014 nahm, wie bereits kurz erwähnt, der IS in einer spektakulären Nacht-und-Nebel-Aktion mit wenigen hundert Mann die nordirakische, inmitten zahlreicher Ölquellen gelegene Großstadt Mossul ein. Die Regierungstruppen flohen, zahlreiches amerikanisches und irakisches Kriegsgerät, Uniformen und hohe Geldsummen aus der Zweigstelle der Irakischen Nationalbank fielen der Terrormiliz in die Hände. Sie kontrollierte nun auch die Ölfelder und Raffinerien der Region und konnte sich zum Teil mit dem Schmuggel von Öl finanzieren.

Erst im Sommer 2017 gelang es einer Koalition aus irakischen Regierungstruppen, Kurden, Schiiten und mit westlicher Luftunterstützung, die letzten IS-Kämpfer aus Mossul zu vertreiben. Der Preis der Rückeroberung war hoch: die weitgehende Zerstörung der uralten Stadt (ihre Gründung geht auf assyrische Zeit mehr als 800 Jahre vor Christi Geburt zurück) und Tausende zivile Opfer, die vom IS als menschliche Schutzschilde an der Flucht gehindert worden waren oder anderweitig zwischen die Fronten gerieten.

Durch seine extreme Brutalität, wie die im Video dokumentierte Enthauptung des amerikanischen Journalisten John Foley am 19. August 2014 oder die aufwendig inszenierte öffentliche Verbrennung des nach einem Absturz lebend geborgenen jordanischen Piloten Mu'adh al-Kasasbah am 3. Januar 2015 erlangte der IS weltweite Aufmerksamkeit. Die provokante, offen zur Schau gestellte Brutalität geschah vorsätzlich und diente als Abschreckung und zur Propaganda. Dieses Vorgehen beruhte auf einer politischen und militärischen Strategie, die von den radikalsten Vordenkern des Djihadismus um die Jahrtausendwende skizziert[97], bis dahin aber selbst von al-Qaida nicht umgesetzt worden war. In diesen Manifesten werden Enthauptungen und Verbrennungen sowie unablässige Selbstmordanschläge als wirkungsvolle Einschüchterungstaktik nachdrücklich empfohlen und gerechtfertigt.

Mithilfe einer manipulativen, psychologisch verblüffend effektiven Medienarbeit – vor allem im Internet und in sozialen Netzwerken[98] – gelang es dem IS nicht nur, zahlreiche Anhänger überall in der islamischen Welt zu rekrutieren, sondern auch unter den Muslimen in Europa. Damit wurde er zum Kristallisationspunkt für gewaltbereite Islamisten und salafistische Romantiker und Romantikerinnen überall in der Welt. Er stellte sogar eine eigene Frauenbrigade auf.[99] Zwischen 2014 und 2018 regierte der IS einen selbst ausgerufenen, in vieler Hinsicht virtuellen Staat (wenngleich mit realem Territorium) und mit virtuellen Bürgern, das heißt all jenen, die sich, wie es hieß, ihm »anschlossen«, ihm Treue schworen, sich ihm zugehörig fühlten: Träumer, Phantasten, Verirrte, Fanatiker, Hitzköpfe, Söldner und Möchtegern-Söldner. Der IS wirkte nicht nur in Syrien, im Irak und mit Anschlägen in Europa verheerend. Er gründete überdies Ableger in anderen instabilen Staaten: in Afghanistan, wo er die Taliban an Brutalität inzwischen übertroffen hat und mit ihnen konkurriert, in Libyen, in Nigeria und anderswo.

Extremismusexperten, Terrorspezialisten und Psychologen rätselten und rätseln bis heute, was die Anziehungskraft einer religionsfaschistischen Gruppierung ausgemacht hat, die ein Höchstmaß von Sadismus und Verachtung für Humanität, Leben, Werte überhaupt – auch und gerade islamische – an den Tag legte. Der IS war eine Furie, die Nemesis der Moderne, intellektuell und psychologisch schwer nachvollziehbar und in ihrem Wüten und ihrer Brutalität kaum zu begreifen. Die beträchtliche Effektivität, die der IS militärisch und propagandistisch an den Tag legte und die sich in seinen Bodengewinnen, seiner zahlreichen Anhängerschaft und bis nach Europa reichenden militärischen Schlagkraft manifestierte, stand in merkwürdigem Gegensatz zum Fehlen jeder Form von Realpolitik und Langzeitperspektive: als sei all das aufgebaut und in die Wege geleitet worden, ohne auch nur einen Moment eine Zukunft, eine Aussicht, eine Erwartung, ein konkretes, realisierbares Ziel im Auge zu haben.

Tatsächlich wollte der IS eine Art Tausendjähriges Reich errichten.[100] Die Ideologie, aber auch die brutale Praxis des IS ist mit anderen chiliastischen, sich als Teil einer Heilsgeschichte verstehenden politischen Bewegungen der Moderne verwandt, etwa dem Nationalsozialismus. Zwar gab es solche chiliastischen Bewegungen auch in vormoderner Zeit, nicht jedoch in der fatalen Verbindung mit einem totalitär gedachten, über modernste Machtmittel verfügenden Staat.

Am Phänomen IS wie an vergleichbaren »politischen Religionen«[101] beunruhigt weniger der vordergründig unverständliche und apokalyptische Aspekt, sondern das, was sie mit der Politik, den Weltanschauungen und den Ideologien im »Westen« verbindet: leider sehr viel! Die Idee des »Westens« geht selber auf ein säkulares, heilsgeschichtliches Denken zurück, das sich von Hegel bis Fukuyama (vgl. S. 66) durch die »abendländische« Geistesgeschichte zieht. Dieses Denken prägt auch vordergründig liberale Politiken, etwa in ihren Ausgrenzungsmechanismen, ihrem hegemonialen Universalismus und ihrem teils latenten, teils expliziten kolonialen Charakter.

Das moderne heilsgeschichtliche Denken, die »politischen Religionen«, wie Eric Voegelin sie einst nannte, sind nicht in irgendeinem finsteren despotischen »Orient«, sondern in Mitteleuropa erdacht worden, in Paris, Tübingen, Jena, Berlin, Zürich, Moskau, Wien – auffällig oft im deutschsprachigen Raum.

Wenn uns diese Weltsicht nun feindlich und bedrohlich aus der arabischen Welt oder woher auch immer entgegentritt – demnächst vermutlich aus China –, entbindet uns das nicht von der Urheberschaft und Mitverantwortung für sie.

Manche Beobachter deuten die Entstehung und die Anziehungskraft des IS als Folge des Scheiterns der arabischen Revolutionen. Das führte zur Idee, ein ganz eigenes, neues politisches System zu entwickeln, das – angeblich – dem Islam zur Zeit des Propheten Mohammed entspricht. Somit wäre auch der IS eine mögliche, wiewohl schreckliche Konsequenz des Strebens nach politischer Emanzipation, das die arabischen Revolutionen geprägt hat. Sein Chiliasmus, sein Wunsch nach Durchsetzung einer Utopie (wenngleich die meisten Menschen sie für eine Dystopie halten), stellt einen verzweifelten und pervertierten Versuch dar, politisch aktiv zu werden und die eigenen Hoffnungen in die Realität zu überführen. So schreibt etwa der amerikanische Journalist Robert F. Worth: »In gewisser Hinsicht handelten die Tausende jungen Männer und Frauen, die sich dem IS anschlossen, aus demselben Impuls wie die Protestierenden auf dem Tahrir-Platz [in Kairo]: aus dem Bedürfnis nach einer Heimat, wo sie wie Bürger behandelt werden.«[102] Auch der amerikanische Politikwissenschaftler Joshua Feldman spricht vom »Islamischen Staat« als »utopisch, salafistisch-djihadistisch und auf revolutionäre Weise reformerisch«.[103]

Die Politik des »Islamischen Staates« erinnert in mancher Hinsicht an die radikalen Auswüchse der Französischen Revolution, an den Tugendterror von Saint-Just und Robespierre. Das ist insofern richtig, als der IS ebenso wenig ohne die Französische Revolution zu denken ist wie ohne die Geschichtsphilosophie von Hegel und Marx. Ob es »uns« gefällt oder nicht, die Geschichte des politischen Terrors des IS beginnt nicht nur intellektuell, sondern auch sehr konkret im Herzen des »Westens«, in Paris. Und so wie in Paris 1789 der Ruf nach Freiheit, Gleichheit, Brüderlichkeit vier Jahre später in Robespierres Tugendterror mündete, genauso mündeten die arabischen Revolutionen drei Jahre später in den IS und dessen Tugendterror.

Noch die Partei der Muslimbrüder in Ägypten trägt die Französische Revolution in ihrem Namen. Er lautet »Hizb al-Hurriyya wa-l-Adala« — »Partei der Freiheit und Gerechtigkeit«. Nun kann aber die Wurzel des arabischen Worts für »Gerechtigkeit« (»'adala«) in vielen Kontexten auch »Gleichheit«, »Ausgleich« und so weiter bedeuten. Nimmt man hinzu, dass es sich um den Namen der Partei der Muslim*brüder* handelt, versteckt sich im Namen der Partei das Motto der Französischen Revolution: Freiheit, Gleichheit, Brüderlichkeit – sicher kein Zufall!

Nicht die krude islamistische Ideologie und ihre zur Schau gestellte Brutalität, die alle anderen Akteure eher im Verborgenen praktizieren, mit Drohnenangriffen und Geheimoperationen, verstört am Phänomen des IS. Verstörend ist vielmehr, was uns daran so vertraut vorkommt: das binäre Denken, der Glaube an Gut und Böse, der zur Überzeugung (ver)führt, der IS oder der Terrorismus seien das radikal Andere, Böse (oder umgekehrt, aus deren Sicht, der »Westen« und die USA). Im Bann eines solchen Denkens nehmen wir nicht mehr wahr, dass wir genau in dem Moment, da wir das Böse als Anderes, Fremdes, Unverständliches brandmarken, uns mit ihm gemeinmachen, an seiner Logik teilhaben, uns von ihm anstecken lassen und damit Gefahr laufen, es zu wiederholen.

Die zahlreichen Versuche, das Phänomen IS als etwas radikal »Anderes« außerhalb von »uns« zu bezeichnen, wirken angesichts dessen wie Augenwischerei und Verdrängung. Nicht zuletzt die Ähnlichkeiten zwischen den »westlichen« Gesellschaften, dem gefühlten »Wir« einerseits und dem IS andererseits erklären, warum junge Menschen auch aus stabilen Verhältnissen

in europäischen Wohlstandsgesellschaften sich dieser Terror-
organisation anschlossen. Während einer relativ kurzen Zeit,
etwa zwischen 2014 und 2017, gelang es dem IS, ein Zugehörig-
keitsgefühl, eine imaginäre Gemeinschaft unter Menschen zu
kreieren, die für diese Form von Ausbruch, Exzess, Gewalt und
Nihilismus empfänglich waren.

Besonderen Erfolg hatte der IS bei psychisch instabilen Persönlichkeiten. Auch viele Terroristen der White Supremacy, wie
etwa der Attentäter von Hanau, kommen aus diesem Milieu.
Statt sie als solche wiederum abzutun, wäre es klüger anzuerkennen, dass diese Menschen für die ohnedies kursierenden
Ideen, Weltanschauungen, Vorurteile, Gewaltphantasien besonders empfänglich und ihnen schutzloser ausgeliefert sind als
gefestigte Persönlichkeiten.

Soll heißen: Sie sind ein Teil von »uns«, ein Symptom der Ge-
samtgesellschaft, ihrer Phantasmagorien, Phobien, ideologischen Versatzstücke. Fast scheint es, als ob der IS und sein
rechtspopulistischer Spiegelterror über die geschickte Manipulation im Internet ein Mittel gefunden hätten, diese Menschen
geistig in Besitz zu nehmen, sie gleichsam fernzusteuern. Oder
anders gesagt, die Schwelle zwischen einer virtuellen, imaginären Realität und dem Boden der Tatsachen aufzuheben, sie ein-
zureißen und abzuschaffen.

Dies gelang durch eine geschickte Politik der Bilder: Der IS
hat mit seiner großen Brutalität keine neuen Bilder geschaffen,
sondern »spielte« fiktionale Bilder als reale nach, verwirklichte
die Fiktion: Egoshooter-Spiele, Horrorfilme, libidinöse Phantasien, Heldenepen. Selbst der vom IS in Mossul ernannte Kalif
Abu Bakr al-Baghdadi spielte mit seinen (realen) Predigten aus
der großen Moschee von Mossul die kostümierten und ge-
schminkten Kalifen nach, wie sie in kitschigen arabischen Soaps
und Historienfilmen dargestellt werden. Die Simulation hat

über die Realität gesiegt – ein Phänomen, das der französische Philosoph Jean Baudrillard bereits angesichts der Bilder des einstürzenden World Trade Center konstatierte (vgl. S. 94), die wie von bekannten Katastrophenfilmen inspiriert schienen.

Das Auftreten des IS führte ab 2015 zu einer neuen Form des Terrorismus mit verheerender psychologischer Wirkung in Europa. Neben den Menschen, die der IS spontan und fast ohne eigenes Zutun unter den Muslimen in Europa rekrutierte, gelang es auch, einige Attentäter, die im Gebiet des IS eine militärische Ausbildung bekommen hatten, über die Flüchtlingsrouten nach Europa einzuschmuggeln. Fast jede Gewalttat, die Muslime involvierte, konnte in dieser Atmosphäre als Terroranschlag gedeutet werden, ohne dass es eindeutige Verbindungen zur IS-Zentrale in Syrien und im Irak geben musste. Es genügte, dass sich die Attentäter aus eigenen Stücken auf den IS beriefen oder Spuren hinterließen, die darauf hindeuteten, dass sie mit dem IS sympathisierten.

Der erste spektakuläre Anschlag des besonders für Frankreich furchtbaren Terrorjahres 2015 geschah am 7. Januar 2015, als das Büro der französischen Satirezeitschrift *Charlie Hebdo* von zwei Attentätern gestürmt wurde, die im Jemen von al-Qaida ausgebildet worden waren. Sie erschossen ein Dutzend Menschen, darunter berühmte Zeichner und Redakteure von *Charlie Hebdo* sowie Polizisten. Ein weiterer Attentäter, der sich auf den IS berief, nahm am übernächsten Tag Geiseln in einem jüdischen Supermarkt und erschoss weitere fünf Menschen.

Die Anschläge schockierten auch deshalb, weil die Opfer gezielt ausgewählt worden waren. Es war ein politisches Attentat, direkt gegen die Presse, die Meinungsfreiheit und die Juden in Frankreich gerichtet. *Charlie Hebdo* hatte sich einen Ruf mit Provokationen gemacht, die sich, wie gegen viele andere Autoritäten, auch gegen den Islam gerichtet hatten. Von Neuem entbrannte damit – wie nach weiteren Attentaten im Herbst 2020 – die Diskussion um die sogenannten Mohammed-Karikaturen, die Frage, wie despektierlich der Islam dargestellt werden durfte, dargestellt werden konnte. Es war ein gefundenes Futter für den Rechtspopulismus und für alle anderen, denen der Islam und die Muslime immer schon unheimlich waren.

Am 13. November 2015 kam es in Paris zu den schlimmsten und brutalsten Anschlägen, für die der IS in Europa verantwortlich war. Ausgeführt nicht nur mit den üblichen Sprengstoffgürteln (unter anderem auf ein Fußballländerspiel zwischen Deutschland und Frankreich, so dass die Detonationen während der Fernsehübertragung live zu hören gewesen waren), sondern auch mit Sturmgewehren auf Cafés und auf ein Rockkonzert in der Veranstaltungshalle Bataclan im Zentrum von Paris. 130 Menschen kamen dabei ums Leben. In Sachen Organisation und Brutalität übertrafen diese Anschläge von insgesamt neun Attentätern das bisher »gewohnte« Maß und Muster.

Damit war die Anschlagsserie in Frankreich noch nicht zu Ende. Am 14. Juli 2016, dem französischen Nationalfeiertag, fuhr ein terroristischer Einzeltäter mit einem gemieteten Schwerlastwagen über die abgesperrte Strandpromenade von Nizza und tötete 86 Personen, mehrere hundert wurden verletzt. Die Leichtigkeit, mit der es möglich war, ein alltägliches Verkehrsmittel für einen Massenmord einzusetzen, war schockierend und führte zu zahlreichen Nachahmungsversuchen, unter anderem in Berlin, wo am 19. Dezember 2016 der Tunesier Anis Amri mit einem Lastwagen auf den Weihnachtsmarkt am Bahnhof Zoo fuhr und dabei zwölf Menschen tötete. Auch in London und anderswo gab es Attentate und Attentatsversuche mit Kraftfahrzeugen.

Weitere große Selbstmordanschläge in Istanbul (12. Januar 2016, zwölf Todesopfer), auf den Flughafen Brüssel (22. März

2016, 35 Todesopfer), auf Konzertbesucher in Manchester (22. Mai 2017, 23 Todesopfer), auf Touristen in Istanbul und auf vier christliche Kirchen in Colombo am Ostersonntag 2019 (253 Todesopfer) sowie zahlreiche weitere, »kleinere« Attentate und Anschlagsversuche schufen in Europa und weltweit eine apokalyptische Atmosphäre. Sie heizten die antiislamische Stimmung und schließlich den »weißen« Gegenterror weiter an und führten vor allem in Frankreich zu einer Militarisierung des Alltags, da von nun an Patrouillen schwer bewaffneter Soldaten in den Innenstädten und an touristischen Knotenpunkten unterwegs waren. Bis zum 1. November 2017 galt in Frankreich zwei Jahre lang der Ausnahmezustand.

SIMULATION VON NORMALITÄT

Die grundsätzliche Verschlechterung der politischen Stimmung schlug sich in Frankreich in der Protestbewegung der »Gelbwesten« nieder, die bald von Rechtspopulisten unterwandert wurde. Sie arbeitete in den USA der Wahl Trumps im November 2016 zu und hat in Deutschland zum Aufstieg der AfD geführt und in der Folge bereits die Funktionstüchtigkeit einzelner Institutionen gefährdet – so von Legislative und Exekutive in Thüringen nach der Wahl eines Ministerpräsidenten mit Stimmen der AfD am 5. Februar 2020; und so des Verfassungsschutzes und der Koalitionsregierung aus CDU und SPD nach der Krise um den damaligen Verfassungsschutzchef Hans-Georg Maaßen im September 2018 (vgl. S. 183).

Dieselbe Stimmung war in Großbritannien für den Brexit mitentscheidend, den Austritt des Vereinigten Königreichs aus der Europäischen Union, für den unter anderem mit Fremdenfeindlichkeit geworben wurde. Der Brexit steht beispielhaft für eine kuriose Allianz, die in anderen Ländern ebenfalls anzutreffen ist und auch die Politik Trumps geprägt hat: Einerseits ist der Brexit Resultat und Ausdruck einer vom Rechtspopulismus bespielten Globalisierungsmüdigkeit. Er steht für die Politik des rechten, nationalistischen Flügels der diffusen internationalen Anti-Globalisierungs-Bewegung. Andererseits ist die Tory-Regierung von Ministerpräsident Boris Johnson, die für die Durchsetzung des Brexits gewählt wurde, zutiefst der neoliberalen Globalisierung verpflichtet und erhofft sich vom Austritt aus der EU eine größere globale Wettbewerbsfähigkeit. Wirtschaftspolitisch betrachtet sind diese beiden Strömungen der Brexit-Allianz unvereinbar. Der gemeinsame Nenner besteht in der Gegnerschaft zur Europäischen Union, die selber Schnittmengen mit dem neoliberalen Projekt aufweist.[104] Für die Rechtspopulisten unter den Brexiteers war die EU *zu* neoliberal und global. Für die Tory-Regierung und ihre wirtschaftliche Agenda war sie zu wenig neoliberal und global.

Abgesehen vom Brexit wurden trotz der krisenhaften Stimmungslage die negativen Entwicklungen der zwanzigjährigen 9/11-Epoche in nahezu allen euroatlantischen Gesellschaften zwar als schwerwiegende Störungen begriffen, sie führten jedoch nicht zu einem tieferen, fundamentalen Umdenken. Würde man die Störfaktoren eindämmen, etwa den Terror und den Rechtspopulismus, könnte man mehr oder weniger weitermachen wie bisher, lautete die weithin vorherrschende Ansicht und Prognose, die auch das politische Handeln bestimmte.

Der Brexit, so das weit verbreitete Wunschdenken, ließe sich mit der Zeit auffangen, indem die Briten auf andere Weise in die euroatlantische Partnerschaft integriert würden, und wenn Donald Trump nach seiner ersten Wahlperiode im November 2020 abgewählt wäre, könnten auch die USA und das transatlantische

Bündnis wieder in eine Art Normalbetrieb übergehen. Die Flüchtlinge kämen weiterhin, aber gelänge es, den Zustrom stetig zu drosseln, ließe auch das sich verkraften. Die Migranten würden in den gesellschaftlichen Normalbetrieb eingespeist, ohne dass es groß auffiele. Mit den Rechtspopulisten würde man leben lernen, sie zähmen, einbinden. Die Kriege und Revolten im Nahen Osten würden ausbrennen, sich erschöpfen, es sei nur eine Frage der Zeit. Immer noch, so der liberale Tenor, geht es »uns« allen besser als vor fünfzig, vor hundert, vor 500 Jahren; und auf jeden Fall besser als in der Steinzeit, wie die Verteidiger des ewigen Weiter-so zu betonen nicht müde werden.[105]

Anders gesagt: 9/11 tut seit zwanzig Jahren sein Werk, aber die Effekte und Auswirkungen, so negativ sie sind, werden als Alltag erlebt und in den meisten Fällen nicht mehr als Effekte von 9/11 wahrgenommen. Welche Kraft, welchen vergeudeten Aufwand diese simulierte, bloß gespielte, vorgegaukelte Normalisierung gekostet hat und kostet, bleibt ausgeblendet. Alle übrigen wichtigen Themen, Debatten und Probleme sind dadurch an den Rand der Wahrnehmung gedrängt worden. Für alternative Visionen und gesellschaftliche Kurswechsel ist der Spielraum geschrumpft.

Insofern der Terror und der Anti-Terror-Krieg diesen Simulationseffekt, diese Pseudonormalität bewirkt haben, standen und stehen sie mit Kräften im Bunde, die die gesellschaftlichen Verhältnisse seit Langem dominieren. Sie sind an Veränderungen nicht interessiert, denn Veränderungen würden ihre dominante Stellung gefährden. Der Terror und der Krieg gegen ihn haben damit den Weg in eine neofeudale Weltgesellschaft freigeschossen.[106] Sie ist geprägt von Unterschieden, Hierarchien, Ungleichheiten.

Es wird höchste Zeit, sich von dieser Politik zu verabschieden und die 9/11-Epoche abzuschließen.

VON 9/11 ZUM KOSMOPOLITISCHEN RESET

GROUND-ZERO-EREIGNISSE

9/11 war für die amerikanische Politik und das atlantische Bündnis, den »Westen«, eine Stunde null von der Art, wie es für Deutschland die Kapitulation von 1945 oder der Mauerfall von 1989 war. Oder wie es für die islamische Welt das Jahr 1967 mit der Niederlage gegen Israel war, das Jahr 1979 mit der iranischen Revolution oder das arabische Revolutionsjahr 2011. In solchen Momenten kommt es zu einer Verwandlung, richten sich die Menschen und die Politik nach einem neuen Pol, einem neuen Bezugspunkt aus. 9/11 ist ein »absolutes Ereignis«[1] gewesen: ein Ground-Zero-Ereignis.

Ein Ground-Zero-Ereignis kann einen radikalen Neuanfang, eine echte Wende bedeuten; aber manchmal verstärkt und beschleunigt es nur Tendenzen, die bereits spürbar gewesen sind. Es geht dann in derselben Richtung weiter wie vorher, nur viel schneller. Schließlich kann auch der Versuch gemacht werden, das Ereignis möglichst zu ignorieren, es herunterzuspielen oder so zu tun, als habe es keine tiefere politische Bedeutung. Wohin die Reise letzten Endes geht, hängt von den Akteuren ab, davon, wer gerade an den längeren Hebeln sitzt und sich mit seiner Deutung des Ereignisses durchsetzt.

Der Politikwissenschaftler Ben Rhodes, Demokrat und späterer Sicherheitsberater unter Präsident Obama, beschreibt den Ground-Zero-Moment von 2001 wie folgt: »Nach einem Jahrzehnt, das davon geprägt war, dass sinnvolle Aufgaben fehlten, hatte Amerika nun eine neue, nationale Herausforderung, die auf Augenhöhe mit der des Kalten Kriegs war. Sie bestand in einer Anstrengung, die eine ganze Generation beschäftigen würde: die Welt sicher zu machen für die Demokratie.«[2]

Über alle Parteigrenzen hinweg herrschte Einigkeit, dass 9/11 eine klare Reaktion erforderte. Wie es auch bei Rhodes anklingt, war das politische Establishment in den USA fast dankbar für die Möglichkeiten, die 9/11 eröffnete. Es wurde daher der Ausgangspunkt einer mit großem Schwung, ja fast lustvoll verfolgten imperialen Politik für ein »neues amerikanisches Jahrhundert« (vgl. S. 84).

Indessen kam es nicht zu einer Wende von der Art, wie sie nach den anderen eingangs genannten Ground-Zero-Ereignissen vollzogen wurde. Vielmehr wurde nur eine Politik beschleunigt und radikalisiert, deren Konturen schon früher gezeichnet worden waren. Naomi Klein schreibt in ihrem Buch »Die Schock-Strategie«: »Das Mantra ›Der 11. September hat alles verändert‹ verdeckte elegant die Tatsache, dass für die Ideologen des freien Marktes und für die Unternehmen, deren Interessen sie dienten, sich nur eines verändert hatte: Es war nun deutlich leichter für sie geworden, ihre ehrgeizigen Ziele umzusetzen.«[3]

So erklärt sich die überstürzte, unüberlegte Antwort auf 9/11, das ausbleibende Zögern und Nachdenken. Aus demselben Grund klangen die Verschwörungstheorien zu 9/11 so plausibel: Der Terror passte allzu gut in das Schema der bisherigen US-Politik und schien für die Bush-Administration eine goldene Gelegenheit darzustellen, auf die sie nur gewartet hatte. Doch statt »die Welt sicher zu machen für die Demokratie«, wie Ben Rhodes schrieb, ist im Lauf der letzten zwanzig Jahre die Demokratie vielerorts an den Rand gedrängt und gefährdet worden. Aus der Sicht einer zukunftsweisenden, guten Politik ist Ground Zero eine verpasste Chance gewesen. Rhodes stellt fest: »Gegen Ende der Bush-Präsidentschaft [...] war es unmöglich geworden, die Tatsache zu ignorieren, dass Amerikas Reaktion auf 9/11 mehr Schaden angerichtet als Gutes bewirkt hatte.« Das be-

griffen auch die Amerikaner und wählten 2008 den ersten afroamerikanischen Präsidenten ihrer Geschichte, Barack Obama.

DIE VERPASSTE PANDEMIE

Als im Frühjahr 2020 das Coronavirus um die Welt ging, sahen
viele Beobachter das Ende des Zeitalters von 9/11 und den Beginn einer neuen Ära gekommen.[4] Die Pandemie und die ein-
schneidenden Maßnahmen, die zu ihrer Eindämmung nötig
waren, der massive, autoritäre Auftritt des Staates, die materiellen Verluste und nicht zuletzt Krankheit und Tod weckten un-
heimliche Erinnerungen an 9/11. Ein neues Ground-Zero-Ereignis kündigte sich an.

Tatsächlich wurde die Krise von einigen Regierungen zunächst so verstanden. Davon zeugten Anläufe zu einer größeren
innereuropäischen Solidarität, zahlreiche sozialpolitische Maßnahmen und das Ende der neoliberalen Austeritätspolitik, also
der strengen Haushaltsdisziplin, die Europa seit der Einführung
des Euro geprägt und den staatlichen Gestaltungsmöglichkeiten
enge Grenzen auferlegt hatte. Auch schien es mehr Spielraum
für umweltpolitische Maßnahmen zu geben, ja, es war, als ob
die Pandemie einer ökologischen Politik in die Hände spielte.

Während des Lockdown waren die Weltmetropolen plötzlich
vom Smog befreit. Aus Ägypten berichtete ein Korrespondent:
»Das Coronavirus verpflichtet. Drei Monate der Abriegelung,
einschließlich einer elfstündigen nächtlichen Ausgangssperre,
haben Kairo einer verjüngenden Tiefenreinigung unterzogen.
Straßen, die einst mit hupenden Autos verstopft waren, waren
leer. Die Luft, frei von Smog, schien zu glitzern. Stille überflu-
tete die Straßen.«[5]

Wie nach 9/11 brachte die plötzliche Verwandlung der Welt natürlich auch Ängste hervor: Vor einer linken, grünen, ja womöglich sogar vegetarischen Revolution warnten die einen (Fleischfabriken erwiesen sich als »Corona-Hotspots«); die anderen fürchteten die Rückkehr des autoritären Staates, eine Impfpflicht oder ein biopolitisches Zwangsregime, wie etwa der italienische Philosoph Giorgio Agamben, der ähnliche Befürchtungen bereits nach 9/11 gehegt hatte.[6]

Ebenso florierten wieder die Verschwörungstheorien. Die Behauptungen gingen dahin, dass von Milliardären wie Bill Gates (dem Begründer von Microsoft), von globalen Eliten und den ihnen angeblich hörigen Medien eine (allenfalls) schwere Grippeepidemie zu einer hochgefährlichen, neuen Krankheit hochstilisiert werde. Unter diesem Deckmantel könnten dann beliebige Restriktionen gerechtfertigt und geheime Projekte durchgeführt werden.[7] Aber auch für die, die das Virus ernst nahmen, bestand das nachvollziehbare Wunschszenario darin, so schnell wie möglich in die Normalität zurückzukehren – womit in aller Regel keine neu zu etablierende Normalität, sondern die Zeit vor dem Virus gemeint war: die bereits konstatierte »Simulation von Normalität« (vgl. S. 198).

Zwar *ist* die Corona-Pandemie objektiv betrachtet ein Ground-Zero-Ereignis. Aber es *soll* möglichst keines sein. Während die Terroranschläge von allen Akteuren als Anlass für eine aktive, energische Politik verstanden wurden, lässt sich das angesichts der Corona-Pandemie nur von wenigen behaupten. Am liebsten würde man die Krise in einer Art Winterschlaf hinter sich bringen. Im postpandemischen Frühling übernimmt der Impfstoff dann die Funktion einer Zeitmaschine, die uns in ein nie vergehendes 2019 versetzt.

Die indische Autorin und Aktivistin Arundhati Roy, die uns mit ihrer umstrittenen Reaktion auf 9/11 bereits begegnet ist (vgl. S. 95), hat auch zur Corona-Pandemie eine dezidierte, vom Mainstream abweichende Meinung. Sie erkennt den Wendecharakter des Ereignisses an: »Historisch gesehen haben Pandemien die Menschen gezwungen, mit der Vergangenheit zu brechen und sich ihre Welt neu vorzustellen. Bei dieser ist es genauso. Die Pandemie ist ein Portal, ein Übergang zwischen einer Welt und der nächsten.«[8]

Eine Haltung und Politik, welche die Coronakrise nicht als ein Wende-Ereignis begreift, begeht den Fehler, den der französische Kollapsologe (Kollapswissenschaftler) Pablo Servigne so beschreibt: »Die Falle besteht darin, diese Krise bloß für eine Krise der Gesundheit zu halten. In Wahrheit hat sie Gründe und Auswirkungen weit darüber hinaus: ökonomische, ökologische, politische, finanzielle. Es ist eine globale, systemische Krise.«[9]

Der liberale britische Denker John Gray ergänzt: »Die Krise, die wir gerade erleben, ist ein Wendepunkt der Geschichte. Die Ära der auf die Spitze getriebenen Globalisierung ist vorüber.«[10] Sicherlich, Wunschdenken und Analyse gehen auch in diesen Kommentaren ineinander über. Roy und Gray sind beide als ökologisch gesinnte Publizierende bekannt. Aber Gray lehrte auch lange an der London School of Economics und war einst selber ein überzeugter Neoliberaler.[11]

Die Zögerlichkeit, die Pandemie als Krise anzuerkennen, stand bereits an deren Anfang und ist mitverantwortlich dafür, dass sie sich global ausbreitete. Das begann mit der chinesischen Zensur der ersten Meldungen über das Virus, der viel zu späten Abschottung der Stadt Wuhan, die als Erstes von der Pandemie betroffen war, und endete mit dem Widerstreben vieler Regierungen, schnell genug Maßnahmen dagegen zu ergreifen: bis schließlich die Krankenhäuser so voll und die Totengräber so beschäftigt waren, dass niemand mehr wegschauen konnte.

Besonders rechtskonservative und populistische Parteien und Regierungen waren nicht willens oder in der Lage, den Ereignischarakter der Pandemie zu akzeptieren. Der Grund dafür liegt auf der Hand: Anders als der Terrorismus passt die Pandemie nicht in das Schema (rechts)populistischer Politik. Weder »spricht« sie zu ihr, noch wird sie von ihr verstanden. Der einzige politische Akt, worin Pandemie und Populismus einen gemeinsamen Nenner fanden, waren nationale Grenzschließungen. Entsprechend häufig wurden sie verfügt. Davon abgesehen versagten die Muster, die nach 9/11 die Politik bestimmt haben.

Die nach 9/11 erfolgreich praktizierte Taktik, eine Bevölkerungsgruppe, die Muslime, zum Sündenbock zu stempeln, ging 2020 ins Leere. Die Versuche, das Virus China anzulasten, so begründet das mit Bezug auf den Ursprung der Pandemie sein mag, haben nicht verfangen. Auch das Freund-Feind-Schema, das sich im Zeitalter von 9/11 eingebürgert hat, lässt sich nicht gut auf ein Virus anwenden.

Die vielfach bemühte Kriegsmetaphorik[12] überzeugte ebenfalls nicht, verriet aber einiges über die Mentalität der Akteure, über ihre Prägung durch die Epoche des Terrors und den Mangel an politischen Strategien, die einmal *nicht* auf Konfrontation abzielten. Das lässt sich besonders an der miserablen Performance der USA und Großbritanniens ablesen, den beiden beim Irakkrieg 2003 federführenden Ländern. Boris Johnson und Donald Trump leugneten erst die Existenz der Pandemie, dann spielten sie ihre Gefahren herunter.[13]

Sie reagierten nicht ansatzweise so entschlossen, wie ihre Länder es einst im Kampf gegen den Terror getan hatten.[14] Verglichen mit 9/11 war es so, als würde man den Terror kommen sehen und ihn geschehen lassen, weil die Abwehrmaßnahmen zu aufwendig, kostspielig und unbequem sind. Oder als würde eine linke, pazifistische und migrationsfreundliche Regierung nicht auf Terrorismus reagieren, weil der nicht in ihr Weltbild passt oder sie die nötigen sicherheitspolitischen oder militärischen Mittel aus prinzipiellen Gründen nicht einsetzen möchte. Die Verkennung der Virusgefahr wurde als größte Schlappe der US-Nachrichtendienste seit 9/11 bezeichnet.[15] Vielleicht war diese »Schlappe«, das Herunterspielen der Virusgefahr, aber auch Absicht. Dahin deuten die Enthüllungen von Bob Woodward, der Trump zu Anfang der Corona-Krise interviewte. Trump wusste demnach eingestandenermaßen von Anfang an um die Gefährlichkeit des Virus, wollte jedoch nichts dagegen unternehmen.[16]

Wie erklärt sich diese Zögerlichkeit, diese Weigerung, auf ein Jahrhundertereignis wie die Pandemie mit Entschiedenheit zu reagieren? Was ist der Grund für das Widerstreben, sie als Ground Zero, als Stunde null und Neuanfang zu begreifen? Und was erzählt uns das über die von 9/11 geprägte Zeit und Welt?

EIN KORSETT NAMENS FREIHEIT

Als Antwort auf den Terrorismus wurden in den beiden Jahrzehnten nach 9/11 nicht nur Kriege geführt. Auch die Globalisierung wurde entschlossen vorangetrieben, die weltweite wirtschaftliche, finanzpolitische und schließlich auch soziale und mediale Vernetzung. Oberflächlich betrachtet wurde damit schlicht eine Politik fortgesetzt und intensiviert, die in den achtziger Jahren in den USA unter Ronald Reagan und in Großbritannien unter Margaret Thatcher begonnen und in den neunziger Jahren von liberalen und sozialdemokratischen Regierungen in Westeuropa und den USA (Clinton, Blair, Schröder) fortgesetzt worden war.[17]

Die neoliberale Politik sollte nach 9/11 nicht einfach die wirtschaftliche Expansion vorantreiben. Sie sollte auch dazu beitragen, die Widerstandsfähigkeit der globalen Wirtschaft gegen den Terror und andere Störfaktoren zu erhöhen[18]: Je engmaschiger die Weltwirtschaft unter amerikanischer Führung und mit dem Dollar als Leitwährung verflochten wäre, desto schwieriger würde es für einzelne Staaten oder Akteure, sich gegen dieses System aufzulehnen, es zu verändern oder aufzubrechen und ein anderes System zu installieren, den Sozialismus etwa, den politischen Islam oder einen neuen Faschismus.

Die Vorgeschichte der Idee, die Weltwirtschaft durch transnationale Regelungen und Vernetzungen krisenfest zu machen und sie gegen willkürliche Eingriffe abzusichern, reicht bis in die Zeit nach dem Ersten Weltkrieg zurück. Mit dem Ende der großen Imperien und der Zersplitterung Europas in viele, teils sehr kleine Nationalstaaten waren etliche Zollgrenzen entstanden und der Freihandel des imperialen Zeitalters unterbrochen worden.[19] In den folgenden Jahrzehnten fanden ähnliche disruptive Prozesse im Rahmen der Entkolonialisierung statt, als ebenfalls lauter neue Staaten entstanden. Die Entwicklung dieser neuen Staaten erwies sich als ebenso unberechenbar wie zuvor in Europa: Es gab Revolutionen und Putsche, es gab Interventionen von außen, aber auch demokratische Regierungswechsel mit unerwünschten Folgen – das abschreckendste Beispiel war und blieb Deutschlands Abstieg in den Nationalsozialismus.

Um auch in einer nationalstaatlich geordneten Welt Wirtschaftsbeziehungen zu pflegen, wie man es im Zeitalter der großen Imperien und Kolonien gewohnt gewesen war, benötigte man internationale Vereinbarungen und Strukturen, welche die Wirtschaft, das Kapital und die Eigentumsverhältnisse gegen politisch motivierte Zugriffe und Umwälzungen immunisieren.

Die Vordenker des Neoliberalismus stammten auffällig oft aus dem ehemaligen Österreich-Ungarn, wie Friedrich August von Hayek, Ludwig von Mises und Karl Polanyi. Der Zusammenbruch Österreich-Ungarns, der k. u. k. Monarchie, war das Geburtstrauma, das ihrer Theorie zugrunde liegt. Sie und andere liberal-konservative Denker versammelten sich 1938 auf einer berühmt gewordenen Konferenz in Paris, dem sogenannten Walter-Lippmann-Symposium.[20]

Der kanadische Wirtschaftshistoriker Quinn Slobodian schreibt: »Das neoliberale Projekt hat sich darauf konzentriert, Institutionen zu entwerfen – nicht um die Märkte zu befreien, sondern um sie einzufassen, um den Kapitalismus gegen die Bedrohung der Demokratie zu impfen, um das so häufig unvernünftige menschliche Verhalten im Rahmen zu halten und nach dem Niedergang des Imperiums die Welt als einen Raum neu zu erschaffen, in dem Grenzen eine sinnvolle Funktion erfüllen.«[21]

Neoliberalismus und Demokratie stehen also seit jeher in einem antagonistischen, angespannten Verhältnis zueinander. Der Neoliberalismus misstraut der Demokratie, ja, er sieht sie als »Bedrohung«, wie Slobodian schreibt, und möchte sie in ein Korsett einbinden. Zur Zeit des Walter-Lippmann-Symposiums 1938, dem Jahr des »Anschlusses« Österreichs an Deutschland und dem Höhepunkt von Stalins Gewaltherrschaft, mochte diese Deutung der Demokratie als Bedrohung plausibel sein. Heute wirkt sie befremdlich – und besteht dennoch fort, wie wir sehen werden.

Die skeptische Haltung des Neoliberalismus (dessen deutsche, etwas mehr auf den Staat setzende Variante auch »Ordoliberalismus« genannt wird) gegenüber der Demokratie hat auch die Europäische Union geprägt. Ihr technokratischer Charakter ist kein Versehen oder Konstruktionsfehler. Er soll vielmehr sicherstellen, dass sie ihrer Aufgabe gerecht wird: für Frieden,

Stabilität und Wachstum zu sorgen, indem der Spielraum für unberechenbare Politik institutionell verringert wird.[22] Damit verringert sich aber auch der Spielraum für Demokratie. Sie ist in weiten Teilen durch Bürokratie und Technokratie ersetzt worden.[23]

»Man muss die Demokratie vor sich selbst schützen«[24], lautet dementsprechend ein berühmter Satz von Friedrich Hayek. Diese Aussage ist doppeldeutig: Natürlich kann die Stabilität und Vernunft von Gesellschaften durch demokratische Entscheidungen in Gefahr geraten. Dass Demokratie launisch und manipulierbar ist, hat der Brexit gezeigt, der durch einen Akt direkter Demokratie zustande gekommen ist. Allerdings gefährden demokratische Defizite, wie sie die EU aufweist, ebenfalls die Ordnung und ihre Institutionen, nicht zuletzt die EU selbst: nämlich dann, wenn die Menschen sich nicht vertreten fühlen und gegen das Demokratiedefizit aufbegehren.

Was immer man gegen die neoliberale Wirtschaftsordnung einwenden kann: Die globale Wirtschaft, vor allem die Kapitalmärkte, haben sich gegen politische Krisen als verblüffend resistent erwiesen. Sogar 9/11 hatte auf sie nur sehr begrenzte Auswirkungen[25], obwohl das Finanzzentrum der USA direkt getroffen war. Und in der Coronakrise hat die Weltwirtschaft erneut ihre Widerstandskraft bewiesen. Der starke Einbruch des Welthandels und der Aktienmärkte im Frühjahr 2020 hat nicht zu einer kontinuierlichen Abwärtsspirale geführt. Viele Arbeitsplätze sind vernichtet worden, aber das globale marktwirtschaftliche System als solches hält, sogar die Börsenkurse haben sich nach anfänglichen Einbrüchen erholt.

Das erklärt, warum große Kriege zwischen Nationen selten geworden sind. Für die international vernetzten, miteinander Handel treibenden Eliten sind sie zu kostspielig. Vor diesem Hintergrund fällt es Künstlern und Intellektuellen leicht, für kulturellen Austausch und Toleranz einzutreten, für Deeskalation und Frieden zu werben. Sie ziehen damit gewollt oder ungewollt am selben Strang wie die wirtschaftlichen Eliten, mag ihre pazifistische Haltung wie nach 9/11 auch den Zorn konservativer Milieus provozieren. Insofern Krieg unattraktiv geworden ist, markiert die auf der freien Wirtschaft basierende globale Ordnung einen echten zivilisatorischen Fortschritt. Allerdings haben die wirtschaftsliberale Praxis und die dazugehörige kulturpazifistische Rhetorik eine Kehrseite, von der bereits Carl Schmitt wusste, der ein scharfsichtiger Kritiker des hegemonialen Liberalismus war: »Essentiell unkriegerisch, und zwar aus der Essenz der liberalen Ideologie heraus, ist nur die Terminologie. Ein ökonomisch fundierter Imperialismus wird natürlich einen Zustand der Erde herbeizuführen suchen, in welchem er seine wirtschaftlichen Machtmittel, wie Kreditsperre, Rohstoffsperre, Zerstörung der fremden Währung usw., ungehindert anwenden kann und mit ihnen auskommt.«[26]

Stellvertretend für die nicht mehr sinnvoll führbaren großen Kriege vermehren sich kleinere Konflikte, Stellvertreterkriege, Guerillakriege, Terrorkriege, Drohnenkriege, Söldnerkriege, Bürgerkriege, besonders in Gebieten, die in weltwirtschaftlicher Hinsicht nicht »systemrelevant« sind. Syrien wäre ein Beispiel, aber auch Afghanistan und viele Länder Afrikas. Die Auswirkungen solcher Konflikte bleiben dank der geschilderten, resistenten Struktur der Weltwirtschaft begrenzt. Große Kriege lohnen sich nicht mehr, kleine womöglich doch. Die Verlierer sind wiederum die ärmeren Länder, der »Globale Süden«.

Die technischen und medialen Entwicklungen, die mit der jüngsten Globalisierungswelle seit 9/11 einhergegangen sind, stärken auch im Fall von Krisen, die nicht bloß auf den Menschen zurückgehen, die Resistenz der Wirtschaft. Sie haben uns in die Lage versetzt, die Einschränkungen durch die Corona-

Pandemie auf vielen Gebieten abzufedern: Videokonferenzen machen es möglich, zu Hause zu arbeiten, webbasierte Seminare erlauben es, im Ausland zu studieren, auch wenn man nicht mehr reisen darf, der Schulbetrieb wird online fortgesetzt und die Yogakurse ebenso.

Wer von den technischen Neuerungen und Möglichkeiten profitierte, zählte jedoch zu den Privilegierten. Man befand sich in einem sicheren Umfeld und verdiente weiterhin Geld, ohne etwas zu riskieren, anders als die Angestellten im Dienstleistungsgewerbe, Ärztinnen und Pflegekräfte, Paketzustellerinnen, Erntehelfer oder Arbeiter in Fleischfabriken. Und anders als die meisten Menschen in ärmeren Ländern, die sich keinen Lockdown leisten können und sich lieber gesundheitlichen Risiken aussetzen, als nicht mehr zu arbeiten. Es ist möglich, dass nach der Pandemie mehr Menschen an Hunger gestorben sein werden als am Virus.[27]

Das von Ulrich Beck angesichts der »Risikogesellschaft« und des Atomunfalls in Tschernobyl 1986 vorhergesagte »Ende all unserer hochgezüchteten Distanzierungsmöglichkeiten«[28], ist nur begrenzt eingetreten. Je reicher man ist, desto geschützter ist man auch angesichts von Umweltkatastrophen und Pandemien. Das ist leider kein Trost, sondern erhöht die Gefahren für die Zukunft. Denn es führt dazu, dass viele Menschen immer noch bereit sind, solche Risiken in Kauf zu nehmen – im Wissen oder der Erwartung, dass sie über ausreichende Mittel verfügen werden, sich ihnen zu entziehen. Es sind oft dieselben Menschen, die auch politisch und wirtschaftlich einflussreicher sind als andere.

Jedes Risiko, jede Krise, jede Manipulation am bestehenden System trifft aber zuerst und am heftigsten diese Anderen, Schwächeren. Dadurch werden Veränderungen zu einer Gefahr gerade für die Menschen, die das größte Interesse am Wandel zum Besseren hätten. Das hat tragische Auswirkungen auf Protest- und Reformbewegungen. Ein Beispiel bot die Revolution in Ägypten: Der Wunsch nach Freiheit, Würde und Gerechtigkeit legte den Tourismus lahm und sorgte für spürbare Einkommenseinbußen in der Mittel- und Unterschicht. Das ägyptische Pfund verlor massiv an Wert. Darunter litt wiederum vor allem die aufbegehrende Mittelschicht selbst, während große Vermögen, die in Aktien, Immobilien oder auf Dollarkonten angelegt waren, stabil blieben. Ohne dass irgendein politischer Akteur eine Entscheidung dafür treffen musste, waren von der Dynamik ausgerechnet jene negativ betroffen, von denen die Revolution ausgegangen war und die sie getragen hatten. Im Jahr 2021 ist die Lage der Ägypter und die Situation der Menschenrechte in ihrem Land schlechter als vor der Revolution – ein abschreckendes Beispiel für alle, die in einer ähnlichen Situation ebenfalls aufbegehren wollen.

Das entspricht dem Drehbuch, schreibt Quinn Slobodian: »In der neoliberalen Vision einer Weltordnung übt die Weltwirtschaft eine disziplinierende Funktion auf die einzelnen Nationen aus. Dies geschieht durch die fortgesetzte Androhung einer Krise, die Flucht von Investitionskapital, wodurch die Ausweitung der Sozialpolitik bestraft wird, und durch Angriffe von Spekulanten auf die Währungen, wenn die Regierungen die Ausgaben erhöhen.«[29] Wir müssen hinzufügen, dass nicht nur die Weltwirtschaft, sondern auch die despotischen Regime nach Kräften dafür sorgen, dass Revolten denen schaden, die sie anzetteln. Im einen wie im anderen Fall verbirgt sich dahinter eine in Kauf genommene, wenn nicht gezielte Politik.

Die »fortgesetzte Androhung einer Krise«, die für den Fall von Revolutionen, Kriegen und neuen sozialreformerischen, emanzipatorischen Politiken in der Luft liegt, zeitigt denselben reformfeindlichen Effekt, wenn nicht eine neue Politik, sondern ein neues Virus die bestehende globale Wirtschaftsordnung bedroht. Dies erklärt sowohl die Zögerlichkeit vieler Regierungen, die Pandemie als Krise anzuerkennen, als auch die Schwierigkeit, sie über die kurzfristigen Maßnahmen zur Eindämmung der Pandemie hinaus als Wende-Ereignis zu begreifen und für einen Kurswechsel zu nutzen.

Es handelt sich dabei um denselben Effekt, wie er auch in der Klimapolitik wirksam ist. Er ist die Erklärung dafür, warum sogar Regierungen, die für Klimaschutz aufgeschlossen sind, nur zögerlich handeln. Ebenso wie sich Krieg, Abschottung, Sozialismus und Protektionismus nicht mehr auszahlen, lohnen sich auch andere Initiativen nicht, die Welthandel und Globalisierung einschränken und ausbremsen, etwa ökologische, arbeitsrechtliche und soziale. Das gilt für die unwahrscheinlichsten Zusammenhänge: Während man etwa glauben möchte, dass die Natur und die Wildtiere in den Naturschutzgebieten Afrikas vom coronavirusbedingten Ausbleiben des Safari-Tourismus profitieren, werden sie dadurch in Wahrheit gefährdet, weil die Gelder für die Pflege der Parks fehlen und Wilderer ein leichtes Spiel haben.[30]

Sarkastisch ausgedrückt ist es inzwischen schlicht zu teuer geworden, den Planeten zu bewahren, die Menschen einigermaßen gleich und gerecht zu behandeln und vor Krankheiten und Katastrophen zu beschützen. Wäre es nicht ärgerlich, so vieles von dem, was »wir uns« aufgebaut haben, wieder aufzugeben, es zu teilen oder darauf zu verzichten, um etwa den Klimaschutz oder ein nichtkommerzielles Gesundheitssystem zu fördern? Zwar sind für die Bekämpfung des Terrorismus keine Mittel und keine Menschenleben gescheut worden. Aber um mit dem nötigen Ernst den Planeten zu retten, haben wir inzwischen zu viel zu verlieren, wie es scheint.

Bernd Scherer vom Haus der Kulturen der Welt in Berlin, das

sich um das Verständnis des Anthropozäns, des vom Menschen geprägten Erdzeitalters, verdient gemacht hat, formuliert dieselbe Erkenntnis in anderen Worten: »So haben wir Menschen in der Vergangenheit Strukturen geschaffen, die unsere Zukunft verbauen. In diesem Sinne wurde der Zeitvektor umgedreht: Die Zukunft liegt hinter uns und die Vergangenheit vor uns. Zur Dialektik anthropozäner Prozesse gehört dabei auch, dass sie mit dem Versprechen einer besseren Zukunft in Gang gesetzt wurden.«[31]

Das darf jedoch kein Grund sein zu resignieren. Nach wie vor gilt, was der Ökonom und Kulturwissenschaftler Walter Ötsch so formuliert hat: »Im Anthropozän schlägt die Wirklichkeit der Ökosphäre marktfundamentale, postdemokratische und rechtspopulistische Vorstellungswelten.«[32] Gleich was uns das Wunschdenken eingibt, der Planet, die Ökosphäre, folgt einer eigenen Logik, und diese ist unweigerlich stärker als die menschengemachte, konstruierte, imaginierte.

Der Globalisierungsturbo der Epoche seit 9/11 hat die Menschheit gegen die falsche Krankheit geimpft, sie mit den falschen Antikörpern ausgestattet. Was den Markt vor der Unvernunft von Politik, Diktatur, Terrorismus und entgleister Demokratie geschützt hat, torpediert heute die Vernunft der Demokratie: torpediert eine auf ökologischen, sozialen und wirtschaftlichen Ausgleich bedachte Politik und das Ende der »Externalisierungsgesellschaft«, die laut dem Soziologen Stephan Lessenich dazu führt, dass die meisten Menschen in den führenden Industrienationen nicht nur über ihre eigenen Verhältnisse leben, sondern auch »über die der anderen«, der Menschen im Globalen Süden.[33]

DIE SISYPHUSARBEIT AN VERÄNDERUNG UND DEMOKRATIE

Halten wir fest: Wir erkennen eine globale Struktur, eine Weltwirtschaftsordnung, die so angelegt ist, dass sie Veränderungen, sei es negativer, sei es positiver Art, auffangen und abfedern kann. Die erstaunliche Stabilität des Gesamtsystems kostet jedoch einen hohen Preis: Jede Veränderung verstärkt das ohnehin schon vorhandene Ungleichgewicht und verschärft die existierenden Ungerechtigkeiten. Die Verluste können zwar wie in der Coronakrise alle treffen, aber sie treffen am schnellsten und härtesten die Schwächsten, während die Reichen und Mächtigen zum Teil von der Krise sogar profitieren, wie etwa der Versandhändler Amazon vom Corona-Lockdown oder wie die Pharma-Konzerne, die Impfstoffe gegen das Virus entwickeln, und diejenigen, die Aktien dieser Konzerne besitzen.

Weil sich das System nicht zum Positiven, im Sinne der Mehrheit der Menschen und des Ökosystems, verändern lässt, provoziert es Widerstand und Protest – berechtigterweise. Gleichzeitig sind jene, die dieses System vertreten, verteidigen und davon profitieren, selten bereit, die Berechtigung von Protest und Widerstand, also den Wunsch nach Veränderung, wirklich anzuerkennen und anzunehmen, wie Carl Schmitt bereits 1932 sah. Mit direkter Spitze gegen den ökonomischen Liberalismus formulierte er: »Eine auf ökonomischer Grundlage beruhende Herrschaft über Menschen muß gerade dann, wenn sie unpolitisch bleibt, indem sie sich jeder politischen Verantwortlichkeit und Sichtbarkeit entzieht, als ein furchtbarer Betrug erscheinen. […] Wenn sich die Ausgebeuteten und Unterdrückten in einer solchen Lage zur Wehr setzen, so können sie das selbstverständlich nicht mit ökonomischen Mitteln. Daß die Inhaber der ökonomischen Macht dann jeden Versuch einer

›außerökonomischen‹ Änderung ihrer Machtstellung als Gewalt und Verbrechen bezeichnen und zu verhindern suchen, ist ebenfalls selbstverständlich.«[34]

Die Politik nach 9/11 hat diese Entwicklungen fast unumkehrbar gemacht. Sie hat den ökonomischen Einsatz immer weiter erhöht, zugleich aber die polizei-militärische, sicherheitspolitische Antwort auf Widerspruch, Protest und Gegenwehr ausgebaut, in den USA etwa in Gestalt des Patriot Act, wodurch schließlich auch Folter als legal erachtet werden konnte.[35] So ist infolge von 9/11 ein »autoritärer Neoliberalismus« entstanden, wie er in der akademischen Forschung genannt wird.[36] Vordergründig freiheitliche Staaten einerseits, Autokratien andererseits gleichen sich im Lauf dieses Prozesses einander an, nutzen dieselben Mittel, konvergieren.

Da der Protest unter diesen Bedingungen kaum geeignete Angriffsflächen findet und hohe Risiken mit sich führt (soziale Ächtung, Festnahmen, Verurteilungen, Polizeigewalt oder Schlimmeres), schlägt er in Ressentiment um – verständlicherweise. Das Ressentiment äußert sich in globalisierungskritischen bis antimodernen und antiaufklärerischen Ideologien. Es äußert sich radikal islamistisch in der arabischen Welt oder populistisch, dogmatisch, nationalistisch und rassistisch im euroatlantischen Raum. Es äußert sich in Wut und Radikalisierung, in Vandalismus und Terrorismus.

Der Rechtspopulismus hat zwar erstaunliche politische Erfolge errungen, gerade auch als Bewegung *gegen* die Globalisierung, als Rückbesinnung aufs Kleine, Lokale, Gehabte – eine Tendenz, die ihn mit linker Globalisierungskritik verbindet und die keineswegs an und für sich verwerflich ist. Zugleich weigern sich Rechtspopulisten jedoch, ein kritisches Verständnis für die ökonomische Struktur zu entwickeln, die ihre Wut befeuert und groß gemacht hat. Unterhalb der populistischen

Rhetorik, von ihr gedeckt und verschattet (»indem sie sich jeder politischen Verantwortlichkeit und Sichtbarkeit entzieht«[37]), wird daher die neoliberale Globalisierungsagenda auch von populistischen Politikern nur umso rücksichtsloser vorangetrieben.

Der französische Präsident Macron, ein erklärter Globalist, Kosmopolit und Neoliberaler, und Trump, ein erklärter Nationalist, der eine populistische und protektionistische Agenda vertritt, verfolgen am Ende dieselbe Politik, stellt der französische Wirtschaftswissenschaftler Thomas Piketty fest. Es kommt zu einer unheiligen Allianz von Populismus und Neoliberalismus: »Letzten Endes sind beide Ideologien die Wette eingegangen, dass es keine Alternative zu Steuernachlässen zugunsten der Reichen gebe und dass der einzige Bereich, in dem es noch politische Unterschiede gebe, die Spaltung in Internationalisten und Nationalisten sei.«[38]

Auf der linken Seite des politischen Spektrums sind ähnliche ideologische Verhärtungen und blinde Flecken festzustellen. Sie resultieren aus den Frustrationserfahrungen, die das System für sie bereithält. Proteste wie Occupy Wall Street sind erfolglos gewesen. Immer noch kann die Finanzwelt, können »Rating-Agenturen« ganze Staaten erpressen und jene Politik erzwingen, die ihnen genehm ist. Eine Veränderung auf dem Weg demokratischer Verfahren wird schon in Ansätzen blockiert, etwa wenn ein linksliberaler Senator wie Bernie Sanders in den USA demokratischer Präsidentschaftskandidat werden will. Folglich kommt es in den gesellschaftlichen Bereichen, die noch von progressiven Akteuren dominiert werden, etwa an Universitäten, zu einer Radikalisierung politisch korrekter Mikropolitik, zu Sprachregelungen, Einengungen des Sagbaren und einem geschlossenen Weltbild. Der dahinter stehende kompromisslose Moralismus nimmt sich paradoxerweise wie ein Spiegelbild des Salafismus aus, der sich ebenfalls über symbolische Gesten, Sprachregelungen, ubiquitäre Verbote und äußerst eng gefasste dogmatische Glaubensinhalte definiert.

Alles das sind Symptome, wie auch der Terrorismus eines war. Sie erwachsen aus den gescheiterten Versuchen, Veränderungen durchzusetzen, die als notwendig und vernünftig erkannt worden sind: gegen die Beharrungskräfte der Weltwirtschaftsordnung oder gegen repressive Regime, die sich am Ende nur noch mit Waffengewalt zu helfen wissen.

Optimisten glauben, dass der Weg für Veränderung über staatliche Institutionen und demokratische Verfahren nach wie vor offen ist, etwa die Ökonomin und Transformationsforscherin Maja Göpel.[39] Ohne Zweifel wäre das der beste Weg für Veränderungen, unabhängig vom hohen Preis und von den Verwerfungen, die jede Strukturreform kurz- und mittelfristig mit sich bringt. Die bisherigen Erfahrungen mahnen jedoch zu Skepsis, ob über den institutionellen, systemimmanenten Weg das nötige Maß an Transformation zu erreichen ist.

Zum einen sind demokratische Kräfte weltweit auf dem Rückzug. Zum anderen ist der Rückbau der Demokratie selbst dort, wo sie etabliert ist, kein Zufall, sondern gewollte Politik. Der Wirtschaftshistoriker Philip Mirowski fasst den Konsens neoliberaler Kreise so zusammen: »Die übereinstimmende Meinung ging dahin, dass Demokratie als solche zwar nicht fallengelassen werden sollte, dass sie aber dennoch von Natur aus eine Gefahr für das darstellte, was sie für wirtschaftliche Freiheit hielten, ja dass sie eine Neigung zum Totalitarismus beinhalte.«[40]

Auf diesem Konsens beruht auch die Anfang der siebziger Jahre gegründete »Trilaterale Kommission« (»Trilateral Commission«). Ihr erster »Bericht« trug den bezeichnenden Titel: »The Crisis of Democracy«, »Die Krise der Demokratie«. Bereits der Titel ist ein für den neoliberalen Diskurs typischer »spin«, eine Verdrehung der Begriffe. Er suggeriert, dass sich die Autoren um die Demokratie sorgten, wie man von einer Wirtschaftskrise spricht, wenn die Wirtschaftsleistung stagniert oder einbricht. Bei dieser »Krise der Demokratie« ist jedoch genau das Gegenteil der Fall. Die Autoren des Berichts behaupten, dass der »Westen«, insbesondere aber die USA, in den sechziger und siebziger Jahren an einem *Zuviel* der Demokratie *gelitten* hätten. Deswegen müsse die Demokratie eingeschränkt werden. In dem Bericht heißt es unverblümt: »Die Lebendigkeit der Demokratie in den sechziger Jahren stellte in den siebziger Jahren die Regierbarkeit von Demokratien infrage.«[41]

Die USA und »der Westen« stecken in einer schweren Krise, weil ihre konservativen und liberalen Eliten ein handfestes Problem mit der gelebten Demokratie und der dafür unerlässlichen Chancengleichheit und Verteilungsgerechtigkeit haben. Und zwar interessanterweise seit genau dem Zeitpunkt, als im Lauf der sechziger Jahre die Bürgerinnen und Bürger, gleich welcher Schicht, Hautfarbe oder Religion, angefangen haben, die Demokratie und ihre Versprechen beim Wort zu nehmen und die ihnen zustehenden Rechte einzufordern, wie etwa die Afroamerikaner in den USA, angeführt von Martin Luther King, Malcolm X und vielen anderen.[42]

Statt diese Bewegungen ernst zu nehmen, wurde die »Lebendigkeit der Demokratie« gezielt angegriffen. Das Resultat: Fünfzig Jahre später kämpft die Black-Lives-Matter-Bewegung nach wie vor gegen denselben tödlichen Rassismus. Die »Regierbarkeit von Demokratien«, die die bis heute aktive »Trilaterale Kommission« bewahren wollte, hatte einen furchtbaren Preis. Inzwischen ist die Frage erlaubt, ob er sich vom Preis der »Regierbarkeit von Diktaturen« überhaupt noch fundamental unterscheidet. Die amerikanische Wirtschaftssoziologin Saskia

Sassen weiß: »Die Häftlingspopulation hat in den Vereinigten Staaten während der letzten 40 Jahre um 600 Prozent zugenommen. Die 2,3 Millionen Menschen, die in den Vereinigten Staaten heute hinter Gittern sitzen, machen 25 Prozent aller weltweit Inhaftierten aus; damit haben die Vereinigten Staaten unter allen Ländern der Welt die größte Häftlingspopulation.«[43]

Anders gesagt und anders, als man es uns, den Bürgerinnen und Bürgern der liberalen, »westlichen« Demokratien eingeredet hat; anders auch, als »wir«, sofern wir in Europa oder den USA leben, es gern über »uns« gedacht haben: Wir sind nie wirklich liberal und demokratisch gewesen.[44] Die liberale Demokratie und damit die Ideologie und Vorstellung des »Westens« ist gescheitert, weil sie nie im Wortsinn liberal, nie voller Überzeugung demokratisch war, und zwar spätestens seit den achtziger Jahren nicht mehr, als die Empfehlungen der »Trilateral Commission« und die Ratschläge Dutzender neoliberaler Think-Tanks in konkrete Politik umgesetzt wurden. Aus der Perspektive bloßen wirtschaftlichen Wachstums war diese Politik sehr erfolgreich. Wer davon profitierte, konnte über ihre Schwächen leicht hinwegsehen. So geschieht es noch heute. Nur dass immer weniger Menschen davon profitieren.

Aus ähnlichen Gründen schlug die restriktive Spielart »westlicher«, neoliberaler Demokratie in Osteuropa keine tiefen Wurzeln und sprach die Menschen nicht dauerhaft an. Sie setzte nicht auf Teilhabe und Ausgleich, sondern war begleitet von einem Ausverkauf. Osteuropa ist heute zu einem Reservoir von Billigarbeitskräften für Westeuropa herabgesunken. »Das Licht, das erlosch« nennen die Politologen Ivan Krastev und Stephen Holms ihre Analyse des Scheiterns der Demokratie in Osteuropa.[45] Und Philipp Ther ergänzt mit Blick auf Osteuropa nach der Wende: »Demokratiedefizite und eine neoliberale Reformpolitik bedingten sich gegenseitig.«[46] Einerseits hätte man ohne

Demokratiedefizit die neoliberale Reformpolitik nicht durchführen können; sie wäre abgewählt worden. Andererseits verstärkte die neoliberale Reformpolitik das Demokratiedefizit: Viele Bürger begriffen, dass Wählen keinen Sinn ergab: Sie konnten doch nichts mehr ändern.[47]

Was diese Entwicklung mit 9/11 zu tun hat, dürfte deutlich geworden sein. Osama Bin Laden und seine Terroristen haben, drastisch formuliert, den Weg für eine Entfesselung autoritär-neoliberaler Politik freigeschossen. Die sich als liberal verstehenden Wirtschaftswissenschaftler Daron Acemoglu und James A. Robinson sehen in ihrem gleichnamigen Buch inzwischen nur noch einen »engen Korridor« für funktionierende Demokratien.[48] Dass sich Deutschland und Teile der EU noch in diesem Korridor bewegen, kann keine große Beruhigung sein, denn er hat sich seit 2001 kontinuierlich verengt. Die Coronakrise hat die Gefahren dieser Entwicklung nur noch deutlicher gemacht[49]: Wir befinden uns auf dem Weg zu einer neofeudalen[50], neo-oligarchischen Weltgesellschaft.

Auf diesem Weg werden alle, die noch etwas zu verlieren haben, vom System umgarnt und eingeladen, um einen Platz auf den vorderen Rängen zu kämpfen, wo der neue Adel dann unter sich ist. Für Menschen von der gebildeten Mittelschicht an aufwärts in Europa und den USA ebenso wie für die Oberschichten im Globalen Süden ist das verlockend. Im Erfolgsfall winkt die Aussicht, »göttliche Fähigkeiten der Schöpfung und Zerstörung [zu] erlangen«[51] und alle Begrenzungen hinter sich zu lassen – ein Programm, das an Nietzsches Idee vom »Übermenschen« erinnert. Wer dazugehört, darf hoffen, bald jede Krankheit zu besiegen und jede ökologische Katastrophe auszusitzen, während für die anderen die medizinische Grundversorgung schon heute unbezahlbar ist oder der Klimawandel ihnen keinen Ausweg lässt als die Flüchtlingsrouten.

Das optimistische Kleinreden der Probleme, das Ausmalen rosiger Zukünfte und die Beschwörung vermeintlich berechtigter Hoffnungen ist angesichts dieser Ausgangslage nichts weniger als ein Betrugsversuch, eine weitere bloße Simulation von Normalität, die der Aufrechterhaltung der herrschenden Verhältnisse zuarbeitet. Jenseits der Schönrednerei erkennen wir eine darwinistische, agonale Vision der Welt, in der nur der Stärkste und Rücksichtsloseste überleben soll. Sie steht einer anderen Vision entgegen, die nicht minder große Herausforderungen bereithält, aber entschieden edler und utopischer ist. Es ist die einer Gesellschaft der Fairness und der gleichen Chancen. Die meisten Menschen auf dem Planeten würden sich für sie entscheiden, wenn sie die Wahl hätten; wenn Demokratie existierte. Es gibt für eine solche Gesellschaft viele Modelle und Vorbilder. Hier sei nur das vorgestellt, das mich am meisten überzeugt hat.

EIN KOSMOPOLITISCHES GEDANKENEXPERIMENT

Der Grundgedanke geht auf den amerikanischen Philosophen John Rawls zurück. Er beruht auf einem politischen Gedankenexperiment. Rawls entwickelte es in den sechziger Jahren des 20. Jahrhunderts, und es trug vermutlich seinen Teil dazu bei, dass in jener Zeit bei etlichen Reichen und Konservativen die Alarmglocken schrillten.

In diesem Experiment wird einer Gruppe von Menschen die Aufgabe gestellt, für eine beliebige Gesellschaft von Grund auf neue Gesetze zu schreiben. Dabei darf niemand wissen, welchen sozialen Status und welche sonstige Stellung er oder sie in dieser Gesellschaft später einnimmt, wie reich er oder sie ist, wie gut ausgebildet, ob Mann oder Frau und so weiter. Dieses Nichtwissen nennt Rawls den »Schleier der Unwissenheit«.[52] Unter den Bedingungen eines solchen Experimentes, also hinter dem Schleier der Unwissenheit, entstehen höchstwahrscheinlich ziemlich faire Gesetze mit gleichen Ausgangsbedingungen und Chancen für alle.

Rawls' Versuchsanordnung hat allerdings unter den Bedingungen der Globalisierung einen Haken: Das Experiment gilt nicht für die ganze Welt, sondern nur für eine gegebene Gesellschaft mit ähnlichen Wertvorstellungen und Erwartungen (welche, ist letztlich egal). In dieser spezifischen Gesellschaft wäre zwar für Gerechtigkeit gesorgt, aber das Problem der globalen Ungleichheit, also die negativen Folgen der unterschiedlichen Entwicklung, des Kolonialismus und der Globalisierung, bestünden weiter. Daher empfiehlt es sich, Rawls' Versuchsanordnung für das Zeitalter der Globalisierung und des Anthropozäns zu erweitern.

Dafür machen wir uns in einem ersten Schritt die Vorstellung des Hinduismus zu eigen, der zufolge die Menschen nach ihrem Tod wiedergeboren werden.[53] Nach traditionellem hinduistischen Verständnis entscheidet die Art und Weise, wie wir unser Leben geführt haben, darüber, ob wir im nächsten zur Belohnung oder zur Strafe in der Stufenleiter der Lebewesen und Kasten auf- oder absteigen, also auf einer höheren oder auf einer niedrigeren Stufe wiedergeboren werden. So soll es in unserem Gedankenexperiment freilich nicht sein.

Vielmehr soll gelten, dass man unabhängig vom Verhalten im früheren Leben nach dem Zufallsprinzip an jedem beliebigen Ort auf der Erde wiedergeboren werden kann, mit jeder beliebigen Hautfarbe, als Mann oder Frau, mit jeder denkbaren sexuellen Orientierung, mit einer beliebigen Muttersprache, in irgendeinem dann auf der Erde bestehenden politischen oder wirtschaftlichen System, in einer beliebigen Klimazone. Sofort müssen wir zugeben: Diese Vorstellung gleicht einem Albtraum, vor allem für die Menschen in der nördlichen Hemisphäre, die bei einem solchen Deal nur verlieren könnten.

Die einzige Möglichkeit, unsere Chancen im nächsten Leben zu verbessern, besteht bei einer solchen Ausgangslage darin, die globale Gesamtsituation zu beeinflussen, und zwar durch unser Verhalten, unsere Entscheidungen, unsere politische und ökonomische Wahl im Leben davor, also im Hier und Jetzt. Wenn es uns nicht gelingt, dazu beizutragen, dass es in der nächsten Generation der gesamten Weltbevölkerung besser geht, dass Grundversorgung, Gerechtigkeit, saubere Umwelt auf dem gesamten Erdball zunehmen, laufen wir statistisch betrachtet Gefahr, unter den 80 Prozent der Weltbevölkerung wiedergeboren zu werden, die weniger als zehn Dollar pro Tag verdienen. Oder unter denen, die – sie machen fast die Hälfte der Weltbevölkerung aus – weniger als zwei Dollar am Tag verdienen.

Es ist aber noch eine weitere Ergänzung des ursprünglichen Experiments nötig. Wir sind nicht nur mit der Globalisierung konfrontiert, sondern auch mit dem Anthropozän, dem Erdzeitalter, das durch und durch vom Menschen geprägt ist. Wir dürfen daher unsere Visionen und Zielmarken von Gerechtigkeit nicht auf den Menschen allein beschränken – schon um des Menschen selbst willen nicht, der ebenso unter der Zerstörung der Umwelt leidet wie diese selbst, wie Tiere und Pflanzen. Vielmehr müssen wir die Wiedergeburtsvorstellung auf die nichtmenschliche Umwelt ausweiten und uns wie die alten Hindus vorstellen, wir könnten ebenso gut als Tiere und Insekten, als Fische oder sogar Pflanzen wiedergeboren werden. Diese Vorstellung klingt radikal, aber sie führt die Größe der Aufgabe vor Augen und offenbart die Herausforderungen, mit denen wir konfrontiert sind.

Wenn wir Rawls' Gedankenexperiment auf diese Weise um die Idee der Wiedergeburt erweitern, lehrt es uns außerdem, Gerechtigkeit, Gleichheit und Zufriedenheit nicht nach den Maßstäben zu bewerten, die eine Gesellschaft je separat für sich selbst aufgestellt hat, aber oft unkritisch als anzustrebende Norm auch für alle anderen erachtet. Stattdessen variieren gemäß dem Experiment die Maßstäbe je nach der Position, auf der wir wiedergeboren werden könnten. Das betrifft das kulturelle, wirtschaftliche und soziale Verständnis von Gerechtigkeit ebenso wie eines, das sich auf die unterschiedlichen Arten von Lebewesen beziehen lässt. Kein Lebensentwurf, keine bestimmte Lösung, kein Modell taugt gleichermaßen für alle möglichen Wiedergeburten, so dass wir im Rahmen der angestrebten Verbesserung der Welt immer abhängig vom Kontext, vom Umfeld, von der Umwelt denken müssen, sozusagen biokosmopolitisch, multiperspektivisch.

Schließlich geht es bei dem erweiterten Experiment nicht wie bei Rawls primär um konkrete gesetzliche Regelungen, sondern um die Verbesserung der sozialen und umweltpolitischen Rahmenbedingungen insgesamt. Das bleibt notgedrungen abstrakt, gibt aber die Richtung vor, was Fortschritt jenseits von technischer Entwicklung und bloßem Wirtschaftswachstum bedeuten könnte. Nur im Abgleich mit sozialem und ökologischem Fortschritt, mit einem Fortschritt an Gerechtigkeit und Teilhabe, kann daher wirklich von Fortschritt geredet werden.

Ein weiterer interessanter Aspekt des um die Idee der Wiedergeburt erweiterten Experiments besteht darin, dass es eine Entwicklung andeutet, die das Gewordensein, die Geschichte, zwar nicht aufhebt, aber doch mit der Zeit einebnet: Das, was jemand in seinem Leben schafft, hinterlässt er oder sie nicht seinen oder ihren eigenen Nachkommen, sondern der ganzen Menschheit, wenn nicht der gesamten Biosphäre. Daraus folgt:

Aus dem, was die eigenen Vorfahren geschaffen haben, lassen sich diesem Gedankenexperiment zufolge für die leiblichen Nachkommen keine Rechte ableiten (freilich auch keine Erbschuld). Niemand, nur die Welt als ganze, hat Anspruch auf die Errungenschaften der Vorfahren. Vererbbar, weil endlos teilbar sind nur Ideen, Geist, Kultur. Auch die Privilegien der eigenen Nation, Religion, Hautfarbe und so weiter gelten diesem utopischen Modell zufolge natürlich nichts.

Das biokosmopolitische Gedankenexperiment erzieht dazu, sich in andere Positionen hineinzudenken und von angeborenen Privilegien zu abstrahieren. Natürlich steht es jedem frei, dies abzulehnen. Aber nur jemand in einer sehr privilegierten Stellung wird das wagen – und sollte sich dann offen zu seinen Privilegien bekennen, kann sich dann schwerlich auf die Demokratie berufen und muss mit einem Widerstand rechnen, der das Recht der Zukunft auf seiner Seite hat.

Dass dieses Gedankenexperiment vorläufig eine Utopie bleibt und überhaupt nur in der Langzeitperspektive annäherungsweise verwirklicht werden könnte, tut nichts zur Sache. Es soll vor allem eine Aufgabe und Zielmarke vorgeben. Es dient zur Orientierung hin auf eine bessere Zukunft und präsentiert einen Maßstab für das menschliche Handeln, der rationalen, aufgeklärten Ansprüchen genügt. Alle Menschen können ihn sich zu eigen machen, unabhängig von ihrer Herkunft.

Blicken wir aus der gedankenexperimentell geschärften Perspektive zurück, erweist sich, dass die unter dem Deckmantel der Terrorbekämpfung seit 9/11 eskalierte Politik einer hegemonial-autoritären, von der Kapitalwirtschaft getriebenen Globalisierung den biokosmopolitischen Erfordernissen nicht nur nicht genügt hat. Sie hat nicht einmal versucht, ihnen zu genügen, sondern unverhohlen auf den Willen zur Macht und auf eine »Politik der Beherrschung«[54] gesetzt, sooft diese auch unter dem Label »Nation-Building« oder »Demokratisierung« verkauft wurde. Die Coronakrise dient als Warnung vor Schlimmerem. Wir sollten sie als Anlass zur Wende nutzen, sie als Ground-Zero-Ereignis begreifen, das die 9/11-Epoche und ihre desaströse Politik beendet.

Ist das weltfremd? Dann wäre es jedenfalls eine Weltfremdheit in guter Gesellschaft. Der UN-Generalsekretär António Guterres formulierte diesen »weltfremden« Wunsch nach Veränderung Mitte Juli 2020 während seiner online gehaltenen Nelson-Mandela-Vorlesung auf folgende Weise: »COVID-19 wurde mit einem Röntgenbild verglichen, das Brüche im zerbrechlichen Skelett der Gesellschaften, die wir aufgebaut haben, sichtbar macht. Es deckt überall Trugschlüsse und Unwahrheiten auf. […] Die zersetzenden Auswirkungen des heutigen Niveaus der Ungleichheit sind offensichtlich. Man sagt uns manchmal, dass eine steigende Flut des Wirtschaftswachstums alle Boote anhebt. Aber in Wirklichkeit versenkt die steigende Ungleichheit alle Boote. Lassen Sie uns den Tatsachen ins Auge sehen. Das globale politische und wirtschaftliche System liefert nicht die entscheidenden globalen öffentlichen Güter: ein öffentliches Gesundheitssystem, Klimaschutz, nachhaltige Entwicklung, Frieden. […] Der beste Weg, dies zu ändern, ist ein New Global Deal, der auf einer fairen Globalisierung beruht, auf den Rechten und der Würde jedes Menschen, auf einem Leben im Gleichgewicht mit der Natur, auf der Berücksichtigung der Rechte künftiger Generationen. Er misst seinen Erfolg an menschlichen und nicht an wirtschaftlichen Maßstäben.«[55]

In unserem Buch stellte sich die politische Entwicklung im euroatlantischen Raum, wenn nicht weltweit, seit 9/11 vor allem negativ dar. Wie in einem Vexierbild können wir seit der Corona-Pandemie jedoch auch ein anderes, ermutigenderes Bild sehen. Dieses Bild deutet darauf hin, dass der Moment der eingeforderten Wende gekommen ist. Ich meine den zunehmenden Überdruss mit Verhältnissen wie den bestehenden, die keine fortschrittliche, utopische Richtung, kein Versprechen mehr erkennen lassen. Dieser Überdruss, den wir in allen politischen Lagern finden, sorgt für eine beschleunigte Zersetzung der neoliberalen Ordnung. Als spürte sie selbst ihren unaufhaltsamen Zerfall, züchtet sie als ihre politischen Vertreter deswegen immer häufiger Zyniker, Nihilisten, Trickbetrüger heran und bugsiert sie, da die Demokratie inzwischen ausreichend ausgehöhlt ist, in die höchsten Ämter, und sei es das des – 2020 mit knapper Not abgewählten – amerikanischen Präsidenten.

Der Niedergang dieser Ordnung, der Verlust ihrer Glaubwürdigkeit, ihrer Überzeugungskraft und ihrer Reichweite hat mit 9/11 begonnen. Sie und ihre Vertreter waren so sehr von sich überzeugt, dass sie mit großem Hurra in die Falle gelaufen sind, die ihnen mit den Terroranschlägen gestellt worden war. Was für jene, die am 11. September 2001 an den Hebeln der Macht saßen, aussah wie eine rauschende Party, entpuppte sich als Orgie des Ausverkaufs der Werte, der Selbstentblößung, Selbstentlarvung und schließlich der Niederlage.

Angesichts der von Bin Laden mit angestoßenen, mit ausgelösten Abdankung der USA als Orientierung stiftende Weltmacht hat das neoliberale System der globalisierten Weltwirtschaft spätestens seit der Corona-Pandemie ihren größten Verfechter, ihre Schutzmacht, ihren Garanten, ihren Patriarchen und »Paten«[56] verloren.

Deutschland, Europa überhaupt und andere Regionen, die einst unter dem Schutzschirm der USA lagen, sind damit in eine neue Freiheit entlassen. Sie kommt vielen unsicher und unbequem vor. Aber das ist nur, um einen bekannten Satz des Philosophen Immanuel Kant abzuwandeln, der Preis für den Ausgang aus der weltpolitischen Unmündigkeit; und damit der längst fällige Eintritt in die weltpolitische Eigenverantwortung. Wenn Europa will, kann es werden, was die USA für viele Menschen einst waren, zumindest ihrer Vorstellung nach: ein Vorbild, ein Leitfaden, ein Garant und ein sicherer Hafen für eine andere, neue, fairere Ordnung. Bevor das möglich ist, sind freilich erst die Hausaufgaben in den Fächern »Demokratie«, »Gerechtigkeit«, »Gleichheit« und »(Klima-)Solidarität« zu erledigen. Sie waren seit dem neoliberalen Pyrrhussieg von 1989 liegen geblieben, weil man sie für Aufgaben in vermeintlichen Nebenfächern hielt.

Wenn wir, wie der Befund lautet, nie wirklich liberal (im Sinne von politischer Offenheit, Möglichkeit und Pluralität) und demokratisch gewesen sind, liegt genau darin eine unverhoffte zweite Chance. Wir können es nämlich dann noch einmal versuchen. Wenn wir die Ideen von Freiheit, Gleichheit, Gerechtigkeit und Demokratie nie ernst genug genommen haben, wäre jetzt die Zeit für einen zweiten Anlauf. Gelingt das, wäre bewiesen, dass nicht diese Ideen weltfremd sind, wie Autokraten, Populisten und Neoliberale wie Friedrich Hayek uns einreden wollen, sondern dass nur diejenigen gescheitert sind, die sich vordergründig und fälschlich darauf beriefen.

Allzu viele von ihnen sind immer noch in entscheidenden Positionen. Ihre Medien trommeln weiter, ihre Superreichen bereichern sich weiter, und wenn sie bald den letzten Krümel Hoffnung verkauft haben, findet sich nur noch Tod und Zerstörung in ihrem Angebot. Aber außer denen, die von ihnen profitieren und die mit jedem Tag weniger werden, glaubt ihnen niemand mehr; ja, sie glauben sich inzwischen selber kaum mehr.

Zum ersten Mal seit dem 11. September 2001 ist die Zukunft wieder offen.

ANHANG

DANKSAGUNG

Ich danke der Villa Massimo für ein dreimonatiges Stipendium in der Casa Baldi in Olevano Romano, wo die Arbeit an diesem Buch begonnen wurde.

Ich danke der Künstlerresidenz Tarabya für ein viermonatiges Stipendium in Istanbul, wo die Arbeit wegen der Coronakrise nicht beendet werden konnte.

Ich danke der Kunststiftung NRW für die Förderung im Rahmen des Corona-Sonderfonds, die mir den sorgenfreien Abschluss der Arbeit an diesem Buch ermöglicht hat.

Ich danke dem Globale° Literaturfestival Bremen für die Möglichkeit, meine ersten Überlegungen zum Abschlusskapitel unter dem Titel »Virus und Terror« auf ihrer eigens dafür (und für andere wertvolle Texte zum Thema) eingerichteten Homepage http://vitaactiva-globale.de zu publizieren.

Ich danke dem engagierten Team im Hanser Verlag für Ermutigung und viel Geduld.

ANMERKUNGEN

EINLEITUNG

1 Tausendundeine Nacht 2004, S. 52 ff.

2 Die Problematik hinter der Übernahme des Kürzels 9/11 sei nicht verschwiegen. Wie der amerikanische Kunsthistoriker Robert Storr schreibt, hebt diese Formel das Ereignis aus der Chronologie der Geschichte und verleiht ihm einen singulären Status, der politisch missbraucht werden kann. Vgl. Storr 2010, S. 11, Fußnote 1.

3 »Wie das Virus ist der Terrorismus überall [...] Man kann daher durchaus von einem Weltkrieg sprechen, nicht dem dritten, sondern dem vierten, dem einzigen, der wirklich global ist, denn der Einsatz, um den es geht, ist die Globalisierung selbst.« Baudrillard 2002, S. 17 f. Auch die offizielle amerikanische Rede vom »Global War on Terrorism« gesteht den Weltkriegscharakter mit dem Wörtchen »global« ein (vgl. Binder 2013, S. 12, Anm. 4). Die Übersetzungen aller Zitate in diesem Buch stammen von mir, sofern im Literaturverzeichnis keine anderen Übersetzer*innen genannt sind.

4 Dazu näher: Weidner 2020: http://vitaactiva-globale.de. (Alle Webseiten wurden zuletzt am 18.9.2020 kontrolliert und abgerufen.)

5 Sicherheitskonferenz 2020.

6 Viele weitere habe ich in meinem Buch »Jenseits des Westens« zusammengetragen, siehe Weidner 2018.

7 Bonnett 2004, S. 34.

8 Für Samuel Huntington sind die Ostgrenzen des Westens mit denen der lateinischen Christenheit identisch, vgl. Huntington 1996, S. 252: »Europa hört dort auf, wo das westliche Christentum aufhört und Orthodoxie und Islam beginnen.«

9 Goffman 1986.

ERSTER TEIL: 9/11 und die Vorgeschichte

1 Aus: Adonis 2012, S. 277 u. 293.

2 Explizit zum Beispiel bei Adonis 2015.

3 Croitoru 2007, S. 43 f.

4 Churchill 2008.

5 Zitiert nach http://www.mlwerke.de/me/me12/me12_285.htm.

6 Fukuyama 2006, S. 107. Dieser Exzeptionalismus ist nach Fukuyama (ebd.) auch die »stillschweigende« Auffassung, die der Nationalen Sicherheitsstrategie der USA zugrunde gelegen und deren Präventiv-kriegsdoktrin gerechtfertigt hat.

7 Ebd., S. 108 f.

8 Von ihr gibt es mehrere Bücher auf Deutsch, u. a. den Roman »Eine Frau am Punkt Null«, Saadawi 1998.

9 Vgl. Cresswell 2019.

10 Nirumand 1967.

11 Zum Krieg von 1967 siehe Tom Segev 2007.

12 Miller 2015, S. 124 f.

13 Nirumand 1967.

14 Einblicke und Beispiele bei Amirpur 2009.

15 Afary 2005.

16 Trofimov 2008.

17 Miller 2015, S. 9.

18 Zum familiären Hintergrund Bin Ladens siehe Coll 2008.

19 Zum Kosmopolitismus in Djidda und Mekka siehe Freitag 2019.

20 Delong-Bas 2014, S. 247.

21 Williams 2019, S. 59.

22 Über das Verhältnis von Bin Laden zu Azzam: Scheuer, S. 52 f.

23 Vollmann 2003; Roy 2017.

24 Scheuer 2011, S. 78.

25 Abweichend von der übrigen Literatur über Bin Laden verortet Flagg Miller den Beginn seines Anti-Amerikanismus mit dem Osloer Friedensabkommen von 1993. Vgl. Miller 2015, S. 202.

26 Miller 2015, S. 203 f.

27 Miller 2015, S. 29.

28 Miller 2015, S. 31.

29 Miller 2015, S. 34.

30 Rede von Osama Bin Laden im Herbst 1989, zitiert nach Miller 2015, S. 132.

31 Zitiert nach Miller 2015, S. 198. Miller zufolge handelt es sich freilich um das einzige Mal, dass Bin Laden sich auf Gandhi beruft.

32 Zitiert nach Miller 2015, S. 4.

33 Abou-Taam 2006, S. 77.

34 Huntington 1996, S. 252.

35 Nietzsche 1980, S. 19.

36 Gore 2007.

37 Die Zahlen hier laut Wikipedia: https://de.wikipedia.org/wiki/Präsident schaftswahl_in_den_Vereinigten_Staaten_2016.

38 Zu den Details der Wahl in Florida siehe Toobin 2001. Zur Biographie von Al Gore siehe Turque 2000. Turque gibt auch (freilich vor 9/11!) einen Hinweis darauf, wie Al Gore nach 9/11 reagiert hätte, und zwar keineswegs passiv: »Seine interventionistische Auffassung amerikanischer Macht würde wahrscheinlich zu einer zeitnahen und kräftigeren Antwort der USA führen, wenn außenpolitische Krisen ausbrechen« (S. 400).

39 MacMillan 2015, Kapitel eins.

40 Zitiert nach Kornelius 2007, S. 102.

41 Turque 2000, S. 6.

42 Gore 1993, S. 12.

43 Gore 2007, »Foreword«.

44 Summers 2011, »Preface«. Dies ist die im 9/11 Memorial verzeichnete Zahl der Opfer. Diejenigen, die seither an Folgeschäden verstorben sind, sind nicht mitgezählt.

45 https://www.youtube.com/watch?v=4iwlFFM3DDQ.

46 Original: »This crusade, this war on terrorism is going to take a while« (https://georgewbush-whitehouse.archives.gov/news/releases/2001/09/20010916-2.html).

47 Rede vor dem Kongress am 21.9.2001, wörtlich: »Entweder ihr seid für uns, oder ihr seid für den Terrorismus« (https://www.spiegel.de/politik/ausland/bush-vor-dem-kongress-wer-nicht-fuer-uns-ist-ist-gegen-uns-a-158495.html). Ferner am 6.11.2001 in einer Pressekonferenz mit Jacques Chirac: »Over time it's going to be important for nations to know they will be held accountable for inactivity,« he said. »You're either with us or against us in the fight against terror.« Quelle: https://edition.cnn.com/2001/US/11/06/gen.attack.on.terror/.

48 Commission Report 2004.

49 Zum Beispiel Summers 2011.

50 Ebd., S. 132.

51 Abou-Taam 2006, S. 122. In einer Rede von Mitte Dezember 2001 erwähnt er einige der Attentäter namentlich, zählt ihre Herkunft auf und bittet darum, dass Gott sie als Märtyrer annimmt. Vgl. auch Miller 2015, S. 36.

52 https://securityconference.org/publikationen/munich-security-report-2020/.

53 Faludi 2007, S. 12.

54 Zum Beispiel in Gestalt des Schweizer Historikers Daniele Ganser in gut besuchten Vorträgen an namhaften Universitäten, so 2014 an der Universität Tübingen: https://www.youtube.com/watch?v=nC_j5aT6Ww4.

55 Smith 2020.

56 Dazu ausführlich: Fukuyama 2006, S. 23 ff.

57 https://web.archive.org/web/20130609011554/http://newamericancentury.org/

58 Exemplarisch dafür Bloom 1986.

59 Zitiert nach Kundnani 2015, S. 80.

60 Zitiert nach Ayres 2004, S. 25, Anm. 10.

61 Beispiele bei Kundnani 2015, S. 138.

62 Vidal 2002, S. 20.

63 Dazu u. a. https://indypendent.org/2011/12/seattle-wto-shutdown-99-to-occupy-organizing-to-win-12-years-later/.

64 So Bush auf dem Schanghai-Treffen des APEC-Forums. Vgl. Ayres 2004, S. 26.

65 Ebd.

66 Faludi 2007, S. 22.

67 Faludi 2007, S. 13.

68 Kundnani 2015, S. 52.

69 Feldman 2005, S. 209.

70 Archiviert auf: www.goethe.de/fikrun.

71 Kundnani 2015, S. 163.

72 So schrieb etwa der Publizist Henryk M. Broder Kommentare für den *Spiegel* und *Die Welt*, agitierte aber auch auf der rechten Internetplattform »Achse des Guten«, die wiederum gern von der populistischen, unverhohlen islamfeindlichen und rassistischen Website pi-news (Politically Incorrect) zitiert wurde.

73 Baudrillard 2002, S. 9 f. Damit, so Baudrillard (vermutlich gegen Fukuyamas »Ende der Geschichte«), sei der »Streik der Ereignisse« beendet, der die neunziger Jahre geprägt habe.

74 Zitiert nach Ray 2005, S. 51.

75 Ebd.

76 A. a. O., S. 55. Zur abgesagten Ausstellung – ein weiteres frühes Beispiel für die Cancel Culture von rechts – siehe den kurzen Abriss auf: https://www.atomicheritage.org/history/controversy-over-enola-gay-exhibition. Ferner: Harwit 1996. Zum Gesamtkomplex der unter-

lassenen amerikanischen Hiroshima-Aufarbeitung siehe: Lifton/Mitchell 1996.

77 Ray 2005, S. 53. Zu dem Schluss, dass die Angriffe unnötig waren, kam sogar das United States Strategic Bombing Survey (vgl. die Zitate aus dem Bericht bei Ray 2005, S. 54).

78 Ray 2005, S. 54 f.

79 Meine Quelle für diese Zahl ist die BBC: https://www.bbc.com/news/in-pictures-53476318.

80 Binder 2013, S. 246.

81 So explizit Neaman 2002, S. 57.

82 Ray 2005.

83 Coates 2016, S. 89 f.

84 Brunner 2014, S. 243.

85 Einen kritischen Überblick über die Reaktionen in Deutschland aus der Perspektive des rechten und proamerikanischen Juste Milieu liefert Neaman 2002.

86 Baudrillard, S. 37 f.

87 Zitiert nach Theweleit 2002, S. 122.

88 Adonis 2001.

89 Roy 2016.

90 Zusammengefasst: »Die Union reagierte mit scharfem Protest auf Wickerts Artikel. CDU-Chefin Angela Merkel sagte der ›Bild‹-Zeitung, ein Vergleich Bushs mit Bin Laden könne nicht ohne Konsequenzen bleiben. Sollten die Äußerungen Wickerts zutreffen, ›dann ist er absolut nicht mehr tragbar als Nachrichtenmoderator im öffentlich-rechtlichen Fernsehen‹. Der CDU-Abgeordnete Friedbert Pflüger forderte von Wickert eine Entschuldigung. Ansonsten ›hat er auf dem Bildschirm nichts mehr zu suchen‹, sagte auch Pflüger der ›Bild‹-Zeitung. Außerdem müsse sich der NDR-Rundfunkrat mit den Äußerungen befassen. Der Leiter der bayerischen Staatskanzlei, Erwin Huber (CSU), forderte in ›Focus‹ die ARD und den für die ›Tagesthemen‹ zuständigen NDR auf, Ulrich Wickert vom Bildschirm zu nehmen, da er nicht mehr glaubwürdig über Maßnahmen der USA gegen Terrorismus berichten könne.« Quelle: https://www.dreigliederung.de/news/01100400.

91 Wickerts offizielle Erklärung: https://www.presseportal.de/pm/6561/287988. Der Originaltext seines Kommentars ist wieder abgedruckt in Wickert 2017, S. 385.

92 https://www.nytimes.com/2001/09/29/arts/think-tank-in-new-war-on-terrorism-words-are-weapons-too.html.

93 Vgl. die Auflistung von Kritik an den USA-Kritikern bei Neaman 2002.

94 Dazu: Unger 2004.

95 Baudrillard 2002, S. 44.

96 Neaman 2002, S. 67. Neaman bezeichnet mit diesem Ausdruck die zustimmenden Reaktionen auf den Artikel von Arundhati Roy, das heißt, er schließt sich dieser Bewertung an.

97 »Im Januar 2018 unterzeichnete Präsident Donald Trump eine Exekutivverordnung, um das Gefangenenlager auf unbestimmte Zeit offen zu halten. Er hat auch erwogen, das Waterboarding oder ›Schlimmeres‹ wieder einzuführen. Im Mai 2018 wurde der erste Gefangene während Trumps Amtszeit verlegt; dadurch verringerte sich die Zahl der Häftlinge auf 40.« Aus: https://www.newagebd.net/article/113093/the-gitmo-detainees-of-911. Ferner: https://www.nytimes.com/2020/08/14/us/politics/senators-criticize-guantanamo-prison-coronavirus-plan.html.

ZWEITER TEIL: Von der Vertreibung der Taliban zum Ende der Ära 9/11

1 Schetter 2004, S. 55 ff.

2 Zitiert nach Fukuyama 2006, S. 55.

3 Wie es der Historiker Michael Ignatieff (2003) in seinem gleichnamigen Buch nannte.

4 Schulze 2016, S. 510 f.

5 https://www.theatlantic.com/international/archive/2015/05/america-first-drone-strike-afghanistan/394463/.

6 Zitiert nach Ferguson 2005, S. 165.

7 Ignatieff 2003.

8 Zitiert nach Rashid 2010, S. 343.

9 Ignatieff 2003, S. 90.

10 Für eine präzise Einschätzung der Entwicklungsarbeit in Afghanistan siehe: https://www.ez-afghanistan.de/sites/default/files/Summary%20Paper%20Meta-Review%20of%20Evaluations%20Afghanistan%20March%202020_1.pdf. Ferner: The folly of »aid for stabilisation«; https://doi.org/10.1080/01436597.2019.1576519. Ferner: https://peacelab.blog/2020/06/afghanistan-der-ansatz-viel-hilft-viel-ist-gescheitert.

11 Dazu ausführlich: Mettelsiefen/Reuter 2010. https://web.archive.org/web/20100610060719/http://www.kunstraumpotsdam.de/kunduz/index.php. Vgl. ferner den ausführlichen Artikel auf Wikipedia: https://de.wikipedia.org/wiki/Luftangriff_bei_Kundus.

12 Ebd., S. 4f.

13 https://www.stern.de/politik/ausland/tanklaster-angriff-in-afghanistan-entschaedigung-fuer-die-kundus-opfer-steht-3114382.html.

14 https://de.qantara.de/inhalt/kriegsverbrechen-in-afghanistan-tod-durch-drohnenangriff. Ferner: https://www.theatlantic.com/internatio nal/archive/2015/05/america-first-drone-strike-afghanistan/394463/.

15 Rashid 2003.

16 Münkler 2002, S. 255. Hier könnte Münkler irren. Die Afghanen dürften sich durchaus an Kosten-Nutzen-Bilanzen orientiert haben, als sie die Taliban unterstützten, da die Wahrscheinlichkeit, dass die ISAF lange genug bleibt, um die Taliban zu vertreiben, von Anfang an gering war. Die Taliban zu unterstützen hieß, auf den wahrscheinlichen Sieger zu setzen – ein sehr rationales Verhalten.

17 Ebd.

18 https://www.nytimes.com/2020/02/29/world/asia/trump-taliban. html?action=click&module=RelatedLinks&pgtype=Article.

19 https://www.nytimes.com/2020/03/08/world/asia/taliban-afghanistan-annexes-peace-agreement.html. Ferner: https://www.nytimes. com/2020/02/29/world/asia/trump-taliban.html?action=click&modu-le=RelatedLinks&pgtype=Article. Ferner: https://www.nytimes. com/2020/02/29/world/asia/us-taliban-afghanistan.html?action=click&-module=RelatedLinks&pgtype=Article.

20 Vgl. Ferguson 2005.

21 Boulus 1997, S. 96.

22 Eine ganze Liste finde ich bei Ferguson 2005, S. 156.

23 Ausführlich dazu aus der Sicht eines Verfechters dieser Idee: Ferguson 2015.

24 Woodward 2004, Kapitel 1.

25 Hier zitiert nach Fukuyama 2006, S. 64. Das Originalzitat findet sich unter: https://www.hoover.org/research/rage-hubris-and-regime-change.

26 Zitiert nach Ferguson 2005, S. 152.

27 Mirzoeff 2005, S. 4 ff.

28 Gehrke 2017, S. 470.

29 Risen 2015, S. 22.

30 Literatur: Hersh 2004, Feldman 2005, Eisenman 2007, Binder 2013.

31 Ich folge hier Marr 2017.

32 Gerges 2016, S. 55.

33 Marr 2017, Kapitel »Sectarian Civil War«.

34 Zum Verhältnis Bin Laden – Zarqawi siehe Gerges S. 72 f., zur Kritik Bin Ladens an al-Qaida im Irak, ebd., S. 78 f.

35 Dabashi 2011, S. 43.

36 Ebd., S. 86.

37 Um nicht zu sagen, Mussawi habe (als früher Anhänger und Aktivist der Islamisten im Iran) »das Streben der Iraner nach Freiheit eigenhändig mit unterdrückt«, wie Dabashi 2011, S. 38, schreibt.

38 https://www.theguardian.com/commentisfree/2020/jun/03/britain-democracy-tories-coronavirus-public-power.

39 Weitere Beispiele bei: Levitsky/Ziblatt 2018.

40 So der Ausdruck von Jafari 2010, S. 184. Problematisch ist allerdings, dass zwar Beweise für Unregelmäßigkeiten, nicht jedoch für eine komplett fiktive Angabe der Wahlergebnisse durch die Behörden gefunden wurden. Falls das Ergebnis nämlich doch zugunsten von Ahmadinedschad ausgefallen sein sollte, müssen die Proteste aus Sicht des Systems unweigerlich als Rebellion erscheinen. Man kann die Frage nach dem wirklichen Wahlergebnis auch nicht, wie es Dabashi tut (»it is no longer relevant whether or not the election was rigged«, S. 24), durch den Hinweis abtun, der Glaube an die Wahlfälschung sei nun einmal eine »soziale Tatsache« (ebd.), die ihre eigene Wirklichkeit zeitige. Der Umstand wird noch dadurch verkompliziert, dass es zu einer Stichwahl gekommen wäre, wenn kein Kandidat die absolute Mehrheit erhalten hätte. Ferner trat im Reformlager neben Mussawi noch ein weiterer namhafter Kandidat an, Mehdi Karroubi, was Mussawi Stimmen gekostet haben dürfte. Ich vermute, dass dem Regime ein zweiter Wahlgang mit guten Aussichten für das Reformlager zu riskant war und deswegen die Ergebnisse manipuliert wurden.

41 Navid Nikzadfars (ein Pseudonym): »Vorwort«, in: Dabashi 2011.

42 Publiziert in der *Deutschen Juristen-Zeitung* vom 1.8.1934. Über Schmitt und sein Verhältnis zu den Nazis siehe ferner: Bendersky 1983.

43 Schmitt 1963.

44 Schmitt 1963, S. 34, Anm. 10. Stumpf 1993, S. 357.

45 Mouffe 1999.

46 Ferguson 2005, S. 150 f.

47 Mitchell 2020, https://elibrary.law.psu.edu/cgi/viewcontent.cgi?article=1246&context=jlia.

48 Binder 2013, S. 252.

49 Moubayed 2018, Kapitel 13. Lüders 2018, Kapitel »Das Spiel der Nationen«.

50 Moubayed 2018, S. 232. Bereits wenige Monate nach seinem Coup, am 14. August 1949, wurde al-Za'im vom nächsten Putschistengeneral abgesetzt und von einem Hinrichtungskommando erschossen (Moubayed 2018, S. 242).

51 Zitiert nach Moubayed, S. 232.

52 Moubayed 2018, S. 231.

53 Landwehr 2016.

54 So zum Beispiel Taher Ghadirian; https://www.igfm.de/taher-ghadirian/.

55 Schulze 2016, S. 530.

56 Chalid al-Chamissi: Im Taxi. Basel: Lenos Verlag 2011.

57 Dima Wannous: Dunkle Wolken über Damaskus. Hamburg: Nautilus 2014.

58 Schneiders 2013.

59 Weidner 2008.

60 Dazu ausführlich: Kundnani 2015, Massad 2015.

61 Worth 2016, S. 70.

62 Schulze 2016, S. 529.

63 Hamdy/Stone 2014; www.wallsoffreedom.com.

64 Schulze 2016, S. 533.

65 Feldman 2020, Kapitel »Agency and Error«.

66 Hessler 2020, Kapitel 12.

67 Hessler 2020, Kapitel 14.

68 Gerlach 2013.

69 Sohns 2016, S. 179 ff., S. 198 ff.

70 Zakharov 2020

71 Kingsley 2016.

72 Lüders 2018, Kapitel »Hammer und Nagel«.

73 Abrahaminian 2004.

74 Harris 2018, S. 21.

75 Lucke 2001, Gaitan 2007.

76 Zahlen nach Armbruster 2013, S. 56 f.

77 http://www.femise.org/wp-content/uploads/2019/09/FEMISE_Euro-Med4-FINAL-small-upd.pdf.

78 Harris 2018, S. 20.

79 Khalifa 2019.

80 Adonis 2012, S. 293. Das arabische Original wurde am 5.5.2011 publiziert.

81 Harris 2018, S. 28.

82 Cresswell 2019.

83 Dabashi 2012.

84 U. a. der Chef des Bundesnachrichtendienstes Gerhard Schindler und Cap-Anamur-Gründer Rupert Neudeck: https://www.faz.net/aktuell/politik/inland/bnd-chef-gerhard-schindler-das-regime-assad-wird-nicht-ueberleben-11986739-p2.html; und Neudeck 2013, S. 28 f.

85 Zur Diskussion über die Frage nach dem Urheber vgl. den Überblick auf: https://www.tagesschau.de/faktenfinder/giftgas-false-flag-101.html.

86 Dazu näher Feldman 2020.

87 Lessenich 2016.

88 Harding 2014.

89 Zitiert nach Acemoglu 2019.

90 Leigh/Harding 2011.

91 Gut aufgearbeitet bei Bahners 2011.

92 Das Manifest ist nicht mehr im Netz zugänglich, aber mir liegt der Text vor. Es ist auch deswegen in unserem Kontext interessant, weil es explizit auf die Nahostkriege nach 9/11 Bezug nimmt und Ratschläge für die Amerikaner enthält.

93 Greven/Grumke 2006, S. 9 f.

94 Ebd., S. 15 f.

95 Gerges 2016, S. 78 ff.

96 Gerges 2016, S. 133.

97 Gerges 2016, S. 300.

98 Theine 2016.

99 Mohagheghi 2015.

100 McCants 2015.

101 Voegelin 2007.

102 Worth 2016.

103 Feldman 2020, Kapitel 4.

104 Zur Frage, wie sich die EU zum Neoliberalismus verhält, vgl. Ther 2014, u. a. S. 88 ff.

105 Deaton 2013.

106 Kotkin 2020.

EPILOG: Von 9/11 zum kosmopolitischen Reset

1 Baudrillard 2002, S. 9 f.

2 Rhodes 2020.

3 Klein 2007, S. 531.

4 Weidner 2020.

5 Walsh 2020.

6 Agamben 2020, Agamben 2002.

7 Hackenbroch/Pitzke 2020.

8 Roy 2020.

9 Zitiert nach Garric 2020.

10 Grey 2020.

11 Horton 2006.

12 Weidner 2020.

13 Gorman 2020.

14 Shear 2020.

15 Zenko 2020.

16 Woodward 2020.

17 Ther 2014, Kapitel 5.

18 Brunner 2014, S. 242.

19 Slobodian 2018, S. 5.; Cockett 1994.

20 Reinhoudt 2018; Lippmann 2018.

21 Slobodian 2018, S. 2 und auch S. 4.

22 Cercas 2020.

23 Storey 2019.

24 Hayek 1993, Vol. 3, S. 150, Kapitel »The Dethronement of Politics«.

25 Morgan 2009.

26 Schmitt 1963, S. 77.

27 https://www.nytimes.com/2020/09/11/business/covid-hunger-food-insecurity.html.

28 Beck 1986, S. 7; Becks Haltung in dieser Frage ist ambivalent. Während er zugesteht, dass Armut für Umweltrisiken besonders anfällig macht (ebd., S. 46 f., »Klassenspezifische Risiken«; S. 54 ff., »Neue internationale Ungleichheiten«), beharrt er zugleich darauf, dass »Risikolagen keine Klassenlagen sind« (S. 52): »Smog ist demokratisch« (S. 48). Leider stimmt das 35 Jahre später nicht mehr. Die Risikovermeidungsfähigkeit ist zum neuen Distinktionsmerkmal geworden. Der reiche, am Berg gelegene Teheraner Norden thront über dem Smog, auf den man von dort herabsehen kann. Und die wohlhabenden Bewohner von Delhi installieren sich Luftfilteranlagen, die es in den teuren Malls zu kaufen gibt, wo man frei von Smog und Hitze flanieren kann.

29 Slobodian 2018, S. 270 f.

30 Bearak 2020.

31 Scherer 2020.

32 Lippmann 2018, »Einleitung«.

33 Lessenich 2016.

34 Schmitt 1963, S. 76.

35 Binder 2013, S. 274 ff.

36 Tansel 2017.

37 Schmitt 1963, S. 76.

38 Piketty 2019, S. 1130.

39 Anregungen dazu liefert Maja Göpel 2016 und 2020.

40 Mirowski 2019, S. 211.

41 Crozier 1975.

42 Alexander 2020.

43 Sassen 2015, S. 78.

44 In Abwandlung der Feststellung von Bruno Latour: »Wir sind nie modern gewesen« (Latour 2005).

45 Krastev 2020.

46 Ther 2014, S. 127.

47 Ebd.

48 Acemoglu 2019.

49 Am Beispiel der Türkei, aber auch mit Blick auf Europa: Erdoğan 2020.

50 Kotkin 2020.

51 Harari 2017, S. 370.

52 Rawls 2005, S. 136 f. (Kapitel 24: »The Veil of Ignorance«). Eine detaillierte Beschreibung des Experiments unter: https://plato.stanford.edu/entries/original-position/.

53 Die Idee dieser kosmopolitischen Erweiterung von Rawls' Versuchsanordnung stammt nicht von mir, sondern von der amerikanischen Publizistin Michelle Alexander (Alexander 2018). Die biokosmopolitische Erweiterung im Hinblick auf die Vorstellung vom Anthropozän stammt von mir.

54 Gädeke 2017.

55 UN Secretary General 2020.

56 »Der Pate« (1972, USA), Spielfilm von Francis Ford Coppola, basierend auf dem gleichnamigen Roman von Mario Puzo.

LITERATURVERZEICHNIS

Abou-Taam, Marwan/Bigalke, Ruth 2006: Die Reden des Osama bin Laden. Kreuzlingen: Diederichs.

Abrahamian, Ervand/Cumings, Bruce/Ma'oz, Moshe 2004: Inventing the Axis of Evil. The Truth About North Korea, Iran, and Syria. London: The New Press.

Acemoglu, Daron/Robinson, James 2019: The Narrow Corridor. States, Society and the Fate of Liberty. New York: Penguin Press.

Adonis 2001: Der Araber und der Andere. Militärische Globalisierung ist der falsche Weg: Der Terror lässt sich nur von innen besiegen. In: Die ZEIT, Nr. 49, 2001, 29.11.2001, S. 50.

Adonis 2012: Verwandlungen eines Liebenden. Gedichte 1958–1971. Aus dem Arabischen von Stefan Weidner. Frankfurt: S. Fischer.

Adonis 2012: Wortgesang. Von der Dichtung zur Revolution. Frankfurt: S. Fischer.

Adonis 2015: Violence et Islam. Entretiens avec Houria Abdelouahed. Paris: Seuil.

Afary, Janet/Anderson, Kevin B. 2005: Foucault and the Iranian Revolution. Gender and the Seductions of Islamism. Chicago: University of Chicago Press.

Agamben, Giorgio 2004: Ausnahmezustand. Frankfurt: Edition Suhrkamp.

Agamben, Giorgio 2020: L'invenzione di un'epidemia. In: Quodlibet, 26.2.2020; https://www.quodlibet.it/giorgio-agamben-l-invenzione-di-un-epidemia.

Alexander, Michelle 2018: What if We're All Coming Back. In: The New York Times, 29.10.2018; https://www.nytimes.com/2018/10/29/opinion/climate-change-politics-john-rawls.html.

Alexander, Michelle 2020: America, This Is Your Chance. In: The New York Times, 8.6.2020; https://www.nytimes.com/2020/06/08/opinion/george-floyd-protests-race.html?searchResultPosition=1.

Al-Sharif, Manal 2017: Losfahren. Berlin: Secession.

Amirpur, Katajun 2009: Unterwegs zu einem anderen Islam. Texte iranischer Denker. Freiburg: Herder.

Anderson, Kurt 2020: Evil Geniuses. The Unmaking of Amerika: A Recent History. New York: Random House.

Armbruster, Jörg 2013: Brennpunkt Nahost. Die Zerstörung Syriens und das Versagen des Westens. Frankfurt: Westend.

Ayres, Jeffrey M. 2004: Framing Collective Action Against Neoliberalism. In: Journal of World-Systems Research, Vol. X, No. 1, Winter 2004.

Bahners, Patrick 2011: Die Panikmacher. Die deutsche Angst vor dem Islam. Eine Streitschrift. München: C. H. Beck.

Baudrillard, Jean 2002: L'esprit du terrorisme. Paris: Galilée.

Bearak, Max 2020: Coronavirus is crushing tourism – and cutting off a lifeline for wildlife. In: Washington Post, 17.7.2020; https://www.washingtonpost.com/graphics/2020/world/coronavirus-africa-tourism-wildlife/.

Beck, Ulrich 1986: Risikogesellschaft. Auf dem Weg in eine andere Moderne. Frankfurt: Edition Suhrkamp.

Bendersky, Joseph W. 1983: Carl Schmitt. Theorist for the Reich. New Jersey: Princeton University Press.

Binder, Werner 2013: Abu Ghraib und die Folgen. Ein Skandal als ikonische Wende im Krieg gegen den Terror. Bielefeld: Transcript.

Bird, Kai/Lifschultz, Lawrence 1998: Hiroshima's Shadows. Writings on the Denial of History and the Smithsonian Controversy. Stony Creek, Connecticut: The Pamphleteer's Press.

Bloom, Allan 1987: The Closing of the American Mind. New York: Simon & Schuster.

Bonnett, Alastair 2004: The Idea of the West. Culture, Politics and History. New York: Palgrave Macmillan.

Bouie, Jamelle 2020: Kenosha Tells Us More About Where the Right Is Headed Than the R.N.C. Did. In: The New York Times, 28.8.2020; https://www.nytimes.com/2020/08/28/opinion/kenosha-kyle-rittenhouse-trump.html?action=click&module=Opinion&pgtype=Homepage.

Boulus, Sargon 1997: Zeugen am Ufer. Gedichte. Aus dem Arabischen von Khalid Al-Maaly und Stefan Weidner. Berlin: Das Arabische Buch.

Brunner, José 2014: Die Politik des Traumas. Gewalterfahrungen und psychisches Leid in den USA, in Deutschland und im Israel/Palästina-Konflikt. Berlin: Suhrkamp.

Churchill, Winston 2008: Kreuzzug gegen das Reich des Mahdi. Aus dem Englischen von Georg Brunold. Frankfurt: Eichborn.

Cercas, Javier 2020: The EU was created to keep nationalism in check. Coronavirus is a dangerous test. In: The Guardian, 15.4.2020; https://www.theguardian.com/books/2020/apr/15/the-eu-was-created-to-keep-nationalism-in-check-coronavirus-is-a-dangerous-test.

Coates, Ta-Nehisi 2016: Zwischen mir und der Welt. Aus dem Englischen von Miriam Mandelkow. München: Hanser.

Cockett, Richard 1994: Thinking the Unthinkable: Think-tanks And the Economic Counter-revolution. London: HarperCollins.

Coll, Steve 2008: The Bin Ladens. New York: Penguin.

Commission Report 2004: The 9/11 commission report: Final Report of the National Commission on Terrorist Attacks Upon the United States. New York: Norton & Norton.

Cresswell, Robin 2019: City of Beginnings. Poetic Modernism in Beirut. New Jersey: Princeton University Press.

Croitoru, Joseph 2007: Hamas. Der islamische Kampf um Palästina. München: C. H. Beck.

Crozier, Michel/Huntington, Samuel/Watanuki, Joji 1975: The Crisis of Democracy. Report about the Governmentability of Democracies to the Trilateral Commission. New York: New York University Press; https://archive.org/details/crisis_of_democracy.

Dabashi, Hamid 2011: The Green Movement in Iran. New Brunswick: Transaction Publishers.

Dabashi, Hamid 2012: The Arab Spring. The End of Post-Colonialism. London: Zed Books.

Delong-Bas, Natana J. 2014: Wahhabi Islam. From Revival and Reform to Global Jihad. New York: Oxford University Press.

DIW 2020: Wochenbericht des Deutschen Instituts für Wirtschaftsforschung, 29/2020; https://www.diw.de/documents/publikationen/73/diw_01.c.793785.de/20-29-1.pdf.

Eisenman, Stephen F. 2007: The Abu Ghraib Effect. London: Reaction Books.

Erdoğan, Emre 2020: Coronavirus Times in Turkey: Contemplating the Concept of Governance Under the Shadow of a Despotic Leviatan. In: TESEV Briefs 2020/2; https://www.tesev.org.tr/en/research/governance-in-coronavirus-times.

Faludi, Susan 2007: The Terror Dream. Fear and Fantasy in Post-9/11 America. New York: Metropolitan Books.

Feldman, Allen 2005: On the Actuarial Gaze. From 9/11 to Abu Ghraib. In: Cultural Studies, Vol. 19, No. 2, März 2005, S. 203–226.

Feldman, Noah 2020: The Arab Winter. A Tragedy. New Jersey: Princeton University Press.

Ferguson, Niall 2005: Colossus. The Rise and Fall of the American Empire. London: Penguin.

Freitag, Ulrike 2019: Cosmopolitanism in a Global Perspective. London: German Historical Institute; https://www.ghil.ac.uk/fileadmin/redaktion/dokumente/annual_lectures/AL_2019_%20Freitag.pdf.

Fukuyama, Francis 1992: The End of History and the Last Man. New York: The Free Press.

Fukuyama, Francis 2006: Scheitert Amerika? Supermacht am Scheideweg. München: Propyläen.

Gädeke, Dorothea 2017: Politik der Beherrschung. Eine kritische Theorie externer Demokratieförderung. Berlin: Suhrkamp.

Gaitan, Beatriz/Lucke, Bernd 2007: The Barcelona Initiative and the Importance of NTBs: A Dynamic CGE-Analysis for Syria, International Economics and Economic Policy 4 (1), S. 33–59.

Garric, Audrey 2020: Pablo Servigne, théoricien de l'effondrement. In: Le Monde, 10.4.2020; https://www.lemonde.fr/planete/article/2020/04/10/pablo-servigne-cette-crise-je-ne-l-ai-pas-vue-venir-alors-que-je-la-connaissais-en-theorie_6036175_3244.html.

Gehrke, Hans-Joachim 2017: Die Welt der klassischen Antike. In: Ders. (Hrsg.): Geschichte der Welt. Vor 600. Frühe Zivilisationen. München: C. H. Beck.

Gerges, Fawaz A. 2016: ISIS. A History. New Jersey: Princeton University Press.

Gerlach, Daniel 2013: Diktatur bewältigen. Aufarbeitung und Übergangsjustiz in Ägypten und Tunesien. Berlin: Forum Zenith e. V.

Goffman, Erving 1986: Frame Analysis. An Essay on the Organisation of Experience. Boston: Northeastern University Press.

Goodman, Peter S./Dahir, Abdi Latif/Singh, Karan Deep 2020: The Other Way Covid Will Kill: Hunger. In: The New York Times, 11.9.2020; https://www.nytimes.com/2020/09/11/business/covid-hunger-food-insecurity.html.

Göpel, Maja 2016: The Great Mindshift. How a New Academic Paradigm and Sustainability Transformations Go Hand in Hand. Berlin: Springer open; https://link.springer.com/book/10.1007%2F978-3-319-43766-8.

Göpel, Maja 2020: Unsere Welt neu denken. Eine Einladung. Berlin: Ullstein.

Gore, Al 1993: Earth in the Balance. Ecology and the Human Spirit. New York: Plume.

Gore, Al 2007: Earth in the Balance. Ecology and the Human Spirit. London: Routledge.

Gorman, James 2020: Public Health Experts Reject President's View of Fading Pandemic. In: The New York Times, 21.6.2020; https://www.nytimes.com/2020/06/21/health/coronavirus-pandemic-spread-trump.html.

Greiner, Ulrich 2011: 9/11. Der Anschlag – die Folgen. München: C. H. Beck.

Greven, Thomas/Grumke, Thomas 2006: Globalisierter Rechtsextremismus?

Die extremistische Rechte in der Ära der Globalisierung. Wiesbaden: VS Verlag.

Grey, John 2020: Why this crisis is a turning point in history. In: New States-man, 1.4.2020; https://www.newstatesman.com/international/2020/04/why-crisis-turning-point-history.

Hackenbroch, Veronika/Pitzke, Marc 2020: Bill Gates über die Corona-Pandemie: »Es ist Wahnsinn, dass wir nicht längst weiter sind«. In: Spiegel online, 15.9.2020; https://www.spiegel.de/wissenschaft/bill-gates-im-spiegel-gespraech-ich-habe-das-coronavirus-nicht-erschaffen-a-b37f0211-15a2-4fa8-8452-e808b2b46adf.

Hamdy, Basma/Stone, aka Don Karl 2018: Walls of Freedom: Street Art of The Egyptian Revolution. Berlin: From Here to Fame Publishing; www.wallsoffreedom.com.

Harari, Yuval Noah 2017: Homo Deus. Eine Geschichte von Morgen. München: C. H. Beck.

Harding, Luke/Leigh, David 2011: WikiLeaks. Inside Julian Assange's War on Secrecy. London: Guardian Books.

Harding, Luke 2014: The Snowdon Files. The Inside Story of the World's Most Wanted Man. New York: Vintage.

Hardt, Michael/Negri, Antonio 2017: Assembly. New York: Oxford University Press.

Harris, William 2018: Quicksilver War. Syria, Iraq and the Spiral of Conflict. New York: Oxford University Press.

Harvey, Fiona 2020: Governments put ›green recovery‹ on the backburner. In: The Guardian, 15.7.2020; https://www.theguardian.com/environment/2020/jul/15/governments-put-green-recovery-on-the-backburner.

Harwit, Martin 1996: An exhibition denied. Lobbying the History of Enola Gray. New York: Springer.

Hayek, Friedrich 1993: Law, Legislation and Liberty. A new statement of the liberal principles of justice and liberal economy. London: Routledge.

Hersh, Seymour M. 2004: Die Befehlskette. Vom 11. September bis Abu Ghraib. Reinbek: Rowohlt.

Hessler, Peter 2020: Die Stimmen vom Nil. Eine Archäologie der ägyptischen Revolution. Aus dem Englischen von Thomas Pfeiffer und Andreas Thomson. München: Hanser.

Höhne, Valerie 2020: Prophet aus Potsdam. In: Der Spiegel, Nr. 29, 11.7.2020.

Horton, John/Newey, Glen 2006: The Political Theory of John Gray. London: Routledge.

Horton, Richard 2020: Coronavirus is the greatest global science policy failure in a generation. In: The Guardian, 9.4.2020; https://www.theguardian.

com/commentisfree/2020/apr/09/deadly-virus-britain-failed-prepare-mers-sars-ebola-coronavirus.

Huntington, Samuel 1996: Der Kampf der Kulturen. The Clash of Civilisations. Die Neugestaltung der Weltpolitik im 21. Jahrhundert. Aus dem Amerikanischen von Holger Fliessbach. München: Europaverlag.

Ignatieff, Michael 2003: Empire *lite*. Die amerikanische Mission und die Grenzen der Macht. Aus dem Amerikanischen von Christiana Goldmann. Hamburg: Europaverlag.

Jafari, Peyman 2010: Der andere Iran. Geschichte und Kultur von 1900 bis zur Gegenwart. München: C. H. Beck.

Jones, Seth G. 2009: In the Graveyard of Empires. America's War in Afghanistan. New York: Norton & Norton.

Jowitt, Ken 2003: Rage, Hubris, and Regime. In: Policy Review, 1.4.2003; https://www.hoover.org/research/rage-hubris-and-regime-change.

Khalifa, Mustafa 2019: Das Schneckenhaus. Aus dem Arabischen von Larissa Bender. Bonn: Weidle Verlag.

Kingsley, Patrick 2016: Die neue Odyssee. Eine Geschichte der europäischen Flüchtlingskrise. München: C. H. Beck.

Klein, Naomi 2007: Die Schock-Strategie. Der Aufstieg des Katastrophen-Kapitalismus. Aus dem Englischen von Hartmut Schickert, Michael Bischoff und Karl Heinz Siber. Frankfurt: S. Fischer.

Kornelius, Stefan 2007: Al Gore – Mission Klima. Freiburg: Herder.

Kotkin, Joel 2020: The Coming of NEOfeudalism. A warning to the global middle class. New York: Encounter Books.

Krastev, Ivan/Holms, Stephen 2019: How liberalism became ›the god that failed‹ in eastern Europe. In: The Guardian, 24.10.2019; https://www.theguardian.com/world/2019/oct/24/western-liberalism-failed-post-communist-eastern-europe.

Krastev, Ivan/Holms, Stephen 2020: The Light that Failed. Why the West is Loosing the Fight for Democracy. New York: Pegasus Books.

Kundnani, Arun 2014: The Muslims are Coming. Islamophobia, Extremism, and the Domestic War on Terror. London: Verso.

Landwehr, Achim 2016: Die anwesende Abwesenheit der Vergangenheit. Essay zur Geschichtstheorie. Frankfurt: S. Fischer.

Latour, Bruno 2005: Nous n'avons jamais été modernes. Paris: La Découverte.

Leonhardt, David 2020: It's 2022. What Does Life Look Like? In: The New York Times, 10.7.2020; https://www.nytimes.com/2020/07/10/opinion/sunday/coronavirus-economy-two-years.html?action=click&module=Opinion&pgtype=Homepage.

Lessenich, Stephan 2016: Neben uns die Sintflut. Die Externalisierungsgesellschaft und ihr Preis. Berlin: Hanser Berlin.

Levitsky, Steven/Ziblatt, Daniel 2018: How Democracies Die. New York: Crown.

Lifton, Robert J./Mitchell, Greg 1996: Hiroshima in Amerika. A Half Century of Denial. New York: Harper Perennial.

Lippmann, Walter 2018: Die öffentliche Meinung. Wie sie entsteht und manipuliert wird. Hrsg. von Walter Otto Ötsch und Silja Graupe. Frankfurt: Westend.

Lucke, Bernd 2001: Fiscal Impact of Trade Liberalization: The Case of Syria, Proceedings of the 75th International Conference on Policy Modeling, Brussels.

Lüders, Michael 2018: Die den Sturm ernten. Wie der Westen Syrien ins Chaos stürzte. München: C. H. Beck.

MacMillan, Margaret 2015: History's People. Personalities and the Past. Toronto: House of Anansi Press.

Marr Phebe/al-Marashi, Ibrahim 2017: History of Irak (4. Aufl.). Boulder: Westview Press.

McCants, Williams 2015: The Isis Apokalypse. The History, Strategy and Doomsday Vision of the Islamic State. New York: St. Martin's Press.

Mettelsiefen, Marcel/Reuter, Christoph 2010: Kunduz, 4. September 2009. Eine Spurensuche. Berlin: Rogner & Bernhard.

Miller, Flagg 2015: The Audacious Ascetic. What the Bin Laden Tapes Reveal About Al Qaida. New York: Oxford University Press.

Mirowski, Philip 2019: The Eighteenth Brumaire of James Buchanan. Review of Nancy MacLean, Democracy in Chains. In: Boundary 2, Vol. 46, Nr. 1.

Mirzoeff, Nicholas 2005: Watching Babylon. The War in Iraq and Global Visual Culture. New York: Routledge.

Mitchell, Ryan Martinez 2020: Chinese Receptions of Carl Schmitt since 1929. In: Penn State Journal of Law & International Affairs, Vol. 8, No.1, 2020, S. 181 f.; https://elibrary.law.psu.edu/cgi/viewcontent.cgi?article=1246&-context=jlia.

Mohagheghi, Hamideh 2015: Frauen für den Djihad. Das Manifest der IS-Kämpferinnen. Freiburg: Herder.

Morgan, Matthew J. (Hg.) 2009: The Impact of 9/11 on Business and Economics: The Business of Terror. The Day that Changed Everything? New York: Palgrave Macmillan.

Moubayed, Sami 2018: The Makers of Modern Syria. The Rise and Fall of Syrian Democracy. London: I. B. Tauris.

Mouffe, Chantal 2007: Über das Politische. Wider die kosmopolitische

Illusion. Aus dem Englischen von Niels Neumeier. Frankfurt: Edition Suhrkamp.

Moyo, Dambisa 2010: How the West was Lost. Fifty Years of Economic Folly – And the Stark Choices Ahead. London: Penguin Books.

Münkler, Herfried 2002: Über den Krieg. Stationen der Kriegsgeschichte im Spiegel ihrer theoretischen Reflexion. Weilerswist: Velbrück Wissenschaft.

Neaman, Elliot 2002: The War that Took Place in Germany. Intellectuals and September 11. In: German Politics & Society, Vol. 20, No. 3 (64), Herbst 2002, S. 56–78.

Neudeck, Rupert 2013: Es gibt ein Leben nach Assad. Syrisches Tagebuch. München: C. H. Beck.

Nietzsche, Friedrich 1980: Sämtliche Werke. Kritische Studienausgabe. Band 4. Also sprach Zarathustra. München: dtv/de Gruyter.

Nirumand, Bahman 1967: Persien, Modell eines Entwicklungslandes oder Die Diktatur der Freien Welt. Reinbek: Rowohlt.

Piketty, Thomas 2019: Capital et idéologie. Paris: Le Seuil.

Rashid, Ahmed 2010: Taliban. München: C. H. Beck.

Rawls, John 2005: Theory of Justice (Wiederauflage der Erstausgabe von 1971). Cambridge, Mass.: The Belknap Press.

Ray, Gene 2005: Terror and the Sublime in Art and Critical Theory. From Auschwitz to Hiroshima to September 11. New York: Palgrave Macmillan.

Reinhoudt, Jürgen/Audier, Serge 2018: The Walter Lippmann Colloquium. The Birth of Neo-Liberalism. New York: Palgrave Macmillan.

Rhodes, Ben 2020: The 9/11 Era Is Over. The coronavirus pandemic and a chapter of history that should have expired long ago. In: The Atlantic, 6.4.2020; https://www.theatlantic.com/ideas/archive/2020/04/its-not-september-12-anymore/609502/.

Risen, James 2015: Pay Any Price. Greed, Power and Endless war. New York: First Mariner Books.

Roy, Arundhati 2002: Algebra of Infinite Justice. New Delhi: Penguin.

Roy, Arundhati 2016: The End of Imagination. Chicago: Haymarket Books.

Roy, Arundhati 2020: The pandemic is a portal. In: Financial Times, 3.4.2020; https://www.ft.com/content/10d8f5e8-74eb-11ea-95fe-fcd274e920ca.

Roy, Olivier 2017: In Search of the Lost Orient. As Interviewed by Jean-Louis Schlegel. New York: Columbia University Press.

Saadawi, Nawal El 1998: Eine Frau am Punkt Null. Roman. Aus dem Englischen von Anna Kamp. München: dtv.

Sanders, Lewis 2020: Egypt's secret service casts a long shadow in the West. In: Deutsche Welle, 15.7.2020; https://www.dw.com/en/egypt-secret-

service-dissidents/a-54186906?fbclid=IwAR0GKMlsYgJYVYsovR-
WWOcqwasKsieQ7VF4INDOUBxv4drcAFvQ_4gyLf9w.

Sassen, Saskia 2015: Ausgrenzungen. Brutalität und Komplexität in der globalen Wirtschaft. Übersetzt von Sebastian Vogel. Frankfurt: S. Fischer.

Scherer, Bernd 2020: SARS-COV2 oder die Begegnung mit uns selbst. Berlin:
Haus der Kulturen der Welt; https://www.hkw.de/de/hkw/mag/bernd_
scherer_sars_cov2_or_the_encounter_with_ourselves.php.

Schetter, Conrad 2004: Kleine Geschichte Afghanistans. München:
C. H. Beck.

Scheuer, Michael 2004: Imperial Hubris. Dulles: Bracey's.

Scheuer, Michael 2011: Osama bin Laden. New York: Oxford University Press.

Schmitt, Carl 1963: Der Begriff des Politischen. Berlin: Duncker & Humblot.

Schneiders, Thorsten Gerald (Hrsg.) 2013: Der arabische Frühling. Wiesbaden: Springer VS.

Schulze, Reinhard 2016: Geschichte der islamischen Welt. Von 1900 bis zur
Gegenwart. München: C. H. Beck.

Segev, Tom 2007: 1967. Israel, the War, and the Year that Transformed the
Middle East. New York: Metropolitan Books.

Shear, Michael D. et al. 2020: Inside Trump's Failure: The Rush to Abandon
Leadership Role on the Virus. In: The New York Times, 18.7.2020;
https://www.nytimes.com/2020/07/18/us/politics/trump-coronavirus-
response-failure-leadership.html?action=click&module=
Top%20Stories&pgtype=Homepage.

Sicherheitskonferenz 2020: https://securityconference.org/publikationen/
munich-security-report-2020/.

Slobodian, Quinn 2018: Globalists: The End of Empire and the Birth of Neo-
liberalism. Boston: Harvard University Press.

Smith, Mychal Denzel 2020: Stakes Is High. Life After the American Dream.
New York: Bold Type Books.

Sohns, Sebastian 2016: Auf Sand gebaut. Saudi-Arabien – Ein problematischer
Verbündeter. Berlin: Ullstein.

Storey, Andy: Authoritarian Neoliberalism in Europe. The Red Herring of
Ordoliberalism. In: Critical Sociology, Vol. 45, Nr. 7–8, S. 1035–1045;
https://journals.sagepub.com/doi/abs/10.1177/0896920519845430.

Storr, Robert 2010: September. A History Painting by Gerhard Richter.
London: Tate Publishing.

Stumpf, Reinhard (Hrsg.) 1993: Kriegstheorie und Kriegsgeschichte. Carl von
Clausewitz; Helmuth von Moltke. Frankfurt: Deutscher Klassiker Verlag.

Summers, Anthony/Swan, Robbyn 2011: The Eleventh Day. The Full Story of
9/11 and Osama Bin Laden. New York: Random House.

Tansel, Cemal Burak (Hrsg.) 2017: States of Discipline: Authoritarian Neo-liberalism and the Contested Reproduction of Capitalist Order. London: Rowman and Littlefield.

Tausendundeine Nacht 2004. Aus dem Arabischen von Claudia Ott. München: C. H. Beck.

Theine, Simon 2016: Die Rekrutierungsstrategie des IS. Welcher Inhalte und Techniken sich der Islamische Staat im Internet bedient. Marburg: Tectum.

Ther, Philipp 2014: Die neue Ordnung auf dem alten Kontinent: Eine Geschichte des neoliberalen Europa. Berlin: Suhrkamp.

Theweleit, Klaus 2002: Der Knall. 11. September, das Verschwinden der Realität und ein Kriegsmodell. Frankfurt: Stroemfeld/Roter Stern.

Toobin, Jeffrey 2001: Too Close to Call. The Thirty-Six-Day Battle to Decide the 2000 Election, New York: Random House.

Trofimov, Yaroslav 2008: Anschlag auf Mekka. 20. November 1979. Die Geburtsstunde des islamistischen Terrors. München: Blessing.

Turque, Bill 2000: Inventing Al Gore. A Biography. New York: Houghton Mifflin.

UN Secretary General 2020: Secretary-General's Nelson Mandela Lecture: Tackling the Inequality Pandemic: A New Social Contract for a New Era; https://www.un.org/sg/en/content/sg/statement/2020-07-18/secretary-generals-nelson-mandela-lecture-«tackling-the-inequality-pandemic-new-social-contract-for-new-era»-delivered.

Unger, Craig 2004: House of Bush, House of Saud. The Secret Relationship between the World's Two Most Powerful Dynasties. New York: Scribner.

Vidal, Gore 2002: Perpetual War For Perpetual Peace. How We Got To Be So Hated. New York: Thundermouth Press.

Voegelin, Eric 2007: Die politischen Religionen. München: Wilhelm Fink.

Vollmann, William T. 2003: Afghanistan Picture Show oder Wie ich lernte, die Welt zu retten. Aus dem Amerikanischen von Peter Torberg. Hamburg: marebuch.

Walsch, Declan 2020: Cairo Badly Needed a Detox. Lockdown Supplied One, at a Steep Price. In: The New York Times, 9.7.2020: https://www.nytimes.com/2020/07/09/world/middleeast/cairo-lockdown-detox.html?action=.

Wannous, Dima 2014: Dunkle Wolken über Damaskus. Aus dem Arabischen von Larissa Bender. Hamburg: Edition Nautilus.

Weidner, Stefan 2008: Manual für den Kampf der Kulturen. Warum der Islam eine Herausforderung ist. Frankfurt: Verlag der Weltreligionen.

Weidner, Stefan 2011: Aufbruch in die Vernunft: Islamdebatten und islamische Welt zwischen 9/11 und den arabischen Revolutionen. Bonn: J. H. W. Dietz.

Weidner, Stefan 2018: Jenseits des Westens. Für ein neues kosmopolitisches Denken. München: Hanser.

Weidner, Stefan 2020: Virus und Terror. Wie die Ähnlichkeiten der Epochen-schwellen uns zum Umdenken zwingen. Podcast. Bremen: Globale° Literaturfestival; http://vitaactiva-globale.de/virus-terror/?cli_action= 1598514630.14.

Wickert, Ulrich 2001: Erklärung von Ulrich Wickert zu seiner Veröffent-lichung in der Illustrierten MAX; https://www.presseportal.de/ pm/6561/287988.

Wickert, Ulrich 2017: Nie die Lust aus den Augen verlieren. Lebensthemen. Herausgegeben und eingeleitet von Daniel Kampa. Hamburg: Hoffmann und Campe.

Williams, Michelle 2019: Die schwierige Ehe der Demokratie mit dem Kapita-lismus. In: Ketterer, Hanna/Becker, Karina (Hrsg.) 2019: Was stimmt nicht mit der Demokratie? Berlin: Suhrkamp.

Woodward, Bob 2004: Plan of Attack. New York: Simon & Schuster.

Woodward, Bob 2020: Rage. New York: Simon & Schuster.

Worth, Robert F. 2016: A Rage for Order. The Middle East in Turmoil. From Tahrir Square to ISIS. New York: Farrar, Strauss, Giroux.

Yazbek, Samar 2015: Die gestohlene Revolution. Reise in mein zerstörtes Syrien. Aus dem Arabischen von Larissa Bender. München: Nagel und Kimche.

Zakharov, Andrey/Issaev, Leonid 2020: Decentralization in Libya after the Arab Spring. In: Middle East Policy, Vol. XXVII, No. 1, Spring 2020.

Zenko, Micah 2020: The coronavirus is the worst intelligence failure in US history. In: Foreign Policy, 25.3.2020; https://foreignpolicy. com/2020/03/25/coronavirus-worst-intelligence-failure-us-history-covid-19/.